Maria Montessori

世界教育名著译丛

有吸收力的心灵

〔意〕玛丽亚·蒙台梭利 著

方补课 译

The Absorbent Mind

上海人民出版社

译者序

玛丽亚·蒙台梭利于 1870 年 8 月生于意大利,是享誉全世界的幼儿教育家。她吸收了卢梭、裴斯泰洛奇、福禄贝尔等教育家的思想,通过对儿童多年的观察、研究和大量的教育实验,在儿童自身发展规律、儿童与环境、儿童与成人、儿童与社会发展关系等方面取得了重大发现,在教育理论上形成了一套独特的学说。她在此学说的基础上创立的蒙台梭利幼儿教育法风靡西方世界,让欧美国家的教育发生了革命性变化,甚至对其社会发展都产生了深刻的积极影响。现在蒙台梭利学校已经遍布全世界,仅在美国就有 5 000 多所。中国的蒙台梭利幼儿教育机构也越来越多,并且越来越受到人们的青睐。

蒙台梭利的《有吸收力的心灵》一书是由她"二战"时期在印度艾哈迈德巴德所做的一些讲座结集出版而成,是她的封笔之作,也是最能体现她的教育革新思想的一部著作。英国蒙台梭利学会会长克劳德·克莱蒙特说:"如果我称《有吸收力的心灵》是有史以来最为重要的著作(《圣经》除外),也许有些言过其实,然而,对人类的未来福祉而言,我确实无法找出还有哪本书比这本书更有价值。"

本书共有 28 章(其中第 5 章分为上下两部分)。在本书中,蒙台梭利从教育学、哲学、心理学、解剖学、医学、人类学、社会学等角度,用大量的事实和实验证据,对儿童的生命状态、心智特点、成长阶段、精神构建、个性形成、社会化发展,以及儿童教育者在儿童成长过程中应该扮演的角色等,做了深刻而生动的揭示和阐述。让我们深切感受到儿童的伟大和儿童教育的神圣。

在本书中,蒙台梭利非常确定地告诉我们,儿童(0—6 岁)有一颗神奇的"有吸收力的心灵"。其中 0—3 岁是人生最关键的一个阶段,在这个阶段,儿童虽然没有意识,也没有接受教育的能力,但吸收能力极强。比如,对语言的吸收,不管多复杂的词汇或者语法,他们都能照单全收。这个阶段的儿童极其脆弱敏感,任何意外的惊吓、过度的保护,甚至无意识的责备都可能会对儿童的个性发展造成终身的严重影响。3—6 岁是儿童心智发展的阶段,这种发展是通过特殊的"工作"完成的。这个阶段的儿童兴奋而忙碌,手脚闲不下来,他们受到内在"老师"的引导,从事有目的的工作(但对我们成人来说常常是无意义的,比如来回搬重物)。在锲而不舍的工作过程中,他们的手足、大脑、心智,以及各种器官都在迅速发展完善。在语言发展方面,随着语言机能的进一步完善,加上前一个阶段在无意识中对语言知识的积累,他们进入一个语汇爆发和书写爆发的时期,似乎世上最难的事就是让他们闭上嘴或者停止涂涂画画。在这个阶段,成人能够给儿童提供的最大的帮助就是创造能够吸引他们专注于做某事的环境，而绝对不能随意干涉他们的自主行为（除非他们遇到危险）。在这个阶段，如果成人过度干涉儿童的行为，或者强求他们做不愿意做的事，那么他们的自立能力和独立个性就无法形成，工作的兴趣就会荡然无存，而且他们的创造力和想象力的发展会受到严重阻碍。

相信蒙台梭利的这本教育名著能够帮助我们深刻认识儿童发展的自然规律，纠正我们在儿童早期教育中存在的偏差与不足，在教育中，从老师主导转变为儿童主导，让老师甘做服务儿童的"仆人"，为他们营造自我发展的良好环境。总之，要尊重大自然的安排，让儿童做回人类的"建造师"，在生命成长中坐回"主人"的尊位。

由于时代变迁和科技发展，本书中个别涉及自然科学的知识已经陈旧，出于尊重原文的考虑，翻译时没有删改。特别说明的是，蒙台梭利是虔诚的天主教徒，本书中的宗教术语和相关的《圣经》经文均按天主教的用法翻译。

方补课

2018 年 8 月 5 日

目 录

图目录

前　言

　　本书的内容是玛丽亚·蒙台梭利博士在印度艾哈迈德巴德所做的一些演讲,是直到"二战"结束前她滞留于印度时所开展的首次教育培训课程的内容。在此书中,她为我们揭示了儿童在出生后的最初几年里所特有的精神力量:在没有老师引导,也没有任何普通教育作为辅助,甚至在被忽视和其行为经常受限制的情况下,儿童能够在短短几年时间稳固地构建自己所有的人格特征。可见,这是一种与生俱来的潜能,而非后天发展而来。其实,这个时期的儿童身体柔弱,没有任何真正的理性活动,也许可以说他这时期是一个空无的存在,是一个"零"。然而,6岁之后,他就已经超过其他所有的生物。儿童能取得这样的成就,真是伟大的生命奥秘之一。尽管这是人最初的几年时间,却是人的一生中最具有决定性的时期。在此书中,基于对这个时期的儿童的深入观察和公正评价,蒙台梭利博士不但提出了自己深刻的洞见,而且指出成人对儿童应负有的责任。今天,"教育从零岁开始"的理念已经成为普遍共识,鉴于此,本书具有一定的实践意义。只有把教育是"讲授　vi

和直接传递知识理念"这一狭隘观念转变为教育是"帮助生命发展"的观念,"教育从零岁开始"的理想才有得以实现的可能。蒙台梭利教育方法中最为人熟知的一项原则是"环境准备",在儿童还远远没有达到入学年龄的这个时期,该原则是开启"从零岁开始"的教育实践之门的钥匙。蒙台梭利教育法不但具有科学依据,而且由世界各地的儿童在这个生命时期所呈现的本性特征和精神力量所印证。这与人们忽视这个时期并认为它的存在是儿童成长的最大阻碍的印象完全相反。

马利欧·M·蒙台梭利[1]

1949 年 5 月于卡拉奇

注释

[1] 玛丽亚·蒙台梭利之子,长期担任玛丽亚的秘书。——译者注

第一章

儿童与世界的重建

本书与保护儿童的巨大潜能的运动有关。当今世界支离破碎，随处可以听到各种重建未来的宏图大略，但为实现这些宏伟目标需要有方法可循，教育就是其中之一。人们普遍认为加强教育和回归宗教传统很有必要。我本人也认为，人类还没有准备好投身于建设和平与和谐社会并消灭战争的这一远大抱负之中，教育非但没有让人们高效地应对很多不幸的事件，反而使人屡遭其害。尽管教育被认为是提升人类的方法之一，但人们还总是把它局限于"思想教育"的层面，所以，找寻某种优秀的普通教育的使命仍然摆在我们面前。

我不怀疑哲学和宗教为此做出的贡献，但我怀疑这个所谓高度文明的社会能产生多少哲学家。过去没有多少，我想将来也不会多。我们不乏高贵的思想和伟大的情感，并且一直在传授它们，但从来没有因此而真正遏制战争和冲突的发生。如果继续抱着"教育是传承知识的工具"这一陈腐观念，问题最终将得不到解决，而且人类社会真的将没有希望。只有关心人的个性发展，而不是知识的传递，人类才能得救。我们不能忽视展现在我们眼前的精神实体、社会人格、多元群体和世界力量。对人类的拯救和帮助，只能通过儿童实现，因为儿童才是人类的建造师。

儿童先天具有一种未知的能力，这种能力会把我们导向更光明的未来。教育不能只是传授知识，它必须具备其他功能，对人格的关注和发展潜能必须成为教育所关注的核心。那么，什么时候开始实行这种教育呢？

人一出生就具有高贵的人性，这是令人惊讶的奥秘，也是被证实的事实。然而，怎么可能教育一个刚出生的婴儿？即使他在一两岁的时候也不可能啊！我们可以想象一下，如果给一个婴儿讲课，他根本不懂我们在说什么，也不知道要做什么，他怎么可能学到任何知识呢？那么，我们这里所说的到底是什么教育呢？仅仅是生理卫生方面的教育吗？当然不是！今天，学术界对新生儿的心理发展状况的研究已经产生极大的兴趣，很多科学家和心理学家对出生后3小时到5天的新生儿就已经开始进行观察和研究了。有人潜心研究之后，得出结论说，2岁之前这段时间是人生最关键的时期。这个阶段的教育必须致力于帮助儿童发展其与生俱来的心理能力。这不是通过教学能够达成的目标，因为这时候儿童根本不会理解老师在说什么。

未经开发的宝藏

经过非常普遍和广泛的观察，我们发现婴儿先天就具有一种特殊的精神本性,这显示了传承教育的一条新的途径!这条不一样的途径与人类本身密切相关,但从来没有受到应有的关注。数千年来,人类对儿童真正的建设性力量、活力和动力都一无所知。就像人类首先踏上地球表面,之后开发其表层,却从来没有发现或者关心过深藏其中的巨大财富;今天,世界文明虽然有了长足的进步,人们仍然没有认识到蕴藏在儿童精神世界的宝藏。的确,从人类出现到现在的数千年里,人们一直在禁锢着这些能量,把它们化为齑粉。直到今天,才有个别人开始忖度它们的存在,人类开始意识到这些财富的重要性,尽管它们比金子更珍贵,但从来没有被开发出来。这就是人的心灵。

人类生命的最初 2 年让我们看到了一道新光,借着它的光照,我们发现了之前从不知晓的人类精神的构建规律。儿童的外在表现体现了这些规律的存在。与成年人相比,儿童具有完全不同的心理特征。因此,一条新的教育途径由此开启。我们发现,往往不是教授运用心理学研究儿童,而是儿童自己在给教授讲授心理学。这听起来似乎很难以理解,但如果我们稍微再做一点解释,人们立刻就会清楚地认识到:儿童具有一种吸收知识和自我教育的心灵。只要粗略观察一下就足以说明这一点。2 岁的儿童会讲父母的语言。学会一门语言是一件伟大的智力成就。那么,是谁在教他?是老师吗?谁都知道根本不是,但是他们就是能够完美地运用名词、动词、形容词等不同类型的词汇。任何研究这种现象的人,都不得不惊叹儿童的语言能力的神奇。而且他们不得不承认,在某个特定的阶段,儿童开始运用各种词汇命名事物,就像有一张时间表一样。在这个阶段，儿童忠实遵守着自然强加于他的严苛的教学大纲进行学习。这个教学大纲对他的学习是如此严格要求，即使最严厉的学校也无法与之相比。根据这个时间表，儿童能非常勤勉地学会语言的所有不规则变化和不同的句法结构。

至关重要的年龄段

每一位儿童的内在，都有一位非常细心谨慎的老师。不管是什么地方的儿童，这位老师都能让他获得同样的学习效果。其实，每个人学得最好的语言，一定是在他儿童时代没有人教授的情况下所学的。不仅如此，如果儿童长大后再学习另外一门新的语言，不管他获得怎样的帮助，也不可能把这门语言学得像自己小时候学的母语那么好。由此可见，在儿童身上有某种精神力量给他提供帮助，这不仅表现在语言学习方面，其他方面也是如此。儿童2岁时就能识别自己周围的所有人和事物。越认识到这一点，我们就越会确信，2岁的儿童的构建能力是巨大的，因为我们所拥有的一切最重要的能力都是在我们自己的儿童时代，特别是2岁之前形成的，这不仅包括认识周围事物，或者理解和适应周围环境，还包括我们所有的智慧、宗教情感、特有的爱国主义和社会阶级情感，这些都是没有人能够教给我们的东西。这一切似乎都是自然在保护儿童不受到成人的思想意识的影响，从而让他内在的这位"老师"指导他，让他有可能在接触成人所谓的智慧并受其影响之前完成自己的精神构建。

　　3岁时,儿童的个性基础已经奠定,这时他就需要学校教育的特殊帮助了。3岁的儿童在入学时已经学到很多东西,甚至可以说他是一个小大人了。心理学家们认为,儿童只用出生后3年的时间就学会的东西,我们成年人需要60年艰苦努力才能掌握。因此,他们语出惊人地说:"3岁的儿童已经是大人了。"即便如此,儿童从周围环境中汲取知识的这种神奇能力,还没有充分发挥。我们开办的第一批学校招收了3岁的儿童,没有人能够教授他们,因为他们还无法接受教育,然而,他们却向我们揭示了人类心灵的伟大。其实,我们给儿童提供的仅仅是一所房子,而非学校,也就是说,给他们准备了一个环境。他们从这个环境中自己汲取各种文化知识,没有人教他们。在我们的第一所学校里,儿童们都来自社会最底层家庭,他们的父母几乎都没有受过任何教育。然而,这些儿童到了4岁就会读书写字,在此期间没有人教过他们。如果有人看到这么小的孩子就能读书写字,惊奇地问他们:"是谁教你们写字的?"他们会仰起头带着莫名其妙的眼神回答说:"教我?没人教过我呀!"这么小的儿童能够写字本身就是一件很神奇的事,再加上他们是在没有人教的情况下学会的,就更不可思议了。于是媒体开始讨论所谓的"自然获取文化知识"这一问题。心理学家们认为这些都是特殊的儿童,在很长时间里,我们也持这种观点。然而,经过几年的观察,我们发现所有儿童都具有这种"吸收"文化知识的能力。我们推断,如果这个结论是正确的,如果儿童真能这么轻而易举地获得读写知

7

识，那么，他们也可以"吸收"其他方面的知识。通过实验我们发现，除了读写，儿童还可以吸收其他多得多的东西。例如他们对植物学、动物学、数学、地理学等方面的知识的学习同样轻松，学习方式简单自然，似乎不费吹灰之力。

因此，我们发现，教育并非老师在教什么，而是一种每个人自发运作的自然发展过程。儿童的知识不是通过教学得来的，而是从周遭环境中所获取的经验得来的。因此，老师的任务不是讲授什么，而是为儿童特别准备一个环境，并安排一系列有目的的文化活动。

8 在这一方面，我现在已经有 40 年的经验，我培育过的儿童在不断成长，而且遍及很多国家。这些孩子的父母要求我继续为已经长大的孩子提供教育。因此，我发现个性化活动是促成儿童发展的唯一方法，而且不管是对学龄前的儿童还是小学或其他学校中的学生都是如此。

新人的出现

在我们眼前出现了一个新的形象，它不是学校，也不是教育，而是人。他是一个心灵未受精神束缚，真实个性得到自由发展，而且形象伟岸的人。因此，我认为任何教育改革都必须以发展人的个性为基础，人本身应该成为教育的核心。而且必须牢记：人的发展并非始于大学，而是始于出生，甚至还在母胎之时。最好的发展阶段是儿童出生后的最初几年，因此，这个阶段的儿童应该受到最好的关心照顾。如果真这样做了,我们就会发现,儿童非但不是我们的负担,而且是自然世界最大的奇迹。我们还会发现,我们所面对的不再是一个软弱无助的人,或是一个需要我们用智慧去充实的空宝盒,而是能够在自己内在老师的引导下,幸福欢乐地勤奋学习,严格守时,努力构建心智的存在,他最终将成为大自然的神奇作品——"人"。在完成这一自我构建的过程中,我们将看到他的尊严。作为他外在的老师,我们只能像仆人伺候主人一样,协助他顺利完成这一伟大工程。如果我们真能如此,我们将见证人的心灵的展现和"新人"的兴起。从此,我们将会摆脱琐事的烦扰,怀着明确愿景,专注于指导和规划人类社会的未来。

9

第二章

为生命而教

学校和社会生活

从一开始就有必要明确一个观念,即我们所说的为生命而教是指从婴儿刚刚出生,甚至尚未出生,就开始进行的教育。对于这个问题,有必要做详细说明,因为最近有一位人民领袖[1]第一次指出:教育不仅要贯穿人的整个生命过程,而且必须以"捍卫生命"为核心。我所说的"第一次",是指第一次由一位政治和精神领袖提出这种观点,因为科学不仅已经明确表达了这种教育的必要性,而且从20世纪初就已经对此做出了积极贡献,指出贯穿人整个生命的教育一定会取得成功。然而,不管在美洲(北美和南美)还是欧洲,至今都还没有把"教育为生命服务并捍卫生命"这一理念,落实在任何一个教育部门的行动中。今天,对于教育的构想只限于方法、社会目标和最终目的方面,但对人本身几乎没有进行任何思考。不同的国家采取了很多官方认可的教育方法,但是没有一个官方的教育系统考虑到生命本身，或者做出规划，从人出生开始，就保护和帮助其生命的发展。如果教育是在保护生命，那么你就会意识到，在生命成长的整个过程中必须有教育的陪伴。而今天所构想的教育与人的生命和社会生活都是隔离的。如果我们不再思考这个问题，就会立刻意识到所有接受教育的人都游离于社会之外。学生必须遵守每一个教育机构所制定的规则，让自己适应教育部门所制定的教学大纲。如果我们考虑到这一点，会发现在这些按照教育部门教学大纲进行教学的学校，也没有考虑到学生的生命本身。例如，一个高中生吃不饱饭，这不是学校关心的事。最近有这样的事情发生，那就是如果儿童有某种程度的听力障碍，听不见老师在讲什么，他们就只能得低分。学校和老师并没有考虑他们听力方面的缺陷。假如一个儿童视力不好，他也只能得低分，因为他没有办法像其他儿童那样写出漂亮的字来。直到最近，儿童的生理缺陷一直没有被学校重视，现在也只是从生理卫生的角度给予关注。然而，甚至现在，也没有人担心学生的心灵所面临的危险，这危险是因为所采取的教育方法存在的缺陷造成的。有 12 学校担心儿童被迫生活在怎样的一种文明中吗？官员们唯一担心的问题是学校是否在贯彻执行教学大纲。有些社会缺陷容易对在校大学生造成精神上的冲击，而且的确对他们造成了影响，但是对此官方的告诫是什么呢？"你们学生不应该关心政治问题，而必须把注意力放在学习上，等把自己塑造好了，再走向社会。"是的，这种说法很不错，但今天的教育并没有把学生塑造成有能力应对他们生活的时代及其问题的知识分子。学术机制和现世的社会生活是脱节的：其研究没有进入教育领域。谁曾听说过任何教育部门被要求解决国家任何棘手的社会问题？这种事情从来没有发生过，因为对个人的整个学术生活来说，教育界是一座脱离现世问题的孤岛。他们在为生活做准备的时候却置身于现世生活之外。

假如一个大学生死于肺结核，这当然是一件很悲惨的事。然而，作为他所在的大学能为他做什么呢？至多能为他举行一场葬礼。很多大学生刚进入社会的时候极其紧张，觉得自己不但是个没有用的人，而且会成为家人和朋友的累赘。可能会是这样，但是我作为权威人士，不担心特殊的心理学方面的问题，而只担心学习和考试。谁考试过关就能获得文凭或者学位。这就是我们学校今天的做法。那些研究社会学或者社会问题的人已经说了，学校的学生还没有为将来的社会生活做好准备，而且不仅如此，大多数人是在降低自己适应现实生活的可能性。社会学家经过统计发现，社会上有很多罪犯、精神错乱者和更多被称为"怪异者"的人，他们得出的结论是：学校必须为减少这些现象有所作为。

这是事实。学校是一座孤岛。如果有什么社会问题，学校会对它们视而不见。社会学家说学校必须有所作为，但是学校本身并不可能在这方面有所为，因为它是一个长期存在的社会机构，除非有什么外力促使它改变，否则它的规则是不可能改变的。这是教育方面存在的一些缺陷，因此也是所有在校的学生所面对的缺陷。

学龄前

儿童从刚出生，甚至尚未出生，到 7 岁这个阶段又是怎样一种情形呢？这个年龄段的儿童根本不是学校所关心的对象。这个阶段被称为 14
“学龄前”，就意味着它不是学校教育所涵盖的年龄段。对于一个刚出生的婴儿，学校又能做什么呢？目前，不管是什么地方的学前教育机构，几乎都不受国家教育部门管理。它们通常由地方政府或者私人机构根据自己制定的规则进行管理。那么，谁把它作为社会问题考虑，并且致力于保护这些幼童的生命发展呢？一个都没有！社会普遍认为这个责任应该由家庭而不是国家承担。

今天，人们已经认识到人的生命最初这几年的重要性。那么对此有何建议？有人认为家庭必须为此进行改变，特别是孩子的母亲必须接受相关的培训。然而，家庭属于社会，目前它并不是学校教育的组成部分。可见，人的个性或者对人个性的关怀的现状是怎样的支离破碎。一方面，家庭是社会的一分子，但通常孤立于社会和社会关怀之外；另一方面，学校也与社会相互分离，甚至大学也是如此。关于生命的社会关怀，只是一些零散的、相互忽视的观点，还没有形成一种统一的观念。甚至那些揭示这种孤立现象所造成危害的新兴科学，如社会心理学和社会学，也把自己隔离于学校之外。因此，目前还没有一个可靠的系统能够为生命的发展提供帮助。当一位政府官员说教育必须为生命服务的时候，我们意识到它的重要性。正如我以前所说，这对于抽象科学没 15

有什么创新可言,但是从社会实际的角度来说,它却是一个不曾存在过的新事物,它是文明发展的下一步。虽然每一件事都已有所准备:有人已经对现有状况的错误之处提出了批评,还有人对不同生命阶段提出了补救的建议。进行建设的准备工作已经完全就绪。科学建设可以与建造大楼相比较,切割石料为建造做准备固然重要,但还必须有人按一定要求把这些切割好的石头垒起来,这样文明发展的大厦才能建成。这是为什么这位印度领袖的决心是那么重要,它是走向更高文明的一个台阶,是建设精神大厦的重要一步,我们都置身于这门应用科学的领域,为此进行着不懈的努力与奋斗。

教育是社会必须履行的责任

把生命作为教育功能核心的教育理念是什么? 它是一种完全不同于以前所有教育观念的理念。教育再不能建基于教学大纲之上,而是要以有关人的生命的知识作为基础。如果是这样——也必须这样——那么,现在新生儿的教育立刻就变得非常重要。的确,新生儿什么事都做不了,根本不能接受一般意义上的教育,我们只能把他作为观察对象,研究他需要什么帮助。如果我们希望帮助生命成长,就必须知道生命发展的规律,要弄清生命发展的规律,就要善于观察各种生命现象。不仅如此,如果我们寻求的仅仅是知识,那只会停留在心理学领域;但如果我们关心的是教育,就不能仅仅局限于对儿童心理发展方面的知

16

识的追求，还要努力推广这些知识，使教育以全新的形式出现，让教育获得应有的尊严，树立起新的权威，并要大声告诉社会："这是生命的规律，你不能忽视它，而必须把它作为自己行动的依据。"

的确，如果社会希望对人进行义务教育，那就意味着必须提供实际意义上的教育资源，否则就不能提出这样的要求；如果我们认为人必须从一出生就要接受教育，那么，我们首先要做的就是了解儿童发展的规律。教育不能再游离于社会之外，而必须对社会具有权威性。对此，社会机构必须发挥其作用，必须建立保护生命的社会机制，而且要让所有人参与其中：父母当然要扮演好自己的角色，但如果家庭没有足够的教育方法，那么社会就必须在提供知识之外提供足够的教育方法。如果教育意味着关心个体生命的成长，而且社会意识到这样做对儿童的发展至关重要，但某些家庭无法担负教育孩子的责任，那么，社会就有必要负起这个责任，国家绝不能放弃任何一个儿童。因此，要让教育不脱离社会，就要赋予它超越社会的权威。显然，社会必须对个人有所管束，但是如果认为教育对人的生命发展有帮助，那么这种管束就不能算是抑制和压迫，而应该是对人身心成长的辅助。另外我还想说，社会还要分配大量资金用于发展教育。

我们对儿童在不同阶段的需求做了充分的科学研究，而且这些研究成果也已经逐步公之于众。我们认为帮助生命发展的教育能够帮助人，不仅是儿童，而且是每一个人。这意味着社会意识必须对教育负责，而且要让教育理念不断通传于整个社会，一步都不落下，使它不再

17

像今天一样与社会隔离。作为生命的保护者，教育不仅会影响到儿童的发展，而且对他的父母、国家和国际经济都会产生影响。也就是说，它会牵动社会的方方面面，真可以说是一种最大的社会运动。今天的教育正是如此啊！我们能够想象任何一件更静止、更停滞、更无动于衷的事情吗？今天，如果一个国家要节约开支，往往会首先以牺牲教育为代价。如果我们问任何一个高官对教育有何看法，他都会说："我对教育一无所知，教育是一门专业，我甚至把教育自己孩子的任务也交给了我太太，她则把他们交给了学校。"在将来，任何一位国家领导人都绝对不能以这种方式回答有关教育的问题。

18

儿童是人类的建造师

现在让我们再讨论另一个话题。不同的心理学家对出生第一年的新生儿做了研究，就让我们引述他们的研究结果。我们能够从他们那里得到什么观点呢？他们认为，通常情况下，通过更好的照顾，而非随意对待，新生儿会符合科学规律地成长，他的成长和发展会更好。他们都认为："每一个新生儿身体会更强壮，心理会更平衡，性格会更坚强。"换句话说，除了给成长中的儿童提供身体方面的需要，还要给他提供精神方面的需要，这是一种极端的观点。但这还不是全部。让我们假定科学已经发现了人的生命初期这个阶段的一些基本规律，这不仅仅是一种假设。襁褓中的婴儿的确具有某些远远超乎我们想象的力量，因为在这个阶段,已经有人的构建工作在进行。在刚出生的时候,从心理方面来讲,他什么也不是——是零!而且不仅从心理上,就是从身体上来说,他也几乎与瘫痪的人无异,什么也不能做,什么也不能说,虽然他看着周围所发生的一切。然而,请看!过了不久,这个儿童就会说话、行走,并克服一个又一个困难,直到长大,掌握各种本领,最终成为身心成熟的人。这些事实说明:儿童不是一个中空的容器,需要我们往里面填充各种东西。不,儿童是人类的建造师。每一个人都是这样从自己的儿童时代成长起来的。没有儿童就没有成人,也就没有人类。为了成为一个身心成熟的人,需要具备巨大的力量,而这些力量只能来自儿童。很长时间以来我们都在描述儿童身上的这种力量,最终也得到其他科学家的关注。直到今天这些能力都被母性遮蔽,人们认为是母亲教自己的孩子说话、行走,等等。但我认为这根本不能归功于母亲,是儿童自己完成了这一切。母亲只是生下了自己的孩子,而孩子的成长过程是由孩子自己完成的,是他自己把自己造就成人的。假定母亲去世了,孩子照样会长大。即使母亲没有用母乳喂养他,而是用其他东西喂养他,他仍然会长大。再假定,如果把一个印度的孩子带到美国去生活,他就能学会英语而不是印度语。可见,不是母亲把知识传递给自己的孩子,而是孩子自己在汲取知识。如果美国人真把这个儿童当作自己的孩子抚养,那么这个印度儿童就会养成美国人的生活习惯,而不是印度人的生活习惯。可见,这些都不是来自父母的遗传,而是儿童自己汲取周围的一切,塑造自己的未来,父母不能声称拥有这份功劳。

19

20

为了能够适当地把自己造就成人，儿童需要特殊的帮助，社会必须对此予以关注。我们强调儿童的这种潜能，并非要降低父母的权威，而是希望父母能够认识到自己在孩子成长过程中所扮演的只是协助者的角色，这样他们将能够更好地承担自己的责任，为儿童提供更有效的帮助。父母只有提供适当的帮助，孩子才会更健康地成长，其他都没有用。因此，父母的权威并不基于其独立的崇高身份，而是基于对儿童提供的帮助。除此之外，父母对孩子没有其他的权威。让我们从另一个方面考虑。每个人都知道卡尔·马克思是社会改革的先驱，他让工人们意识到社会所拥有的一切财富都是由他们通过劳动创造的，我们所拥有的每一样东西都由某个人的劳动制造。我们的日常生活依靠这些工人来维持，如果他们停止生产，我们的社会和政治生活就会停止。这是卡尔·马克思理论的一部分。这些工人的确给我们提供了生活的可能性，他们创造了环境，提供了我们所需要的食物、衣服和各种生活方式。当认识到这一点的时候，这些工人就不再认为自己是依赖雇主而活命的贫穷的劳动者，而是从事着重要工作的劳动者。以前人们只认为王子、国君和资本家是重要人物，但是现在也认识到工人的功绩。资本家的真正贡献是为需要工作的工人提供了工作机会；而且他给工人提供的条件越好，他的产品也就越好。

现在让我们把这种观念也运用到我们的教育领域。我们假定儿童也是工人，长大成人就是他的工作目的，而父母是为这个工人提供工作机会的资本家。那么，我们所面对的社会问题更重要，因为儿童的工作

是建造人类本身,而非产品。而且这一问题针对的不是一个种族、一个阶层,或者一个社会群体,而是全人类。人类必须看到这个现实:社会必须关心和关注的是儿童这个人类本身的建造师。这两个社会问题的确非常相似,比如,在卡尔·马克思阐述这个观点之前,工人没有得到尊重,他们必须做任何别人让他做的事,就像儿童一样;工人的需要和他作为人的尊严是得不到尊重的。在儿童的工作中,他的生命——肉²²体的和精神的——也是得不到尊重的,他作为人的尊严是不存在的。社会主义者和共产主义者做了什么呢?他们开始发起运动,为工人争取更好的生活条件。同样,我们也必须给儿童这个建造师提供更好的生活方式。工人要求更高的工资,那么我们也要付给人类的建造师更高的工资。工人希望摆脱奴役和压迫,我们也必须把儿童从精神重压下解放出来。改善人类建造师的生活状况比改善环境建造师的生活状况更激动人心。改善人类建造师的生活状况将会给全人类带来更大的福祉。从这个伟大的工人出生的那一刻开始,我们就必须关注他,为他提供完成自己的建造工作所需要的一切,直到他长大成人。我们还必须记得,他将塑造人类,而人类要以自己的智慧创造文明。儿童是我们人类智慧的构建者,我们创造文明的手和用我们的手所创造的文明都受到智慧的引领。

如果我们对生命本身加以关注和研究,将会发现人类的秘密,就会掌握帮助人类发展的力量。卡尔·马克思的社会愿景促成了一场社会革命,当我们谈论教育的时候,也是在宣扬一场革命。之所以说它是一²³

场革命，是因为我们目前所了解的一切都要改变。我的确认为它是最后一次革命，是一次没有暴力和流血的革命，因为即使对儿童施加最轻微的暴力，他的心理构建也会出现偏差。将儿童培养成正常人的构建过程是非常微妙的，需要得到保护，也必须加以保护；哪怕是最轻微的暴力也不能有。的确，我们所有的努力都是为儿童的成长扫清障碍，为他消除周围的危险和误区。

这就是作为生命成长的帮助者的教育所怀有的目的；它是要从人一出生就开始进行的一场革命：一场没有任何暴力色彩，而且把所有人都吸引到同一个核心上的革命。母亲、父亲、政治家——所有人都要团结起来，关心和支持这项微妙的建造工程，而这个工程本身有儿童内在的一位老师引导，在神秘的精神力量的推动下进行。

对人类而言，这是一种光辉闪耀的新希望。它在很大程度上不是一个重建工程，而更像它所意味的那样，是对人的心灵所从事的建造工程的辅助，是对新生儿所具有的所有巨大潜能的开发。

注释

[1] 指印度民族英雄圣雄甘地。——译者注

第三章

成长的阶段

　　根据那些跟踪研究了从出生到上大学的儿童的现代心理学家所言,人的发展过程有几个明显的不同阶段。这种观念不同于人们以往的认识,认为儿童的能力从弱小发展到强大,但其形式是不变的。之前人们认为儿童能力很有限,只有随着年龄的增长,才变得逐渐强大起来。这是有关人的精神发展的老观念。今天的心理学家却认为,人在不同的成长阶段具有不同类型的心理和精神状态,而且这些不同阶段之间的区别是很清楚的。有趣的是,这些阶段与人的身体发展的不同时期是相对应的。在心理方面,不同阶段的变化是如此之大,以至于有些心理学家为了表述清晰,竟然夸张地说:"成长就是出生的继续。"在生命成长过程中的某一个特定阶段,一个心理个性停止发展,另一个就会出现。在人的成长过程中不时会出现这种再生的现象。其中第一个阶段是从出生到 6 岁,这个阶段与其他阶段相比具有显著的不同,但在这整个阶段儿童的心理类型始终如一。0—6 岁这个阶段还可以划分为两个不同的年龄段,从出生到 3 岁是第一个年龄段,这个年龄段的儿童的心灵是成人无法触及的,也就是说成人对它无法造成任何直接的影响。的确是这样,没有学校能够教这个年龄段的儿童。3—6 岁是另一个年龄段,在这个阶段儿童的心智类型是一样的,但是如果采取一种特殊的方式,他的心灵开始可以被触及。这个时期也标志着一个人身上所发生的巨大变化。为了充分认识这一点,我们不妨想想一个刚出生的婴儿和一个 6 岁儿童的不同。我们先不管这种变化是怎么发生的,但一个不可否认的事实是,在智力上,通常 6 岁的儿童已经具备上学的资格了。

下一个阶段是 6—12 岁,这个阶段的儿童尽管在继续成长,但不再有比较大的变化,这是一个相对平静的时期。从心理学上来讲,它也是一个健康、强壮、平稳的时期;现在,如果我们注意儿童的身体,就会看到一些征兆,似乎显示出这两个心理阶段的界限。这个阶段儿童身体方面的变化是显而易见的。我只指出一点:儿童这时候开始换牙了。

12—18 岁是儿童的第三个阶段,这个阶段的变化就像第一个阶段那样巨大。最后这个阶段也可以分为两个年龄段:12—15 岁和 15—18 岁。这个阶段也标志着儿童的身体方面逐渐成熟起来。18 岁之后,人的身体发育就算完成了,除了慢慢变老,不会再有比较大的变化。

令人好奇的是,官方教育已经认识到了儿童心理类型上的这些不同,这似乎只是一种下意识的直觉。官方教育清楚地意识到第一个阶段是 0—6 岁,因为这个年龄阶段的儿童被排除在义务教育之外,而且

6岁被认为是儿童成长的一个转折点。人们似乎已经确信6岁的儿童有足够的智力开始上学了。在这种情况下,他们已经下意识地承认这个时期的儿童懂得很多事;因为如果他完全无知,则不能上学。比如,如果儿童不知道怎样适应环境,不会走路,不理解别人的话,等等,即使到了6岁,他也无法上学。可见,这是一种实践性的认知。然而,人们从来没有想过,如果一个6岁的儿童可以上学,并且能够以某种方式理解老师传授给他的理念,那么他一定是通过学习获得了这种能力,因为在他刚出生的时候一无所能。那么是谁教了他? 不是老师,因为就像我们看到的,在这个阶段他是被学校排除在外的。老师们甚至从来都没有想过要教这个年龄的儿童。那么,一定有某种非常精妙的程序让这个没有智力、没有协调运动能力、没有意志、没有记忆的新生儿,理解我们所说的话。

对于儿童的第二阶段,人们也有一种无意识的认知,因为在很多国家,12岁的儿童通常会从小学毕业进入中学。为什么他们选择6—12岁? 为什么他们认为这个阶段比较适合给儿童传授基本的文化知识? 当世界上每一个国家都这样做的时候,那就不是一种偶然现象了。这意味着所有儿童在心理方面有某种基本的共同点,所以才使它成为可能。这也被认为是基于经验的推理,因为人们发现,这个年龄段的儿童能从事学校里必要的智力工作,理解老师所讲的内容,也有足够的耐心听讲和学习。在这整个阶段,他能坚持从事自己的工作,同时身体也很棒。因为这些特点,这个阶段被认为是传授文化知识最好的阶段。

28 　　12岁之后,通常儿童就开始上高一级的学校了。官方教育已经认识到在这个年龄上,儿童就开始具备一种新的心理特征。官方教育认为这种心理特征又可以细分为两个部分,事实上这体现在中学被分为两个阶段。

　　在我们国家[1],中学分为初中和高中两个阶段。其中初中 3 年,高中 2—3 年。这个阶段不像前一个阶段那么顺利和平静。心理学家说,在这个阶段儿童的心理变化可以和第一个阶段 0—6 岁的儿童相比较。通常情况下,这个阶段儿童的心理状态不是很稳定,纪律性不好,比较叛逆。另外,身体健康状况也没有第二个阶段 6—12 岁的儿童那么好。但这些现象还没有引起学校足够的重视,学校只要求儿童遵照固定的教学大纲进行学习,不管他们喜欢还是不喜欢。在这个阶段,儿童必须坐下来听老师讲,必须绝对服从,而且要花时间背诵很多东西。

　　接下来就是大学阶段了。这个阶段的学生可能除了学习更紧张之外,在本质上与之前的学校学习没有太大差别,在课堂上还是教授讲,
29 学生听。当我年轻的时候,看到大学男孩不刮脸,蓄着胡须。在讲堂里你会惊奇地看到所有男生都留着胡须,有的是八撇胡,有的是方形的串脸胡;有的胡须长,有的胡须短,简直就是各种各样的胡须展览。然而,所有这些男孩,不管看上去多成熟或者多老练,还都是小男孩,他们都必须坐在那里听讲;他们必须屈服于教授的讥笑;他们必须依赖香烟消愁,因为他们的有轨电车车票钱是父亲慷慨提供给他们的,如果他们考试不及格,父亲就会责备他们。他们是成人了! 他们所有的经验和智

慧是为了直接面对世界，他们工作的工具是智慧，凭着自己的智慧，他们希望找到最好的工作，将来会成为医生、律师或者工程师。今天的学位有什么益处？拿了学位之后生活就有了保证吗？谁去找一个只是拿了学位证书的医生？如果要打官司，谁去找一个刚走出校门的律师？如果有人想建一座漂亮的房子，他会去找一个初出茅庐的工程师吗？当然不会，一个简单的原因就是，多年的学校学习并不会理所当然地造就一个"人"，他只有在实际工作和实践中才能慢慢成材。因此，我们看到年轻的医生必须在医院实习，年轻的律师必须在律师事务所磨砺，年轻的工程师也是如此。有时候实习期要持续很多年，之后他才能独当一面。为了找到一家实习单位，他们还必须好好把握机会。关于找工作，这里有一个曾经发生在纽约的典型案例。数百名清一色的知识分子为找不到任何工作而游行示威，他们打出一条横幅，上面写着："我们没有工作，饿得要死，该怎么办？"这样的现象，甚至今天同样有。这里没有计划。教育不受控制，但是有一个事实可以确认，那就是在儿童的成长过程中，生命的不同阶段有不同的心理特征。不同的心理特征和每一种精神特征对应着小学、中学和大学这些不同的教育阶段。

30

创造阶段

当我年轻的时候，对2—6岁儿童的教育根本不会有人在意。现在有了各种学前班，其中有一种就是蒙台梭利学校、托儿所和幼儿园，是为 3—6 岁的儿童开办的。但今天,像过去一样,人们最为关注的还是大学教育,认为大学才是开发人的智力的地方。但是,基于心理学家对

31 人本身所做的研究,逐渐有走向另一个极端的倾向,有些人,包括我自己在内,越来越认为人生最重要的阶段不是大学,而是人生最初的阶段——0—6 岁这个年龄段,因为人的智力是在这个阶段形成的;而且不但智力,包括人的整个心理能力都是在这个阶段形成的。这种观点给那些研究生命潜能的人留下了深刻印象。今天,很多人已经开始关注新生儿的研究;是新生儿和 1 岁大的儿童创造了人的个性;和过去对死亡的思考一样,他们对这些新生命也有同样的情感体验和深刻印象。死亡来临的时候会发生什么? 这在过去是个令人沉思和伤感的问题。今天,一个类似的思考在人的心里回绕:谁刚进入了这个世界? 这是一个人,是用最伟大神圣的智慧所造就的人。我们还想知道,为什么人会有这么长、这么痛苦的婴儿期? 没有任何动物的婴儿期有人的婴儿期这么长,这么痛苦。这个问题引起人们极大的兴趣,他们在思索:在人生最初的这个阶段到底发生了什么?

　　这一定是一个非常具有创造力的阶段,因为刚出生时儿童一无所知,而几年之后什么都知道了。并不是一开始儿童就有理智、记忆和意

32 志,之后随着年龄的增长,这些功能慢慢地发展增强了。一开始什么也没有,完全是零! 这不像小猫,一生下来就会叫,虽然叫得还不够好。小牛或小鸟也是这样。但人刚一出生什么话也不会讲,他除了哭也没有任何表达方式。所以,对人来说,这不是发展的问题,而是从零开始,

从无到有的创造的问题。如果是一个不存在的事物，就谈不上有发展的希望。儿童的成长过程的确很神奇，完全是一种从无到有的过程。我们成年人无法做到这一点，我们的理智也无法理解这一切。

儿童有一种与我们成人完全不同的心灵，有不同的禀赋能力成就这一切。儿童所成就的不是一个小小的作品，而是成就了一切。他不但创造了语言，而且创造了用来说话的器官；他创造了所有的肢体运动，也创造了理性的方方面面。他创造了人的心灵和作为一个个体所领受的一切。这是一个极其伟大的成就！

然而，这一切都不是在有意识的状态下完成的。我们成人有意识，有意志；如果我们想学习某样东西，就会主动为之。然而，婴儿没有意识，没有意志，因为意识和意志都要经过创造。他的心灵与我们成人的心灵属于不同类型。如果我们把成人的心灵称为有意识的心灵，那么儿童的心灵就是无意识的心灵。一个无意识的心灵并不意味着是一个低级的心灵，一个无意识的心灵可以充满智慧。人们将会在每一种生物身上发现这种智慧，甚至每一只昆虫都有这种智慧。它不是一种有意识的智慧，尽管有时候看上去它似乎具有推理的天赋。它是一种无意识的智慧，然而凭借这种无意识的智慧儿童能够取得极大的成就。一个1岁的儿童已经看得见自己周围的一切，并能辨识它们。

儿童是如何能够辨识周围环境中的事物的呢？我们发现，原来儿童具有一种特质：强烈的感知能力。也就是说，周围的一切都能引起他强烈的兴趣，使他能不知疲倦地吸收它们，似乎要把它们变成自己生命

33

的一部分。儿童不但用自己的心灵,而且用生命本身感知这些事物。比如,儿童对语言的掌握就是一个明显的例子。那么儿童是如何掌握语言的呢?据说他有一种天赋的听觉意识,他听人类的语言,以此方式学习说话。我们承认这一点,它是真的。然而,围绕他的千百万种声音中,他为什么就只听到人的语言?如果他只听人的语言,这说明人的语言一定让他产生强烈的印象。这种印象是如此强烈,以至于引起儿童深切的感受,这样巨大的热情就像在他体内拨动了不可见的琴弦,这些

34 琴弦开始产生振动,引起共鸣,发出声响。我们可以把它与我们生活中某些类似的东西加以比较,比如,有时我们去听音乐会,会看到观众们专注的表情,头和手会不自觉地随着音乐节拍动起来。如果不是因为音乐引起了人们内在的共鸣,这些动作怎么会产生呢?那么对于那些还没有意识的儿童来说,也会发生类似的情形。我们几乎可以看到婴儿的舌头、脸颊和发声器官是怎样活动的,他的每一个器官都变得紧张,默默地时刻为发声做着准备。到底儿童是如何正确获得语言知识的呢?儿童准确而稳定地获得的语言被称为母语,这构成了他精神个性的一部分,与他可能会习得的所有其他语言有明显的区别,就像假牙和自然生长的牙齿有本质的不同一样。这些一开始对他们来说没有意义的声音,怎么会一下子成为他们能理解的思想呢?儿童不仅只是学习词汇,他还学习"句子和句子的结构"。如果我们不理解句子的结构,就不能理解一句话的意思。如果我们说"杯子在桌子上",这是因为词

35 汇的结构顺序使这个句子有了意义。如果有人说"上桌子在杯子",这

026

就很难让人理解，因为只有词汇以我们所能理解的次序排列起来组成句子，才构成有意义的思想。可见，儿童不但掌握了词汇，而且已经掌握了语言结构。

有吸收力的心灵

这是怎么发生的呢？有人说这是因为"他记得这些事情"。但是为了记住某事，他必须有记忆力才行，然而他还没有，这是他将要构建的一种能力。那么是因为他能够对句子里的语序进行某种理性分析吗？同样，这种推理能力也是他根本不具备的，这也是他将要构建的能力。

我们成人的心灵不可能做到这一点，要做到这一点，需要一种不同类型的心灵，这是儿童所拥有的心灵类型，与我们成人的心灵类型是不同的。我们可能会说我们用自己的理智获得知识，而儿童是用他的精神生命在吸收知识。儿童仅仅通过生活其中就学会了怎么说自己种族的语言，就像在他的体内发生了一种心理化学反应一样。我们成人就像容器，所学的知识是被灌入的，是用心记住的，但我们仍然与这些知识观念之间存在着本质的不同，就像水和水杯截然不同一样。但是，儿童吸收知识所进行的则是一种转变，知识观念不仅仅渗透进儿童的心灵，而且在塑造他的心灵。知识观念变成了身体的一部分。通过吸收周围环境中的事物，儿童创造出自己的"精神血肉"。我们把这种心灵叫做"有吸收力的心灵"。我们很难想象这么小的儿童怀有如此强大的

36

心灵力量,但它的确是特有的一种心灵形态。让我们想象一下,如果这种心灵能够持续发挥作用,如果它持续保持这种优势,那将会是怎样一种情形啊!儿童出生之后,整天躺在床上达数月之久。但过不了多久,他一旦学会走路,就会到处走动,很幸福,很快乐;他就这样整天走动玩耍,并借此学习各种动作;在此期间,语言和它的所有结构开始进入他的心灵;他也有了掌控自己运动的可能性,让它们配合自己的生活和其他很多事。他所处环境中的一切都变成他的心智的一部分:习惯、习俗和宗教。让我们想象一下,如果仅仅是因为有这样一种心灵,只要欢乐地生活着,就能获得各种知识,成为医生、律师或者工程师,那该多好啊!儿童不用上学,从生活环境中或完美或不完美的所有事物中都能学会语言。如果只和一个德国人一起走走就能学会德语,这该多好啊!然而,我们成人要学一门语言或者任何一种知识,要付出多大的努力啊!

随着一天天长大,儿童开始关注所有事物,从而形成自己的意识。因此我们看到儿童所遵循的途径,他遵循着快乐和爱的途径,无意识地获得了一切。

37　　对我们来说,意识似乎是一种巨大的收获。变得有意识,就具备了一个人的心灵!但是我们为此付出了代价,因为一旦我们有了意识,要获得每一种新的知识,都需要付出辛苦的工作和不懈的努力。

运动也是这些神奇收获中的一种。儿童刚出生的时候几乎没有任何自主行动,然后他的身体就逐渐变得灵活起来。他开始动了,就像语言的获得一样,儿童运动的获得也不是一种偶然的现象。在一个特殊阶段,儿童就会有某些运动,这是一种天赋能力。当儿童开始动的时候,他的有吸收力的心灵已经从环境中汲取知识了。当儿童开始行动之前,他的心理发展已经在无意识中发生了。当他一旦行动,就开始变得有意识了。如果你观察一个 3 岁的儿童,会发现他总在摆弄一些东西,也就意味着他开始用自己的手表达自我了,已经开始运用自己的意识了,而在此之前他只能无意识地乱动。通过这种看似在玩耍的经验,儿童会把他在无意识中所获得的对事物的印象温习一遍。通过工作的方式,他变得有意识了,而且开始构建人的个性。儿童受到一种神奇而巨大的神秘力量的引导,逐渐完成人格的塑造,成为一个有思想有个性的人。他是通过运用自己的双手和经验完成了人的建造,而这首先是通过玩耍的方式,然后才是工作。手是人类表达理性的工具,通过动手操作,儿童就有了人的经验,他采取一种明确的形式成为一个有限的人,因为意识总比无意识和潜意识有限。

儿童充满生气地开始从事其神秘的工作,逐渐成为能够适应时事与环境的了不起的人。他构建自己的心灵,直到逐渐构建好记忆力、理解力和推理能力,直到 6 岁。那时候,我们的教育者突然发现这个儿童懂事了,他能够耐心地听我们讲话了,虽然此前我们还无法理解他,因为他生活在不同于我们的层面上。在本书中,我们关心的是儿童的第一个阶段。心理学的研究发现,儿童的这第一个生命阶段是如此神奇,如此富有奥秘,以至于所有了解它的人只有惊叹称奇。我们的工作不

38

是说教,而是帮助这个有吸收力的心灵进行自我发展。如果通过我们的帮助,通过理性地对待他,通过理解他的身体需要,通过给他提供精神养料,能够延长他有吸收力的心灵发挥功能的时间,该是多美好的事啊!如果我们能够帮助一个人轻轻松松地吸收知识,使他充满知识而不知道自己是怎么获得的,就像变魔术一样,那我们为儿童提供的是怎样一种服务啊!为什么不能有这种可能性?自然不是充满了不可思议的奇迹吗?

儿童被大自然赋予了一个有吸收力的心灵,有自主汲取知识的能力,这一重大发现引发了一场教育革命。认识到这一点,现在就不难理解为什么人生的第一个发展阶段是最重要的。人的个性的创造发生在这个阶段,一旦理解了这一点,我们也就明白为什么必须帮助儿童完成他的创造工作。没有任何其他阶段比这个阶段的儿童更需要理性的帮助。显然,一旦儿童遇到阻力,他的创造性工作就会有瑕疵。我们不再因为儿童又小又弱才帮助他。不!我们已经认识到,尽管儿童被赋予巨大的创造能力,但是这些能力在他的本性中是很脆弱的,如果遇到阻碍,就很容易被挫败。我们希望帮助的是这些能力,而并非因为儿童本身弱小或者脆弱。当我们理解这些能力属于一种无意识的心灵,而这种无意识的心灵必须通过环境中的工作和经验才能变得有意识的时候,当我们认识到儿童的心灵与我们的心灵不同,我们不能触及它,也不能教他的时候,在这个从无意识到有意识的转换和构建人的能力的过程中,我们不能直接进行干预;那么,整个教育理念将会改变,将会变得有助于儿童的生命发展。教育将要扮演帮助人的精神发展的角色，而不是教儿童记忆一些理念和事实。

这是教育的新途径，怎样在不同的阶段帮助这个心灵，怎样支持这些不同的能力，以及怎样给这个心灵的不同品质以力量，将是本书研究的对象。

注释

[1] 指意大利。——译者注

第四章

新方向

　　在我们这个时代,生物学的确有了新的研究方向。之前所有的研究对象都是成年生物,比如,当科学家研究动植物的时候,取样都来自成年生物。对于人类的研究也是如此,总是只研究成人,比如,伦理学和社会学的研究对象都是成人。另一个引人注意的研究领域是死亡的问题。这是合乎情理的,因为成人就处于走向死亡的过程之中。可以说,伦理学就是对成人社会交往环境和规范的研究。其实,伦理观念包括相亲相爱、为他人的利益而牺牲自我,等等,然而这些都是很不容易付诸实践的美德,需要相当的准备和意志的努力。今天的科学家好像

在走向相反的方向,在走回头路,因为他们在对人类和其他生物的研究中不仅关注其幼年时期,而且也关注其生命的原点。因此,生物学已经将其注意力转向对胚胎学、细胞生命等方面的研究。这种对生命根源的转向催生了一种新的哲学,这种哲学不是空想,而毋宁说是具有科学性的研究,因为它的理论来自观察,而不是来自思想家的抽象推理。这

种哲学的进步与实验室里研究发现的进展并驾齐驱。

当人们进入对生命本源的研究领域,即胚胎学领域的时候,就会看到一些成人世界里不存在的东西,或者即使存在,其本质也很不同。科学发现揭示了一种与人类以前的习惯认识很不同的生命形态。通过对这个新领域的研究,儿童的个性受到普遍的关注。一个很老套的看法是:与成年人走向死亡不同,儿童走向生命,因为儿童的目的是用自己全部的生命全力造就人。一旦造就了人,儿童就不再是儿童了。因此,儿童的整个生命都是在走向完善和更大的成就。即使从这个老套的观点来看,人们也能推论出儿童在实现成长和完善自我的工作中是能够获得喜悦的。儿童的生活是这样的:在工作中,完成工作任务会让他很快乐,很幸福。然而,工作对于成人来说,通常是相当辛苦的一个过程。生命成长过程对于儿童是一种生命的拓展和延伸,因为儿童年龄越增长,就会变得越聪明,越强壮。儿童的工作与活动会帮助他获得智慧与力量,然而成人正好与此相反。在儿童世界里没有竞争,因为没有人能够做儿童必须从事的造就人的工作。也就是说,没有人可以代替儿童成长。

在儿童身边的成人通常都是儿童的保护者。所以一个更美好社会的范例和启示,我们只能在儿童的世界里找到。这不是一个理念的问题,而是现实。儿童世界是不同的,它所呈现的是一种更好的生活,所以值得我们研究。

现在让我们继续向前追溯,即追溯到儿童尚未出生的那个阶段。

43

在儿童出生之前已经与成人有了接触，因为他以胚胎的形式存在于母体内。在此之前，形成胚胎的生殖细胞也是由来自成人的两个细胞结合而产生的。所以，不管追溯到人类生命的源头还是跟进到儿童完成成长之后的将来，都指向成人。儿童的生命是连接两代成人的纽带，他是生命的创造者，又是被创造者。儿童的生命始于成人，并在成人身内完成。这就是儿童要走的道路：一条生命的道路，这条生命的道路与成人有如此密切的接触，以至于光辉闪耀。这就是这项研究为什么如此迷人的理由。

两种生活

大自然为儿童提供了特殊的保护，他因爱而生，一旦出生，即受到父母百般爱的呵护。因此，他不是生活在冲突之中，而是生活在爱的保护之中。自然赋予父母爱自己孩子的天性，这种爱不是人造的，也不受理性的强迫，比如，兄弟情义是所有向往团结合一的人要唤醒的理念。在儿童的生活世界里可以找到这样的爱，而且只有在儿童世界里，才能找到这种自然而然的、能够激发人自我牺牲的爱，但在成人世界，这只能算是一种理想的伦理追求。它激发人对他人的奉献，让人献身于对他人的服务中。在所有父母的情感深处，都有为自己的孩子做自我奉献的精神。父母在做出这种牺牲的时候，自然会产生某种愉悦感，也就是说，它并不是以牺牲的方式表现出来的。比如，没有人说："哦，这人有两个孩子,多可怜啊!"而是说:"这人有妻子儿女,真够幸运的;他有这么可爱的孩子该有多高兴啊!"然而,对于父母来说,养孩子的确是一种自我牺牲,但这种牺牲也的确能给他们带来喜悦。这是人生命本身呈现出来的特征。因此,儿童让我们认识到,成人世界里那些看似不可能的、理想的克己和牺牲也是存在的。在市场上,如果有某种紧缺商品,一个商人绝对不可能对他的商业对手说:"你拿去吧,我不和你争。"然而,在父母与孩子都很饥饿的情况下,如果只有一小块面包,父母一定会对孩子说:"你吃吧,我不饿。"除了父母对孩子,这种崇高的爱我们只能在儿童世界里找到。它是自然赋予的。因此,有两种不同的生活,成人对它们兼而有之,一种是作为孩子父母的生活,另一种是作为社会成员的生活。当然,前者更好,因为在这种生活中,人最高贵的情感得以发展。

现在令人好奇的是,如果以对动物的研究代替对人的研究,我们会发现动物身上也存在这两种生活。比如,当有了自己的幼崽的时候,再凶猛的野兽也会改变它们的天性。每个人都知道老虎和狮子对它们的幼崽是多么温柔,它们会一下子变得像小鹿那么胆小。当要保护自己幼崽的时候,所有动物的天性似乎都会发生逆转,这是一种超常的特殊天性。有些动物比我们人胆小得多,然而,当它们要保护自己幼崽的时候,却表现得非常勇敢。比如飞鸟,一旦有了任何危险,出于自我保护的本能,会马上拍翅而起,飞离危险,但是,当它们有了自己的幼鸟之后,当危险来临时,经常不会立刻飞走,反而谨守鸟巢,并用翅膀紧紧地护着自己洁白的鸟蛋。有的还会假装受伤，与狗近距离对视，以便把狗从藏匿自己幼鸟的地方引开。而在通常情况下，它们都会立刻飞走，以免被抓到。这类例子不胜枚举。每一种动物都表现出两种本能：自我保护的本能和保护自己孩子的本能。法国生物学家法布尔（J. H. Fabre）所写的一本书里对此有最精彩的描述，他说正是因为这种伟大的母性本能，生物才能繁衍存续。的确如此，如果生物只靠生存斗争而存活，那么，那些幼畜或幼鸟怎么保护自己？它们还没有长出斗争的武器。如果小老虎牙齿还没长出，小鸟还毛羽未丰，就不可能进行自我保护。

因此，如果想让生命延续，让物种不至于消失，必须首先保护那些虽然已出生，但还没有自我保护能力的幼小生命。

如果把生命的幸存只归功于顽强的生命力，那么，每一个物种都可能会消失。因此，物种能够存活的真正理由和主要因素是成年者对自己孩子的爱。如果我们研究大自然，其迷人之处就在于甚至能从最低等的生物身上看到智慧的启示，只要我们加以关注。每一种生物都被赋予某种保护性本能，每一种生物都被赋予某种智慧，这种智慧全被其用于对自己孩子的保护方面。但是，如果研究它们的自我保护本能，人们则发现这些本能并没有表现出太多智慧，而且在自我保护领域智慧的类型也不像在保护自己孩子方面那样多。对于昆虫的保护性本能，法布尔用16卷本也没能将其精妙策略周详地道尽。因此，研究所有不同种类的生物，人们看到两种本能和两种生活都是必须的。当我们把这项研究应用在人类生命领域的时候，即使只是为了社会性理由，对儿童生命的研究也是必要的，因为其研究成果对成人很重要。这种生命研究必须追根溯源。

胚胎学

今天，有不同的科学在研究儿童和其他生物的生命根源，其中最有趣的是胚胎学，它采取的也是一种新的研究方式。一直以来，思想家和哲学家都想知道生命的神奇变化，他原来并不存在，之后则从无到有，并成为一个有理智，有思想，并有高贵灵魂的男人或女人。这是怎样发生的呢？这些如此复杂而令人惊叹的身体组织是如何形成的？人的眼睛、帮助我们说话的舌头、大脑以及其他无数器官的细节是怎样形成的？在 18 世纪初期，科学家们认为在卵细胞内一定有一个极小的、已经被造好的男人或者女人。这小人是那么小，以至于没有人能看见它，但它确实存在，之后只是逐渐长大而已。他们认为其他所有哺乳动物也都是这样的。至于到底是男人还是女人的生殖细胞携带着这个小人，有两个不同的学派，两派为此在大学里进行学术辩论。那时候，有一位年轻人正在使用刚刚发明的显微镜，他自言自语地说："我倒要看看到底发生了什么事。"他开始用显微镜观察生殖细胞。通过研究，他得出结论说，在生殖细胞里没有什么先存的小人。他说人是自我生成 的，而且对其自我生成的方式进行了描述。他说生殖细胞先一分为二，分裂出来的两个细胞再一分为二变成 4 个，然后继续不断地这样分裂，最终形成人。(见图1)一听到这种言论,这些相互辩驳的大学博学之士很生气:谁这么无知,竟然有这种观点? 这可是反宗教的言论啊! 对于这个可怜的年轻人来说,情况变得如此糟糕,以至于被驱逐出境,到处流亡,最后客死他乡。在之后的50年里,尽管显微镜多次更新换代,但没有人胆敢再用它揭示这个生命的秘密。然而,与此同时,那位年轻人提出的观点已经开始传播,并引起很多人的思考,人们在想,他也许是对的。50年之后,另一位科学家做了同样的研究,发现那位年轻人的观点是正确的。于是,他把自己的发现公之于众。这次每个人都相信了,一个新的科学兴起了,那就是今天已经发展得相当先进的胚胎学。

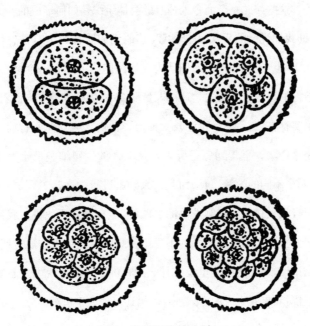

图1 生殖细胞的分裂

今天,胚胎学已经发展到这样一个高度,它开始推论,认为"没有先存"是真实的,不存在一个先造的小人而最终成长为成年男女的现象。但是,令人惊奇的是,应该存在一个预设的建构计划,因为这个计划制定得如此完美和富有理性,看起来就像某人已经事先想好了一切,并做了妥善的安排。这就像一个人想要盖房子,在砌墙之前就开始准备砖头了。这个原始细胞也是如此:首先,通过分裂繁殖,聚集了一定数量的细胞;之后,再用这些细胞组成3个面。当3个面形成的时候,第二个阶段,即构建器官的阶段,就开始了。

这时候,器官通过一种卓越的方式进行构建。这个过程开始于单个细胞的一点上,我不知道那里发生了什么,也不知道是否发生了某种化学反应或者是某种感觉刺激。我相信没有人知道。事实是,围绕着那个点,一个神奇的创造工程就开始进行了。在那里,细胞繁殖的频率极高,但别的地方则仍然处于一种相对平静的状态。当这种激烈的繁殖活动停止的时候,一个组织器官就形成了。有好几个这样的点,其中每个都会产生一种相应的器官。研究者解释这种现象说:生命的形成是围绕几个敏感点展开的。另外,这些器官的发展是相对独立的。好像这些细胞点中的每一个点的目的都只是构建某种器官,而且活动性超强,以至于每一个器官中的细胞都非常统一有序,堪称完美。可以说,其实它们已经发生了改变,变得不同于其他细胞。因此,根据它们所构建的器官,这些细胞呈现出不同的形态。之后,当不同的器官独立成形的时候,彼此之间自然会产生一定的关系和交流。当它们都联合

50

51

在一起的时候，就会形成一个相互连通和彼此依赖的整体，此时，孩子就诞生了。是循环系统把它们联合在了一起。在循环系统之后，随着神经系统的构建的完成，各器官之间的联系就更加紧密。之后，我们就能看到这个构建计划，它基于一个敏感点，而创造就来自那个点。一旦所有器官形成，它们必然团聚在一起。这个计划对高等动物和人都是一样的。每一个人和每一种动物的发展所遵循的都是这个计划。

因此，有人就提出了这样一种现代理念：在自然中只存在一种为所有生物所共有的创造计划。其实，不管是人还是动物，其胚胎都非常相似，以至于有人认为不同等级的动物之间是通过进化而完成转变的；比如人是从猴子进化而来的，哺乳动物和鸟类是从爬行的两栖动物进化而来的，而两栖动物则是从鱼类进化而来的，等等。在出生之前，每一种动物的胚胎都被认为是通过所有之前的阶段演进而来的。因此，在胚胎中存在一种物种进化的合成体。今天，这种理论已经被遗弃了。目前的科学只看重事实，认为大自然只有一种创造方式，也只有一种创造计划。

现在，如果我们持有这种理念，那就更容易理解很多奇怪的事实了，比如儿童的心理发展。因为不管是人的身体还是心智，都是通过遵循同样的计划而构建的。人的心理来自虚无，或者至少看上去是虚无的存在，就像人的身体也以同样的方式从一个看上去和其他细胞没有什么不同的原始细胞开始。从心理学角度来说，在新生儿内在各种创造工程似乎也没有完成，正如在原始细胞中并不存在已经成形的人一样。同样，在精神领域，器官是围绕一个敏感点构建的。首先进行的是材料积累的工作，正如我们所说的，在身体成长方面，这种材料积累的工作是通过生殖细胞的分裂和聚集而完成的。这是由一个我们称之为"有吸收力的心灵"所完成的工作，是在敏感点出现之后发生的。这些变化如此强烈，以至于我们成人都无法想象。当我们解释儿童掌握语言的问题时，会把它作为一个例子来说明。从这些敏感点来看，不是心智，而是心智的器官得到发展。而且每一个器官都是独立发展的，比如语言能力、判断距离的能力、在环境中为自己定位的能力，或者两腿直立的能力，以及其他协调能力。这些项目中的每一项都是围绕着一个兴趣独立发展的。现在，这个敏感点是如此敏锐，它会吸引个体从事一系列行动。这些敏感点没有哪一个在整个发展阶段都处于敏感状态，每一个点只是在一段时间内是敏感的，但这段时间足以完成一个心智器官的建造。在这个器官形成之后，其敏感性就消失了。然而，在这个阶段，它们所具有的能量大得我们无法想象。因为它们已经消失了，因此，我们甚至都不知道它们是什么。当所有器官都成形之后，就会联合在一起，从而形成我们所说的"精神统一体"（the psychic unity）。

生物学研究发现，不同的动物都是通过这种敏感期的方式创造自己的成年个体的。除非具有这种敏感期的观念，否则人无法理解儿童心理的构建。当我们有了这种认识之后，对童年时期的整个态度一定会有所改变。因此，如果我们知道这些敏感期什么时候出现，我们就能更好地帮助儿童得到心理方面的发展。有人会问："过去的人是怎么做

54 的呢？如果他们不懂这些,怎么成为健康强壮的人?"的确,人类对这些敏感期并没有科学性的认知,但是在之前的文明中,母亲会本能地照顾自己的孩子,这样一来,即使不能为孩子敏感期的需要提供支持,也至少不会对其形成太多的干扰。大自然已经在自己的计划中设计好了这种敏感时期,就像完成心智器官的构建那样,也已经赋予母亲保护自己的孩子的本能。当我们研究那些过着简朴的生活照顾着自己孩子的母亲的时候,就会理解以前父母是怎么成功地帮助了自己孩子的成长,并支持了他们特别的敏感性。大自然把柔情放在父母的心中,这是先辈人身上具有这种精神力量的原因。

今天,由于文明的进步,母亲们已经失去了这种本能,人类在走向退化。这是为什么研究母亲的本能如此重要,它可以和研究儿童自然发展过程相媲美。在过去,母亲不仅给予孩子肉身生命,细心养育他,而且给他的成长提供保护,就像今天动物世界里那些动物所做的一样。

55 如果今天人类的这些母性本能照这样下去趋于消失,那么人类将会面临很大的危机。今天,我们正面临着一个巨大的现实问题,母亲必须协作,科学必须找出帮助和保护儿童心智发展的方式,就像已经找到了帮助他的身体成长的方式一样。西方的人造奶粉已经剥夺了绝大部分母亲喂母乳的权利,如果科学没有干预此事,并且给儿童提供了维持身体营养的替代品,那么儿童就会忍饥受饿。在儿童心理成长方面,母爱是一种力量,它是自然力量的一种,必须引起科学界的重视。科学必须通过观察研究的方式,启发母亲为儿童的心智成长善尽母亲的职责,要帮助她们把这个责任变成有意识的行动，而不是无意识的作为。现在，周围的环境不再给母亲提供自由行使本能的机会，所以必须让她们意识到儿童的需要。教育必须起到拯救的作用，而且要给母亲提供这种知识。从一个人出生开始，教育就意味着为儿童的心理需要提供有意识的保护，而母亲必须首先参与，并对此产生兴趣。如果教育像今天这样都用加工的奶粉来养育生命，儿童不能达到发展的要求，那么，社会必须制定一些满足儿童需要的制度。学校教育应该从什么时候开始？我们一开始认为是 3 岁半，之后是 3 岁，再后来是 2 岁半，最后是 2 岁。56现在 1 岁大的孩子就被送进学校了。但是教育意味着给生命提供保护，它必须再往前追溯，直到孩子刚出生时。

第五章（上）

创造的奇迹

这种从一个细胞到一个完整的器官的过程是一件不可思议的事，但它是事实。它真实存在，但它如此神奇，没有人能够理解它。如果阅读有关这个主题的现代科学书籍，人们就会发现其中运用了一个以前被科学家所厌弃的词，那就是"奇迹"。因为尽管这是一件在不断发生的事，然而它的神奇玄妙还是让人觉得就像奇迹一样。无论观察一只鸟、一只兔子，还是任何一个脊椎动物，你都会看到它是由不同的器官组成的，这些器官本身就极其复杂，会引起人极大的好奇心，让人想知道这些极其复杂的器官到底是如何这么紧密地连接在一起的。想想我们的血液循环系统，它是那么好，那么复杂，那么完整的一套液体循环系统，即使最先进的文明也无法创造出能与之媲美的系统。还有通过感觉器官从环境中汇集印象的理性活动，它是那么神奇，没有任何现代工具能够达到它那种水平。比如，我们如何能生产出眼睛或者耳朵那样神奇的工具？如果对发生在身体中的化学反应加以研究，就会发现一些特殊的化学实验室，在这些实验室中，物质会被加工、置放和聚合，这些即使在最先进和最强大的现代实验室里也无法做到。再看看人体的神经系统，那些最先进和最完善的通讯系统，如果与人体中通过神经系统所进行的通讯相比，即使我们把能够想象到的所有无线电、电话、电报等通讯系统整合在一起，也都不算什么。即使纪律最严明的军队，也绝对不会有人体肌肉那样的服从精神：指令一旦发出，每一块肌肉立刻遵行。这些忠实的"仆人"通过特殊的工作和方式进行自我训练，随时无条件地接受任何指令。我们可以想一想，所有这些身体中复杂的器官，如通讯器官、像士兵一样听从命令的肌肉和延伸到每一个细胞的神经，都来自一个小小的细胞——球形的原始细胞——我们就会意识到大自然是多么伟大神奇。每一种生物，每一个哺乳动物和每一个人都来自一个原始细胞。如果我们观察这个细胞，就会发现它与其他细胞没有什么两样，看上去也极为简单。我们这些习惯于观察大东西的人，如果看到这么小的原始细胞，可能会被吓到。它只有 1/30 英寸，或者 1/10 毫米那么大。这是什么概念呢？可以想象一下，如果用一支削尖的铅笔点 10 个点，不管每一个点多小，彼此挨得多紧密，1 毫米大小的地方都容不下 10 个点。那么，我们就知道这个细胞该有多小，而这么小的细胞竟会形成一个人。当这个细胞发展的时候，它是独自发展的，不依靠父母或者任何人，因为它是受保护的，被包围在一种"包裹"内，以便让它与包含着它的成人分开。所有的动物都是如此。这个细胞与父母是分离的，因此，一个人的形成只是这个细胞的工作成果，尽管这个细胞本身来自成人。长期以来，人们都在思考这个问题，因为不

59

管是各领域最伟大的人物,如拿破仑、亚历山大、甘地、莎士比亚或者但丁等,还是最普通的人,每一个人都是由这些小小的细胞中的一个独立形成的。这个奥秘不但引起很多科学家的沉思,而且引起他们对这些细胞进行科学研究的兴趣。通过高倍显微镜,他们发现每一个细胞都包含一定数量的点,再通过化学方法把它们染上颜色,就成了我们所说的"染色体"(Chromosomes)。不同的生物有不同数目的染色体,比如人的染色体是 48 条[1],至于其他动物,有的是 15 条,有的是 13 条。所以,染色体的数量成为区分不同物种的标准。科学家们认为这些染色体对器官的形成会产生一定的作用。最近有了功能更强大的显微镜,我们称为超显微镜,它能帮助我们看到以前根本看不到的东西。通过超显微镜我们看到,每一个染色体都像一只小盒子,每只小盒子里装着一条链,这条链是由大约 100 个小颗粒组成的。染色体一旦断裂,小颗粒就散了,细胞就会变成保管 4 000 多个这种小颗粒的仓库。(见图 2)

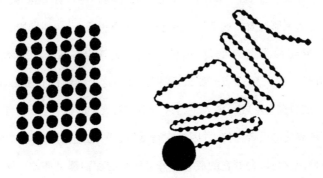

　　用一条线表示 100 个基因所组成的链,这些基因存在于左面按照几何方式排列的 48 条染色体中。

图 2　有 100 个基因的基因链

我们称这种小颗粒为"基因"(genes)，该词暗示一种代际的观念，之所以这样命名，是因为身体的基本特征和遗传因素都是由这些基因组合而形成的。

这是真正的科学。然而，如果我们不再思考它的涵义，就会意识到这种枯燥的科学理论听起来是多么神奇，因为这个细胞小得看都看不见，然而它里面却蕴藏着所有的遗传因素。在这个小小的颗粒中，包含着人类的整个经验和历史。在这种原始细胞中，任何看得见的变化出现之前，已经有一个组合在这些基因中发生了。这些基因已经精确地决定了鼻子的形状、眼睛的颜色，等等，这些都来自这个原始细胞。并不是所有基因都能被用来塑造身体。在这些基因之间还有一种竞争，只有少数组合决定一个人的外部特征，而其他仍然是隐藏的和模糊的。比如，孟德尔有一个很著名的实验，他把开红花和同类开白花的植物进行杂交，然后再种下杂交之后结出的新种子，那么长出来的植物开红花和白花的比例是三比一，或者是一比三。因此，如果有 40 粒种子，那么其中 30 粒长出的是红花，10 粒长出的是白花；或者 10 粒长出的是红花，而 30 粒长出的是白花。个体生命有美丑强弱之别，这是因为基因之间的组合有所不同造成的。如果环境良好，就会长出高质量的花朵；但是，如果环境欠佳，那么花的质量就会差一些。因此，根据细胞所处的环境，你可以拥有或美或丑、或强或弱的个体，这是因为基因之间组 合的不同而产生的结果。基因组合方式极其多样，以至于人与人之间各不相同，甚至同一对父母所生的孩子里面也有美有丑，有高有矮，等等。

今天，人们花费很多时间研究在什么条件下会产生更优良的个体特征；由此兴起了一门新科学，即优生学（Eugenics），它研究的是人如何通过自己的智慧来影响遗传。通过人类智慧的探索，人们已经了解到只有在原始细胞形成的这个阶段，才能对遗传施加影响，并促使其发生变化。可以说，人已经成为某种"神"，可以掌控生命力，决定生命发展的方向。然而，在人类领域，这一方面的进展并不大，但在动植物界，人们已经可以在很大程度上影响其遗传。当人掌握了生命力的时候，这意味着什么呢？它意味着我们可以决定遗传，以便改变物种。这种研究让很多人产生极大的兴趣，并投身其中。今天，这种研究兴趣不仅限于学术界，而且已经延伸到了实际生活领域，大量动植物的生命特征已经得到改造。比如，几年前，有两个年轻人培育出了无刺蜜蜂，它比普通蜜蜂能够采集更多的蜜。因此，人们已经能够影响这些昆虫的生命，创造出一种对人无害而又能生产更多营养物质的物种。人们以同样的方式对有些植物也进行了改造，以便让它们出产比之前多得多的食物。人们还把品种单一的玫瑰花改造成很多种类，使其不但外观美艳，而且香气怡人。在花卉改造方面，人类取得了巨大的成就。人类已经掌握了生命的秘密，好像变成一个魔术师，用智慧的魔术棒在改造生命；正因如此，这个世界变得更加繁荣和宜居。我们开始明白人类生命的目标之一，即拥有伟大宇宙力量的原因之一，不是为了享受这个世界的美好，而是为了让这个世界变得更加美好。人有智慧是为了改善世界，而不仅仅是发现世界。人类就像是造物的承继者,他来到世界,是为了运用自己的智慧帮助这个世界发展得更完美。智慧是人所拥有的一份大礼,运用智慧人已经能够进入一个允许他掌控生命的领域。在此之前,人只能服从生命的安排,但现在则能够掌控生命了。因此,胚胎学不再是一种抽象而没有成果的研究,而是能够让人进入生命的秘密,并通过这些秘密来掌握生命个体。现在,如果通过想象我们认为心理发展遵循一种相似的程序,那么我们就可以想象,已经参透身体发展奥秘的人,也能够掌握和帮助人的心理发展。

本章所讨论的基因和遗传不是纯粹的胚胎学的概念。胚胎学只考虑原始细胞生成个体的方式。为了达到这个目的,不需要超显微镜或者特别的推理,它只是一个观察的问题。1 个细胞分裂成 2 个仍然连接在一起的细胞,之后 2 个变成 4 个,4 个变成 8 个,8 个变成 16 个,以此类推,一直到数百个细胞的产生。这些细胞就像用来建造房屋的砖头,它们最终会形成一个中空的球形。说来也奇怪,在海洋里有某种动物就是这样的,它们像一个个空心的球,被称为"沃尔沃"(volvo),因为它们总是滚来滚去。之后,这些球开始弯曲,形成 2 个胚层(walls),后来在这两曲面形胚层之间又形成第 3 个胚层。因此,这第一步构建包含 3 个胚层。到目前为止,所有的细胞都是一样的,它们只是比原始细胞小一些而已。(见图 3)

最近的研究已经证实了器官形成的这种方式,在前一章我提到了这个事实。这是最近才发现的,是在 1929 年和 1930 年之间,即"一战"

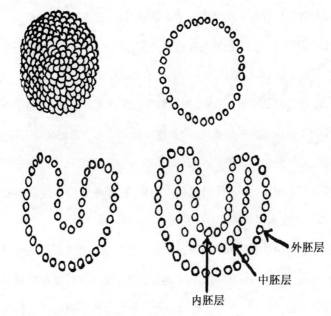

外胚层

中胚层

内胚层

左上的原始细胞球（桑葚胚）包括一个单层（右边）。左下是向内弯曲的双面胚囊，右下是第三个，即内层的形成。

图 3　原始细胞球（桑葚胚）和细胞壁

之后，已经过了 14 年。从发现之前到这个发现被公之于众，再到每个人都知道它，已经有 14 年了，然而对我们来说似乎就在昨天。

现在被复制在这里的图形与实际并不相符。（见图 4）我们可以想象有一些敏感点的存在。在这些敏感点上，细胞开始很快地增生，并且也是在这些特殊的敏感点内器官得以形成。一个人在美国发现了这一点的同时，另一个人在英国也独自做这样的研究工作，而且他有同样的发现。这个美国人把这些点称为"梯度"（gradients），这个英国人因为在神经系统里发现了这些点，所以他把它们叫作"敏感点"（points of sensitisation)和"神经节"(sanglion)。

敏化作用　　　增加的活动　　　　梯度

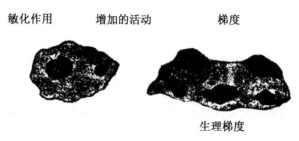

生理梯度

图4　敏感点

　　胚囊的外胚层、内胚层和中胚层分别形成一组器官,其中外胚层形
成皮肤、感觉器官和神经系统。这说明外胚层与环境有关系,因为皮肤　　67
对我们具有保护作用,而神经系统让我们与外界环境建立起关系。内
胚层发展为提供营养的器官,诸如肠、胃、消化腺、肝脏、胰脏和肺。神
经系统的器官被称为关系器官,是因为它们让我们与外界环境产生关
系。消化和呼吸系统的器官被称为植物性器官,是因为它们使植物性
的生命成为可能。第三层,即中胚层,产生所有其他的器官,包括支撑
全身的骨骼和肌肉。现在令人好奇的是,这三个胚层是如何实现各自
都有一个特殊的目的,而这种目的对每一种动物都是一样的。只要它
们还处于胚层阶段,细胞或多或少都很相似,而且很简单。这不是很聪
明吗? 首先形成三个胚层,之后再形成器官。当每一个胚层还处于彼
此独立的状态时,就有了这整个计划,这不是很奇妙吗? 在此之后,每
一个将要形成器官的细胞开始自我改变,它们会呈现出最适合器官发

挥功能的形态，然而，它们并不是在胚胎内完成这种改变的。为了某一个功能而改变自我，这种微妙的细胞专业化活动是在器官发挥功能之前发生的。

68
69 　　我在这里复制了一些这样的细胞。(见图5)肝细胞是五角形的，肌肉细胞是长条状的，而骨细胞是三角形的。骨细胞本身虽然柔软，但它们从血液里汲取碳酸盐和钙质而生成骨头。还有一种小杯状的黏液细胞，它们带着一种被称为纤毛的纤维状边穗，散发出一种黏性物质。随着纤毛不断摆动，它们能够让黏液不断地向体外方向移动，从而黏住灰尘，防止其进入喉咙。还有一种叫皮肤细胞，它们就像舍己救人的英

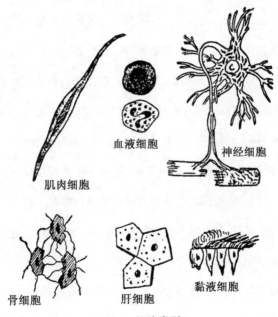

图5　细胞类型

雄,覆盖着整个身体,能够牺牲自己以保护其他器官。这种细胞分布于各层皮肤中,外表皮的细胞不断地死去,并被下层的细胞取而代之。那些有很长的细丝状的细胞是神经细胞。血液中的红细胞持续不断地给其他细胞提供氧气,再把有毒的气体取回来丢掉。神奇的是,尽管血液中的红血球数量极大,但它们的数量是固定的。

在开始工作之前,每一种细胞都为自己要做的事做好了准备。当它们为特定的工作塑造好自己之后,就不再改变了。也就是说,一个神经细胞绝不会变成肝细胞。因此,当它们进行自我塑造的时候,就像满怀理想,要把自己奉献给将要完成的工作一样,它们的任务是固定的,因为它们为此做了专业化的准备。这和我们人类社会的情形不是一样吗? 在社会上有很多特殊的群体,他们组成了人类的组织。在开始的时候,每个个体都从事很多工作。在原始社会,人口稀少,人们每一样事都要学,一个人可能既是泥瓦匠、木匠,又是医生。但是当社会进步之后,就有了专业分工,每一个人只选择做一种工作,其他工作都不要他去做。譬如一个医生就不会是一个鞋匠。对一个专业人士的培训,不仅需要学习技术,为将要从事的工作在心理上做准备,而且更重要的是,要获得一种特殊的精神人格,以适应所要从事的特殊工作。他发现自己的理想是通过这种工作实现的,那就是他的生活。

在身体的成长方面似乎也是如此。当每一个细胞专门塑造不同的器官时,也有某种东西会随之而来使它们形成一个整体。有两个复杂的系统,它们不是为自己发挥功能,而是为达到其他所有器官的融合而

发挥作用。它们就是循环系统和神经系统。第一种系统就像一种带有
物质而流动的河流，它不仅是分配者，也是聚集者。这些组织产生某些
其他组织需要但远离它们的物质。看看通过这条河流的输送达到了多
么完美的效果！每一个器官都从这条河里取得自己所需之物，再把自
己生产的东西丢进去，好让其他有需要的器官也取而用之。

在我们的社会中不是也发生着同样的事吗？我们的社会不是也已
经发展成为一个循环系统了吗？人们把生产好的所有的东西都投放在
市场上，每一个人再从市场上买来自己的生活所需。也就是说，生产出
的东西一旦投入商业流通之中，就会变成别人可以得到的东西。商人
到处游走，不正像红细胞吗？如果我们观察人类社会，就会更好地理解
胚胎的功能，因为在商业社会中，德国人生产的东西可以在南美销售，
英国人生产的东西可以在印度销售。因此，我们可以推论，社会已经达
到一种胚胎时期，这个社会像循环系统那样在运作，但仍然存在很多瑕
疵，这说明我们的社会仍然有待发展。

然而，有一样东西我们在人类社会中是找不到的，那就是与神经系
统的专业化细胞相一致的东西。我们几乎可以断言，这种指导性器官
所具有的强大功能还不为任何社会所具备，这也是为什么我们的世界
显然还存在很多混乱局面的原因。如果没有这种专业化，就没有什么
能让所有人都有所感知，也就不能和谐地引导整个社会。譬如民主制
这种人类文明最先进的社会组织形式，其中发生着什么呢？就拿选举
来说，如果我们把这种制度转化到胚胎学领域，有人可能会说"我想肝

细胞最适合做政府部门的工作",另一个人可能会说"我认为骨细胞是最适合的,因为它们组织性很强",可能还会有人说"我想,那些保护我们的英雄——皮肤细胞——一定能胜任这一方面的工作"。如果这种"民主选举"发生在胚胎学领域,那将是不可想象的和很荒谬的。如果必须有细胞承担领导和管理的责任,就必须是那种能够指挥全身的器官,能够协调各种身体功能的细胞。这种指引方向的工作是最难的,它要求比其他工作有更强的专业性。因此,它不是选举的问题,而是适合这类工作与否,和是否为此工作做好了准备的问题。那个要指挥他人的人,必须已经改变了自己。除非他先改变了自己,否则是不能做领袖的。这个从专业化到发挥作用的原则是很迷人的,当我们发现这是由大自然为所有生命个体所制定的计划的时候,就会觉得更迷人,那是大自然在创造活动中所遵循的计划。

如果我们对胚胎学感兴趣,那不仅是因为这个计划本身,以及因为人能够据此掌控生命的发展,而且是因为它与我们在精神领域的每一个发现都一一对应。

注释

[1] 现代科学发现,人的染色体是 23 对,即 46 条,某些灵长类如猩猩是 48 条。——译者注

一个计划，一种方法

　　不管是直接的发现还是由现代发现所产生的理论，都没有圆满解释生命的奥秘及其发展情况，但是它们的确展现和解释了某些事实。这些事实给我们提供了足够的资料，让我们明白生命的成长是怎么回事。每一个新发现的细节都会展现一个新的现实，但是并没有对它加以解释。这些现象是完全能够观察到的，它们给日常生活事件提供了一种解释。比如，发现之一就是：构建计划是唯一的，所有动物的生命构建都遵照这个计划在进行。当我说它是一个计划的时候，我的意思不是说我们事实上看到了一个像设计师制定的那样的计划。我们看到的事实证明，所有的细节都遵循一个确定而不可见的计划。从物质的层面来说，在胚胎中就能看到这个计划，在儿童的心理学中可以发现这个计划，在我们的社会中也可以认识到这个计划。如果观察不同动物的胚胎，就会很容易看到所遵循的发展计划是相同的。这不是新的发现。图 6 显示的是三种不同生物在两个不同阶段的胚胎形态。较早的阶段在左边,而稍后的阶段在右边。最上面是人,中间是兔子,下面是蜥蜴。这就是我所提到的发现之一。正如这张图所显示的那样,为了实现自我生长,脊椎动物经过了同样的发展阶段,而且具有相同的形态。比如,我们可以看到人和蜥蜴在胚胎成长阶段有惊人的相似之处。 然而,当胚胎发育完成的时候,两者的区别是巨大的。因此,有一个所有的生物都相似的生长阶段。

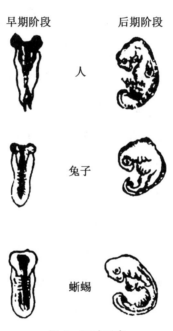

早期阶段　　　　　**后期阶段**

人

兔子

蜥蜴

图 6　胚胎形态

我们也同样可以肯定,从心理学角度而言,有一个所有人都相似的阶段。当我们说新生儿是一个精神胚胎的时候,意思是说所有的新生儿都是相似的。因此,只能用同样一种方式对待和教育这个时期的儿童。也就是说，如果教育是从人一出生就开始的，那就只能有一种教育方法。针对任何地方的儿童，不管是印度的、中国的、日本的，还是欧洲的，问题不是采取什么不同的特殊教育方法，因为只有一种独一无二的方法，它对所有的儿童都适用。在同一个阶段里，每个人的行为方式都是相同的。在人格形成（incarnate）阶段，也就是说，每一个人的肉身都是以同样的方式形成的；所有人都有同样的心理需要，并遵循同样的程序以达到对自身的构建。不管他是怎样一种人，不管他是天才、农夫、圣人，还是杀人犯，每一个人为了满足自己的需要，都必须经过这样的成长阶段和形成具体人格的过程，直到成为现在的自己。我们必须注意的是这种人格形成的过程，一定不能让我们自己被他以后将要成为的那个个体分散了注意力，不能被它干扰。首先，我们对它一无所知。

77 其次，即使我们对它有所了解，也不应该用力量控制它。我们必须关注和努力要做的是，帮助人们遵循那些人类共通的成长规律。

这让我们把目光转向教育方法的问题。一定可以有，而且只能有一种教育方法，这是一种帮助人遵循自然成长规律和发展规律，对所有人都适用的方法。这并不是一种理念，而是一个事实，一个明显的事实，是哲学家或者思想家也不能说三道四的教育方法。而唯一能够指导这种方法的是大自然本身，大自然已经建立了一定的规律，它把某些需要已经灌输给了成长中的人。这种教育方法必须受大自然的指导，目的就是满足人的这些需要，支持这些规律，再聪明的哲学家也不能越俎代庖。

在一个人出生后的第一年里更是如此。的确，在之后的岁月里，人会出现各种不同的差异性,但这些差异不是我们自己造成的;我们甚至不能激发这些差异的产生。有一种内在的个性,一种自然发展的自我,独立于我们之外,我们对它无能为力。比如,我们不能造就一个天才、将军或者艺术家,只能帮助一个会成为将军或者领袖的人实现他的潜能。不管他们是谁,如果他们要成为领袖、诗人、艺术家、天才,或者仅仅做一个普通人,为了实现神秘的未来的自我,都必须经过出生前的胚胎阶段和出生后的精神胚胎阶段。我们能做的仅仅是为他们除去障碍,使每一个个体所要实现的神秘存在变成现实,因为一旦除去这些障碍,这个工作就能更好地完成了。

我们把这种自我实现的基本努力叫作"人格塑造"(incarnation)。其首要的实际意义是,人格塑造的过程对所有人都是一样的。那么,我们的教育目标就必须为这个过程提供帮助。

胚胎学的更大成果

图 6 的三个胚胎在形态上是非常相似的。然而,当它们完成各自的发展之后,彼此之间的差异则非常大。现在,让我们通过当代思想家的推理,继续解释胚胎发展的问题。我们已经看到:基因的存在、器官得以形成的敏感点的存在,以及两个系统——将所有已经受造的器官紧密连接与联合的循环系统和神经系统的形成,这些都非常震撼人心。当这些器官之间产生相互关系之后,事情就会变得更加神奇。实际情

况是,受造的器官紧密地连接在一起,但每个生物个体是自由和独立
的。不仅如此,那些器官的构建和彼此的连接作为一个整体,在每一种
生物体内都形成了不同于其他个体的自我特征。这就是它的神奇之
处。科学至今无法解释这个问题。进化论试图对此做出解释,但它只
是理论,而非事实。观察揭示了所有的事实,但并没有给予解释。只要
没有解释,就有空洞存在,这是很重要的。重要的事实是意识到有一个
空洞的存在。如果我们接受了一种理论,比如,解释所有事实的进化
论,那么我们的理智就停止运作了。而一旦这种空洞受到注意,理性就
变得亢奋起来,就会开始去寻求一种解释。这些空间促使人们思考和
研究事实,直到有新的发现。有了新的发现之后,又一个空洞被填满
了,人的知识也就更进了一步。

1930 年(这一年似乎对胚胎学很重要),一个发现首次被公开。这
是由费城的一位生物学家在实验室里发现的。这些美国现代实验室有
非常好的职员和大量的捐款,因此,每一位科学家都能够使自己投身于
对某一个课题的深入研究。其中有一项是进行了七八年的关于一种低
等的两栖动物的研究,这项研究之所以持续这么长时间,是因为一些事
实与当时被普遍接受的科学理论不相符。现在,要完整地解释这个人
的发现是很乏味的,而且不易理解。我只做简要描述。这位科学家发
现,首先形成的是那些指挥个体功能的部分,而那些负责执行这些功能
的器官是之后才形成的。每个人都知道我们有神经系统,除此之外我
们有一个大脑,在我们的大脑中还有某些部位,而每一个部位都对应着

一个器官。大脑中负责视力的部位被称为视觉中心。现在这个科学家发现，指挥视觉的神经系统是首先形成的，其次是视神经，最后才是眼睛。这与当时的科学理论是绝对相反的。他得出的结论是：在动物界，动物的精神部分是在其本身成形之前形成的，也就是说，动物本性的形成早于其身体的形成。这就意味着繁衍不仅关乎身体和不同的内在器官，而且也关乎心理和每一动物个体的天性，这些动物的习性在其器官形成之前就已经形成了。

行为主义

　　动物的习性远在器官形成之前就在神经中心形成了，这是一种新的理念。现在如果说这个精神部分是预先存在的，那它意味着什么呢？它意味着器官完成了自己的构建，根据心理和天性的要求而造就了自我。这种推理方式让我们得出这样的结论：动物在出生之前就有了预设的习性，器官的构成是尽可能以满足这些习性和天性的方式进行的。因此，根据这种新的理论，在大自然中，动物的习性和习惯是很重要的。有趣的是，动物的任何一个器官都完全听从其天性的调遣。这个新理论来自长年累月对事实的观察研究，而并非来自预设的观念。由此，我们得出这样的结论：过去人们关心的是动物身体的形成，而今天人们更关心动物的习性，因为它更重要。针对这种普遍化的事实，我们用"行为"（behaviour）一词来表达，其涵义包括所描述的动物的习性和习惯。

81

在现代书籍中这个新理论已经为人所知,在美国更是如此,他们用"行为主义"(behaviourism)来表达这种理论。这是科学领域的一道新光。旧观念认为动物的习性是因为它们要适应环境才获得的。这种旧理论已经过时,它认为成人的意志对于激发转变是必要的,从而使其身体适应环境;动物为生存而努力,这种"自我保护的天性"会转变成为繁衍下一代的努力,物种就逐渐开始适应环境,而那些不能适应环境的物种则会消亡。这就是所谓的"适者生存"(survival of the fittest)。这个理论断言,通过一代一代不断的努力,就会出现一种完美的特征,并且这种特征会传递给下一代。

新理论不外乎把动物的行为放在所有习性的中心地位。观察到的事实是:寻求适应的动物只有依照自己的行为方式付出努力才会取得成功。因此,动物之所以能成功适应环境,是其行为的作用。让我们通过一个事例来解释这种现象。就拿奶牛来说吧,它们是很有力量的动物,强壮而具有攻击性。在地理历史中,奶牛的进化过程是可以追溯的。当地球上长满植物之后,它们就出现了。有人可能会问,为什么这种动物只以难以消化的草为食,以至于为了消化而进化出四个胃。按照旧有理论,如果这是个自我保护和生存的问题,那么它吃身边很多别的东西不是更容易吗? 但是,今天,百万年之后,我们看到在自然界奶牛仍然只以草为食,它们低着头,不断地在咀嚼。它们很少抬起头来,让你看到它们漂亮的眼睛。它们看你一眼,马上又会低下头去。如果你观察这种动物,你会发现它们是把草从接近根部的地方咬断而吃进嘴里的,而从来不是把草连根拔起。它们似乎明白,为了保证草的存活,就必须留住根。如果草被连根拔起,通过进化,它们就慢慢地长到地下去了。一旦保住草根,它就会不断生长蔓延,占据更多的土地,否则就会消亡。如果我们研究进化的历史,就会发现草出现在地球上的时间是很晚的,而且会发现草对其他植物极其重要,因为草能够把松散的沙粒留住,否则就会被风吹走。草不但能够使土壤稳固,而且能够使它变得肥沃。如果没有草做这样的准备工作,其他植物也就不可能生存。这就是草的重要性。除了割草,对它的维护还有两个必要的事情:一个是施肥,另一个是碾压,也就是把重物压在它上面。现在,请告诉我,什么人工农具比奶牛本身更神奇地适合完成这三项任务? 这台“机器”是如此有效,除了帮助草生长,而且生产牛奶。奶牛是自然界多么优秀的农学家啊! 它们的行为让我们又多了一个感激的理由。我们以为它除了给我们牛奶和施肥再没有其他了。其实,在很大程度上奶牛还是一个忍耐的榜样。但是人类对奶牛的亏欠太多了,人类普遍忽略了这一点,但是在印度人的潜意识里,对奶牛有一种特殊的感情,他们把奶牛当神一样敬拜,认为它是地球和其他植物的保护神。它的忍耐也胜过我们所称慕的肤浅的忍耐,那是一种世世代代都在坚守的忍耐。

84

生活中的任务

如果奶牛有意识,它只会意识到自己饿了以及自己喜欢吃草这样的事实，正如印度人喜欢薄煎饼、米饭和咖喱，而其他人喜欢别的事物一样。当然，奶牛绝对不会有这种意识，也不会思考，更不会认识到自己是农学家。然而，它的行为却帮助大自然在耕作。

现在，让我们以乌鸦和秃鹰为例，它们都是清除自然界垃圾的高手。世界上有很多食物，为什么秃鹰只吃腐烂的尸体，而乌鸦要吃排泄物以及任何它们在大自然中能发现的脏东西？它们有翅膀，可以飞得很远去找寻自己的食物，因此对它们来说要找到更好吃的食物并不难，比如找那些不是太强壮的，也不善于移动的动物。但是，你能够想象得到吗？如果这些垃圾不从地球上被处理掉，那该有多么大量的尸体啊！如果没有一些以保护环境清洁为己任的工具，该有多少瘟疫和其他各种疾病滋生啊！大自然给它们分配了这种专门清理垃圾的任务。告诉我，在辛苦工作之后赶回家的大批阿默达巴德[1]的工人和数百只干完了清洁工作而飞回栖息处的乌鸦们有什么不同？这就是他们的行为。

这两个例子是关于对食物的选择。我们可以举出成百上千个这样的例子，我们发现，每一个物种都选择了某种特有的东西作为它们的食物。我们可能会说它们的选择并非自由的。它们不仅是为了满足自我的需要而食，也是为了完成对这个地球的使命，其使命是通过既定的行动而达成的。的确，所有这些动物都是这个地球的施惠者，也是其他生物的施惠者。它们为维持世界万物的和谐而工作。在所有生物和非生物的配合之下，世界得以运行。所有的生物和非生物都通过自己的行为在尽责。有一些动物吃东西的量超过了维持生命的需要。它们吃东西不是为了生存。比如蚯蚓,尽管有那么多的食物可供它们选择,但它们只吃泥土。这些蚯蚓每天的食量是它们自身体积的 200 倍,这可以通过它们的排泄物来计算。这种动物吃东西不是为了生存,特别是当考虑到还有其他更好的食物可供它们任意选择的时候,它们的这种行为更让人觉得不可思议。蚯蚓是泥土的工人。达尔文首先认为,如果没有蚯蚓,土地将会减少出产。蚯蚓为土地提供养料。因此,有很多生物身体的形状或者身体的细节所发挥的作用,都超出了个体的直接利益。

再以蜜蜂为例,它们会在热天出来采蜜,它们身上裹着一层软毛,或者是一种黄黑相间的丝绒。这种软毛在闷热的乡间是不需要的,但是它从花朵上收集花粉,而这些花粉也不是它所需要的。然而,这些花粉对别的花有用,通过蜜蜂的传递,不同花朵之间就完成了受精的过程。因此,蜜蜂的工作对自身是没有多大意义的,它所起的作用是帮助植物进行繁殖。你是否开始明白,在这种行为中,动物为了别的生命的利益而牺牲自己,而不是尽可能地吃很多,仅仅是为自己的生存或者维持生命。越是研究动物和植物的行为,我们就会越清楚地看到它们具有为整体利益而工作的使命。

有一种单细胞生物生活在海洋里,它们喝大量的水,如果把这些水聚集起来让人喝,那在人的一生中需要每秒钟就要喝下 1 加仑的水。当然,你可以认为这是一种放纵,因为这些生物这样做不是为了解渴。

87

然而，它不是一种恶习，而毋宁说是一种美德。它们必须高效地工作，因为它们的任务就是过滤所有的海水，排除其中一定的盐分，否则过量的盐分将会成为所有其他海洋生物的可怕的毒药。

珊瑚也是如此，它们是低等生物。如果进化论是正确的，那么不可思议的是，珊瑚是第一批出现在地球上的生物，但亿万年来它们都保持不变。为什么没有变化？因为它们有一种自我满足的功能，它们以完美的方式达成自我满足。这种功能和上面所提到的生物的功能是一样的：消除海洋中来自河流的有毒物质。它们的工作是让自己被盐巴覆盖。这已经持续了亿万年，因此我们可以想象它们已经累积了多少岩石。它们的聚集量是那么大，由此形成新的大陆。看看那些无数的太平洋小岛，今天已经成为日本和盟军争夺的战略要地。这些岛屿都是由珊瑚形成的。它们是山顶，今天露出了水面，成了岛屿。如果我们研究地面上的岩石就会发现，它们很多也是由这种动物形成的。甚至在喜马拉雅山中的很多山丘也都来自珊瑚。我们甚至可以说这些珊瑚是陆地的建造者。

因此，我们越研究这些动物的功能，就越会发现这些功能不仅是为了满足动物自身的需要，而且是为整个自然界的和谐做贡献。那么，我们可以说这些动物不只是地球的居住者，它们也是这个地球的建造者和工作者，它们在维护着地球的运行。这就是这些新发现给我们提供的愿景。因为有了这种启发，我们通过对过去的地理学纪元的研究，发现那些已经消失的动物也做过类似工作的证据。动物和地球，不同动物之间，以及动物与植物之间总保持着这样的关系。于是，一个名为生态学的新科学就兴起了。今天，这门科学已经得到广泛的应用，成为大学非常重要的一门研究领域。生态学研究的是动物的不同行为模式，其研究发现，动物并不是在相互竞争，而是在从事一项维持地球和谐发展的宏大的服务工作。当我们说它们是工人的时候，意思是说它们都有自己的目的和要实现的特殊目标，而它们努力的结果是让我们这个地球变得更加美丽。

今天，一项基本的研究就是认识每一种动物对我们地球所负有的使命。动物的行为并非只是满足自己继续生存的愿望，它也从事一项自己不知道和无意识的使命，因为它所建设的可能不是它想要的。如果动物有自我意识，那么它们就会意识到自己的习性和它们所居之处的美好，然而珊瑚绝不会意识到或者理解自己是世界的建造者，让土地变得肥沃的蚯蚓也不会认为自己是农学家，其他动物也不会认为自己是环境的清理工，等等。把动物置于地球和其维护的关系中的目的，绝不会是动物考虑的事，然而生命及其与地表的关系、空气的清洁以及水的净化都依赖于它们的工作。因此，有另一种力量，它不是为了生存而产生的力量，而是为了协调所有的任务而产生的力量。可以说每一种生命都是很重要的，不是因为它美丽，或者因为它在为生存而进行的奋斗中获胜，而是因为它从事的任务对于整个世界都是有益的，而且任何努力都是为了到达自然安排的位置，完成所领受的任务。这是为什么我们说有一种预设的计划，器官的形成就是为了实现这个计划。这个

89

90

预设的计划包括让动物必须从事服务于地球的任务。生命的目的不仅仅是完善自己，也不仅仅是为了进化，而是为了服从一个隐藏的命令，从而保障万物和谐，并创造一个更美好的世界。我们被创造出来不仅仅是为了享受这个世界，也是为了改善这个宇宙。今天，宇宙计划存在的影响正在逐渐改变着过去那种线性进化的理论。

注释

[1] 印度西部的一个城市。——译者注

第六章

人的普遍适应性

　　根据行为主义理论所展示的愿景，在自己的生存环境中，每一种动物都有某种任务要完成，而且每一个个体都会忠实地执行自己所领受的任务，即使它们脱离自己的族群而独立生活，也会如此。在很多时候，我们以为动物自由自在，能自由地选择自己的生活，但是，如果更仔细地观察，我们就会发现它们的每一种行为都按照某种指令在进行。每一种动物都有自己既定的行为动作，有的跑，有的跳，有的爬，有的总是闲庭信步一样慢悠悠地走。如果我们更仔细地观察，我们会发现每个物种都根据环境被分配了一个任务。有的动物生活在平原上，有的生活在山林里，有的生活在高山上，有的生活在严寒的极地，还有的则生活在炎热难耐的地区。

　　现在，当我们把动物与人做比较的时候，就会发现一个重要的不同之处，那就是人并非像动物那样，天生就具有某些特殊行为或者只能居住在特定的地方。研究表明，没有哪一种动物像人一样能够适应任何气候或者能够生活在任何地方。比如，人能够生活在非常寒冷的地方，而老虎或大象这样的动物则不能。然而，如果你走进那些大象和老虎所生活的丛林，就会发现那里也有人的踪迹。人甚至能在沙漠中生活。因此，我们知道人没有被安排在任何一个固定的地方，他可以让自己适应世界上任何一个地方并生活在那里，因为人注定要遍布全世界。可以说，因为这种适应性，只有人才可以自由地去任何自己喜欢的地方。

如果我们注意观察动物的行为，就会发现它们的行为是在运动中表现出来的，这些运动代表了它们所从事的工作，然而人没有什么特殊的运动。人能够很快地学会各种运动，而且能够做一些任何动物都不能做的动作。人一出现在地球上就能用双手做事，人的行为不受任何限制。比如，任何动物都没有语言。以一条英国的狗为例，它的叫声和美国的一条狗的叫声没有什么区别。但是，如果我们把一个泰米尔人（Tamilian）带到意大利，他不懂意大利语，意大利人也不懂他的语言。人类的语言最多样，人的运动也是多种多样：能走、能跑、能跳，也能爬。人可以像鱼一样在水中游，也可以像鸟儿一样在天上飞，而且会比鸟儿飞得好。不仅如此，人还能创造舞蹈这样的运动。

每一种动物都只有一种运动，人的运动则多不胜数。因此，人的行为不像动物那样是固定的。还有一样事情是确定的，那就是在幼儿身上，我们上面提到的任何一种能力都不是现成的。因此，我们可以总结说，尽管人的能力是无限的，但每一样能力都需要个人在儿童时期获得。人要掌握语言，就要积极地学习。人在出生的时候是没有运动能

93

力的，几乎是瘫痪的，只有通过练习，才渐渐学会像任何动物那样走路、奔跑和攀爬。但这所有的能力都必须由人通过自己的努力掌握，每一样事情都要靠自己来完成。不管人拥有怎样的能力，都必须在儿童时期有所获取。因此，我们可以说人的价值开始于其儿童时期的工作。

我们看到人遍及世界每一个角落，居住在各种环境中。说来也奇怪，每一个人都满足而喜悦地生活在自己所居住的地方。就拿爱斯基摩人来说，我们发现他们的幸福生活包括白雪皑皑的平原和寒冷彻骨的劲风，那种划破长夜的雪光对他们似乎是一种生命般靓丽的色彩，而怒号的寒风不仅是透彻他们的身体，而且是透彻他们的灵魂的美妙音乐。这种寒冷的天气和在这种生活条件下所有的一切都让他们感到幸福。除了这里，没有任何其他地方会让他们如此幸福。对于生活在其他地方的人也是如此。比如，对于那些生活在赤道附近的人们，炎炎烈日、特殊的食物和生活习惯就是他们幸福生活的主要因素。不管是什么地方，我们发现都是一样的，人们总是热爱自己的国家，这种情感似乎与他们所处环境的优劣无关。有些人生活在似乎绝对不适合任何生命存在的地方。比如，芬兰这个国家岩石遍布，常年被积雪覆盖，天气异常寒冷。然而，发生在芬兰与俄罗斯之间的战争说明，芬兰人对这块不毛之地爱得刻骨铭心，不惜以生命去捍卫它。再看荷兰人，他们对自己的国土特别引以为豪，而且感情深厚，然而，我们几乎无法称他们的国土为陆地，因为它是他们费了九牛二虎之力筑堤、围海、排水而开辟出来的一块地方。如果他们想建一座房子，首先要非常费力地建地基，否则房子就会塌陷。他们要把木桩一个挨着一个竖着打进泥土做成地基,然后再建房子。对于这样一个其自然条件最不如人意的国家,它的人民却为了保护它而浴血奋战。这片土地对他们来说似乎是再美不过了,甚至孕育出了一些伟大的画家。正是因为每一片土地、每一个国家都有人爱恋,所以,整个世界都有了人烟。相反,如果每一个人都找寻最好的生活条件和最肥沃的土地,那么这个世界上大多数地方都不会有人居住。正是因为人们对自己所居住的地方的这种忠诚与热爱,才使整个世界人烟遍布。

现在令人好奇的是,最不容易适应环境的人生阶段是成年阶段。比如,成年印度人一定不喜欢生活在印度之外的任何地方,如果他外出学习或工作,总渴望回家。一个习惯了地中海环境和温和气候的成人,一定不能适应寒冷的北方。看到成队的骆驼伴着铃声行进在沙漠中,会让人觉得很浪漫,但是如果要生活在那里,就不是令人愉快的事了。

我们不但对自己所处的环境怀有爱慕之情,而且对我们生活的时代情有独钟。如果想想多年之前的欧洲,和现代人相比,那时欧洲人的

生活简单多了。那时候没有铁路或者其他交通工具,旅行都要靠马车,而且要不断换马。从一个国家到另一个国家,人们要在路上花费很多天。为得到一封家书,要等上数月之久。假如一个现代美国人进入这样一种生活环境,他可能会发现自己简直无法生活下去。我们再看看那些生活在几个世纪之前的人,他们非常平静祥和。那时候没有火车、电灯、有轨电车、轰隆隆的地铁,也没有噪音。如果把那时候的一个人带到

日夜车水马龙、人声鼎沸的现代纽约,当他只能看到到处忙碌的人群,灯火通明的街道,平安和宁静无处可寻,肯定会说:"我没法待在这种地方。"

因此,我们在这里看到了差别。之前我们把人描述为有爱的能力,能够适应地球上最恶劣的环境,不管身处怎样的国家都能幸福地生活。现在我们发现,过去的人不能适应也不能生活在更发达的文明和更现代的社会里,就像我们不能适应过去那种平淡的生活一样。我们喜欢生活于自己的时代,就像我们的祖先喜欢生活在他们的时代一样。

我们看到,当社会文明进步,条件改善,以及人像动物一样确定了
自己的行为方式的时候,就不能适应新的环境了。就拿语言来说,没有任何一种语言和它起初产生的时候是完全相同的,语言在演变,一切都在变化。最初简单,之后就变得更加复杂。这个时代的语言如此复杂,人们怎么可能会轻轻松松地掌握一门语言呢?

这种解释意味着什么呢? 这意味着我们在面对一个矛盾,可以说它是一个谜。人必须让自己适应文化环境的变化,人类经历的时间越长,文化进步越大。因此,对人来说,必须不断地适应自身的环境,不但要适应地理环境的变化,而且要适应文化的不断变化。然而,正如我们所看到的,成年人的适应性不是很好。这真让人难以理解!

儿童——适应的工具

我们在儿童身上为解决适应问题找到了出路,我们可以把儿童称

为人类适应的工具。我们看到,尽管儿童在出生时没有任何行为能力,然而,不久之后,他不但能获得各种人的能力,而且能在其生活环境中进行各种新的创造。儿童之所以能够做到这一点,是因为他有一种不同于成人的精神吸收能力。这种能力推动了人的成长和发展,也是这种能力让人适应了故乡的生活传统和自然环境。今天,心理学家对研究这种不同的心理学塑形产生了极大的兴趣。儿童和环境之间有一种不同的关系。我们可能羡慕一种环境,可能记得某一个环境,但是儿童则是吸收它。他并不是记得所看到的事物,而是把这些事物都塑造进自己的精神世界里了,他把自己所见所闻的事物都内化成自己的内在了,也就是说,在我们成人的内在没有变化,但在儿童的内在则有转变发生。我们成人仅仅记住一个环境,但儿童则是让自己适应它。这种特殊而充满生机的记忆,是在无意识的状态下发生的,而儿童则把图像吸收进个人的生命之中,心理学家把这种现象称为记忆基质(Mneme)。

让我们以语言为例来说明这种现象。儿童不记忆语言的发音,而是会把这些声音内化到自己的内心,从而能够比任何人更好地发出这些声音。他之所以能根据复杂的语法规则和特殊的用法运用语言,不是因为他学习并记住了这些规则,而是因为这门语言已经成为他精神的一部分。这是一种不同于仅仅靠记忆行为而学习语言的现象,它是一种标志着儿童人格因素的精神特征。

在儿童的内在有一种吸收周围一切事物的敏感性。儿童也是通过这种特殊的吸收环境的能力而达到了对环境的适应。这种能力揭示了儿童特有的潜意识的力量。

人生命的第一阶段是适应期。我们一定要清楚,这里所说的适应与成人对环境的适应是有区别的。儿童的生物性适应是指他真正热爱自己的出生地,就像一个人说的最好的语言一定是他的母语一样。现在如果一个成年人去自己国家之外的另一个国家,绝不会像适应自己的国家那样也适应客居之地。

我们就以那些自愿去别的国家传教的传教士为例,他们是自愿选择居住在另一个国家的人,然而,如果和他们聊天,通常会听到他们说:"我怀着牺牲奉献的精神生活在这个国家。"这说明了一个成年人适应能力的有限性。

那让我们再看看儿童。儿童喜欢自己出生的地方,不管这个地方的生活有多艰苦他都喜欢,相反,其他地方都不会让他感到幸福。因此,那些喜欢寒冷平原的芬兰人和喜欢沙丘的荷兰人都适应了他们的居住环境,他们热爱自己的国家,因为他们从孩提时代就有了这样的情感。

事实上,是孩子让成人实现了这种适应性。成人觉得适合生活在 100 自己的国家,自己对此是有准备的。因此,他热爱自己生活的这个地方,觉得它有特别的魅力,只有在这里才能让他找到幸福和平安。

从前,在意大利,出生在乡村的人一般会一辈子都生活在那里,最后也死在那里,从来不离开自己的故乡。后来,有些人因为婚姻迁徙到别处,渐渐地,本地居民与他们的故乡分离。但这些人中出现了一种奇怪的病,其症状是:脸色苍白、情绪低落、无精打采、浑身无力。他们试了很多方法进行治疗,但都不奏效。最后医生告诉病人的家人说:"你们最好把他送回老家,让他呼吸一点故乡的空气。"于是病人就被送回自己的老家,不久之后,他就完全康复了。于是人们说呼吸出生地的空气比什么药都管用。然而,那里的空气本身不见得比他迁居地的空气好。其实,在他的潜意识里,他真正需要的是得到自己儿童时代所拥有的东西。

现在没有什么比儿童这种有吸收力的心灵更重要的东西了,因为它塑造了人,而且使其适应任何国家的社会条件和地理环境。我们的注意力和工作重点必须集中于此。当一个人说"我爱我的国家"的时候,他不是在口是心非地矫揉造作,而是在表达自己内心真实的体验。

由此可知,儿童是如何通过这种心灵吸收故乡的风土人情和生活习惯的,是这些因素把他塑造为一个具有特殊种族特征的个体。一个人的这种"地域性"行为特征,即适合自己所在国家所具有的特殊行为,是在他儿童时期神秘构建的。人显然获得了自己民族的风俗、习惯和思维方式等,这些都是他所处的环境特别赋予他的,因为其中没有哪一样是人天生就具有的。因此,我们现在对儿童的工作有了一个全景式的认识,他所构建的行为不但适合他所处的时代和地域,而且适合当地人的思维方式。比如,印度人很敬畏生命,以至于他们对动物也怀有敬意。这种情感不是一个成人可以获得的,因为这种情感不是通过说"哦,生命必须得到尊重"这样的话就自然会有的。我可以推论说那些印度人是对的,我也觉得必须尊重动物的生命,但对我来说,这并不是一种发自内心的情感,而是推理而已。比如,我不可能像一个印度人一样对一头牛产生那么深的敬畏之情,一旦有了这份情感他就会一直拥有。还有些人拥有自己的宗教信仰,即使他们后来拒绝接受它,但他们因此心神不宁,从内心深处仍然难以割舍。在欧洲,我们说这些构成我们生命的一部分的东西是"流淌在我们的血液里"的。这一切形成了我们的个性、种族情感和其他所有让我们成为一个典型的意大利人、英国人或者印度人的情感,这些都是通过心理学家所说的"记忆基质"的一种神秘的精神力量,在儿童时期形成的。这是很真实的一种存在,甚至对于某些区分不同种族的典型运动也是这样。非洲的某些人为了抵御野生动物而发展和固定了一些特质。为了让他们的听力更敏锐,他们做一定的练习。敏锐的听力就成为那个特殊部落的个体的特征之一。儿童以同样的方式吸收所有这些特征,并成为每个个体稳定的特征。有些人在儿童时期所形成的宗教情感也会保留下来,尽管后来他的思想受到其他方面的影响而拒绝这个宗教的教义。因为在儿童时期形成的东西绝不会完全消失,总有某些东西在人的潜意识里留下一些印记。这种可以被视为高级自然记忆的记忆基质不但会形成人的某些特征,而且会使这些特征在个体身上长久保持。个体是会变化的,这没错,但那些在儿童时期形成的东西会继续存留在人的个性中,就像双腿会一直长在人身上一样,因此,每一个人都有这种特殊的品行。

人们想改变成年个体,我们经常会说:"这个人不知道怎样做事。"

102

103　我们也经常说某个人的某种行为是没有礼貌的表现。一旦这个人知道人们这样评价自己，会有受羞辱的感觉，因为这意味着他有"一个坏品行"，但事实上他的这种行为是无法改变的。儿童的心理特点会使他极好地获得文化和掌握复杂精确的现代语言，也会让他在精神上形成某些定式，即使理性想从他的个性中消除它们也是枉然。我们可以说，这同样的现象解释了对不同历史时期的适应，因为尽管过去的成年人不能适应现代生活，儿童却能让自己适应所身处的文化，不管这种文化处于怎样的水平上，他总能成功地造就一个适应那个时代和那个风俗习惯的人。

　　因此，今天儿童开始被视为他应该有的样子，就像连接点一样，他连接着不同的历史时期和不同水平的文化。儿童时期现在被心理学家视为非常重要的时期，因为他们认识到，如果我们希望给予人们新的思想观念，如果我们希望改变一个国家的风俗习惯，或者如果我们希望更积极地强调一个民族的特性，我们就必须把儿童作为我们的工具，在这一方面成人几乎一无所能。如果一个人真正具有更好的愿景，希望对人们有更大的启发，那只有通过儿童才能使这个愿望得以实现。如果

104　有人认为他们的风俗习惯在退化，或者有人想复兴旧有的传统，那么唯一能依靠的就是儿童，靠成人永远不能取得成功。如果任何人想对社会有所影响，他必须转向儿童。过去人们试图影响成人，现在他们已经充分理解并且为孩子们开办了学校，因为造就人的工程是在儿童的内在发生的。让我们设想一个政治家试图改变自己国民的风俗习惯，虽

然这听起来是很奇怪的，但他必须对自己国家的儿童特别重视。其实，最近在不同的国家都发生了这样的事。有人开始把那些爱好和平而本性善良的人变成战士般的人。他一开始试图利用成人，但最后他不得不利用那些儿童。墨索里尼在意大利做了这样的事，希特勒在德国也如法炮制。法西斯的赞歌是以"青年，青年"开始的。他们政策的主要趋势是利用青年的创造精神，但不久之后，他们不得不把目光转向更小的孩子，他们的赞歌也很快应该改为"婴儿，婴儿"。

今天我们要对抗的思维方式既不是意大利人固有的，或许也不是 105 德国人所具有的品格，而是通过在儿童中营造一种氛围，一种基于"我们光荣"的热情，让这种斗士精神如此牢固地根植于他们的心灵，不管国家遭受多大的灾难，这种精神将不会消亡，他们将战斗到死。年长的人可以理性地思考，但青年不行。如果他们被打败了，就会转入地下继续战斗。你会看到不同的方式，甚至普通的民主都不知道如何回应我们的需要，对儿童来说，他们无法选择领袖，因为他们对此不理解。我们无法给 3 岁的孩子开一个会，让他们理解政治理论或者把他们变成战士。为了影响他们，你必须通过环境，因为儿童吸收环境，他从环境里吸收所有的东西，并把它们内化为自己的一部分。他能够做任何事，他真是无所不能，但已经完成塑形的成年人则无法改变。因此，在我们面前有一个清楚的愿景，如果我们希望改变一代人，如果我们希望让这一代人或者变好，或者变坏，如果我们想复兴宗教或者丰富文化，不管我们想做什么，都必须从儿童身上入手。

　　精神力量是某种在胚胎中就存在的东西，通过对胚胎施加影响，你能造就一个恶魔，也能造就一个更完美的人。的确，在实验室里可以转移神经节，也可以造出手臂以发展人的背部。但在一个成人身上，我们无法做到这一点。对于精神也是如此，你无法创造一个人，但能够通过对一个人的精神胚胎施加影响，使他发育得更完美。这对成人和教育来说是一种伟大的力量，因为儿童的心理成长和精神发展可以被这种力量所掌控。如果我们把这种力量与社会所拥有的力量相比较，就会发现这种力量是巨大的，因为社会力量只对成人起作用。儿童让我们有了新的希望和愿景，也许将来的人类会因为儿童而变得更聪明、更幸福、更有灵性。

第七章

精神胚胎的生命

让我们再次强调，儿童生来就赋有精神生命。如果是这样，那么他的精神可能并不是从出生那一刻才开始。如果它是存在的，那它可能已经构建好了，否则它是怎么出现在那里的？也可能在胚胎中就有精神生命。一旦有了这个想法，那么问题又来了，到底在胚胎生命的哪一个阶段开始有了精神生命的出现？让我们考虑一下某些案例。我们知道，一个胎儿在 7 个月，而非 9 个月大的时候出生，就已经发育完成而能够活下来了，因此，他的精神生命也能够像 9 个月出生的孩子那样功能健全了。我不想坚持追问这个问题，但是这个例子将足以说明我的观点，那就是我能假定所有的生命都是精神生命，甚至这个生命在胚胎时期就已经被赋予心智。其实，每一种生命都有特殊的精神能量，一种特殊的个体精神，不管它以多么简单的生命形式存在。我们发现，即便是单细胞生物，也有自己的精神活动，它们一遇危险就逃，饿了就寻找食物，等等。举一个例子，有一种被称为小吸血鬼绿藻的单细胞生物，它生活在水草之中,以一种特殊的水草为食。为此,它必须有一种特殊的精神特质以选择这种水草。换句话说,它被赋予一种特殊的行为。

每一种生物,特别是每一种动物都有某种特殊的、不可抗拒的生命表现方式,这说明它们的行为受到一种特殊的精神形式的指挥。如果撇开严格的科学来看这个问题,我们可以说,有一个精神主管在用各种不同的生命方式支配着世界上所有的活动。换句话说,今天,生命被视为一种巨大的能量,是宇宙创造的能量之一。因此,当人们声称新生儿赋有精神生命时,为什么会让我们惊讶呢? 的确,如果婴儿不是这样,他怎么活在世上?

这个结论让人印象深刻,因为过去人们认为儿童是没有精神生命的,现在则证明儿童,甚至在出生之前就被赋予了精神生命,许多人开始研究和思考这个事实。

如果人被赋予精神生命,那么就会有所感受,孩子出生的时候就一定会感到一种巨大的震惊。这是一种新观点,这种观点让善于思考的人对人的出生和精神生命的事实产生了深思。一个人的出生就是从一个环境进入到另一个新的环境,而这两个环境之间具有巨大的不同。当考虑到儿童出生的景象时,环境的这种突然改变甚至更让人印象深刻。新生儿还没有完全发育好,其实,人们越研究越意识到这一点,即使是新生儿身体上的发育也是非常不健全的。他身体的所有部分的发育都没有完成,他用于行走和探索世界的两条腿仍然是软骨支撑的,同样,他需要有强大保护功能的头盖骨仍然没有完全闭合,而且还不够坚硬。只有少数几根骨头已经长成。更重要的是其神经本身还没有完成生长，因此缺少中心指挥系统，器官之间也就缺少相互配合。因此，这个骨头还没有长好的新生儿在这一阶段无法按指令行动，因为每一个驱动都是由神经传输的，而他的这些神经还没有完成发育。所以，人在刚出生的时候没有行动能力，而刚出生的动物就不同，它们一生下来几乎立刻就能行走。于是，我们得出这样的结论：儿童在出生时仍然处于胚胎期。因此，在一个孩子诞生的前后，我们必须把他视为一个胚胎生命的拥有者。我们可以说，这个生命被一个大事件，即出生大冒险干扰了，从而他突然进入到一个新的环境之中。这个变化本身是极大的，就像一个人从地球到了月球上一样。但这还不是全部，为了迈出这一大步，儿童必须在身体方面做出极大的努力。通常情况下，儿童经历这样困难的经验是不被关注的。当一个孩子出生的时候，人们想到的仅仅是他的母亲，认为这对她来说是很困难的一件事。然而，孩子经历的困难比母亲要大得多，特别是如果考虑到他的身体发育还没有最后完成，尽管如此，他还是被赋予了精神生命。因此，让我们记得，新生儿还没有拥有健全的精神能力，因为他还没有构建它们。这种精神胚胎甚至在身体还没有发育完全的情况下，就必须构建自己的能力。

那么，让我们继续按照这个逻辑进行推理，这个新生的、没有力量、无法行动的婴儿一定被赋予一种导向运动的行为。对那些本来不存在而必须被创造的能力的塑造代表了胚胎生命更深的一个阶段：精神胚胎生命阶段。

110

这种身体还不健全的新生儿必须完成作为人这个复杂存在的塑造:他必须创造人的精神能力。

人出生之后,精神根据行为的指示而发展。换句话说,是精神的发展创造了运动。其他动物似乎是在出生时,一旦与外界环境接触,其本能就被激活了,而人的本能则必须通过精神来构建。人的能力必须是由精神构建的,与此同时,人的运动是和那些能力相一致的;在此过程中,胚胎的身体部分也在完成发育,神经会变得健全起来,头盖骨也坚硬了。好像人类胚胎在出生时发育不健全,是因为它最终的形态和功能必须等待心智本身先构建好。

但小鸡出壳的时候,会等老母鸡给它们演示怎么觅食,之后立刻就像其他鸡那样开始觅食了。现在如此,过去如此,将来也会如此。但对人来说却不是这样,因为在人开始行动之前,心智首先要发展起来。因此,人不是生来就能行动。心智必须根据人的发展、所处的环境和周围的条件而形成,因为他必须造就适合于自己时代和环境的人。

人的行动是和心智一起构建的,也就是说,在心智发展其能力的同时,表达其能力的行动也在发展,这样一来,人为让自己适应时代和环境而产生的行为也就建立起来了。首次在环境中的行动经验必须等到精神能力形成之后才产生。

这个事实会产生好几个结果。其中之一是,从出生本身开始,人的生命最重要的方面是精神生命,而不是行动,因为行动必须随着精神生命的引导和指示而产生。智慧使人不同于其他所有动物。因此,人生命中的首要行动必须是形成智慧。当骨头和神经系统在等待智慧构建的时候，人的身体仍然是无法行动的。它必须等待，因为这不是一个行动被预设的身体。大自然有自己的防御措施，它暂时剥夺了人的行动能力，让他的骨头是软的，因为在开始经验环境之前，他必须等待直到获得强大的精神力量。如果精神生命是通过内化环境而建设自己的，那么智慧就必须能够首先观察和学习，必须从中汇集大量的印象，正如身体胚胎开始构建自己特殊的器官之前，先要累积大量的细胞一样。这是符合逻辑的。

生命的第一个阶段已经预定好了，以便从环境中搜集印象，因为如果一个人出生后立刻开始行走，那么他在环境中如何给自己定位呢？除非像其他动物一样被赋予某种本能。这也是符合逻辑的。

这部分是很神奇的。在人的生命中，这第一个阶段是最具有精神性活动的一个阶段。有了这一阶段的印象累积之后，智慧才会被构建起来。

113

而且就像人出生在不同的环境和不同的历史阶段一样，人的行动也受到其所处的环境的影响，他必须让自己适应环境，因此就有必要使心智首先接受和积累丰富的资源，这些资源是他适应所处的特殊环境和历史时期的基础。我们看到，出生后第一年，是儿童吸收环境中的每一样事物的最活跃的阶段。第二年，他的身体机能接近完成，其行动开始变得坚定起来。这说明大自然已经清楚地通过人的精神活动为人的行动做了计划。

过去人们说不能动又不能言语的儿童,从心智层面来说其存在是无足轻重的,现在没有人这么认为了。这是多大的变化啊!过去人们认为小孩没有精神生命,然而现在我们知道在人出生后的第一年,其主要的活动就是脑部的活动。

现在,如果带着这种见识,我们再次关注新生儿,就会更好地理解为什么1岁大的儿童的脑袋比新生儿要大一倍。到了3岁,他的脑袋
114 已经是成人的一半大小了。当小孩到了4岁的时候,其脑袋的大小是成人的8/10。(见图7)

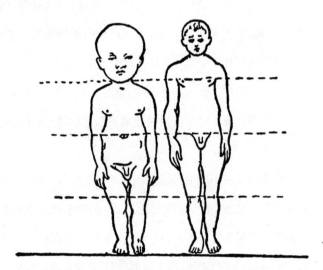

图7 新生儿和成人身体各部分比例变化的对比

那么,我们清楚地看到人的成长,特别在智慧和心智上的成长,所有其他的成长只是这种精神生命成长的工具,就像在加强它的能力

一样。

　　如果这说明了什么,那它显示的是儿童出生后第一年对于其后的生命成长尤其重要,这个时期儿童的主要特征就是其智慧,这也是人和动物之间的最大不同。动物只需要服从它们的行为本能,它们的精神生命受到这种本能的限制。而对人来说却与此不同:人是具有智慧的受造物。一个人将来怎样我们不知道,我们也无法从新生儿身上得知。儿童的智慧将在生命的呈现中获取,这个生命仍然在进化之中,它可以被追溯到千百年前的文化中,也可以延伸到数百、数千年,甚至百万年之后的文明中:当下是可以无穷追溯过去和展望未来的,没有一刻是完全相同的:它的样态是无限的,但对于成人,它只有一个永恒不变的面貌。

　　人是无限的。在研究人的时候,必须把人的智慧放在中心位置加以关注。这个精神生命具有无限的可能性,它也注定走向无限,那么它也必然以某种神秘的方式开始。它开始于人出生之前,因为在新生儿的心灵里,我们发现其力量如此巨大,以至于有产生一切能力和让人适应任何环境的可能性。

　　人所具有的各种不同的推动力的基础是精神生命。在我们继续讨论和试图理解儿童的精神发展之前就必须清楚地看到这一点。还有一件事必须关注,那就是儿童的心灵本质以及它发挥功能的方式,因为在出生后第一年里,儿童的心灵是如此饥渴,想把对环境中每一样事物的印象都汇集起来,然而他不是有意识地吸收。这个生命具有引导儿童

115

116

发展的力量。这种精神生命的本质是什么呢？如果要理解儿童将来的行为，我们必须理解这一点。儿童对外部的事物是如何反应的呢？

出生恐惧和它的反应

今天，心理学家因所谓的"艰难的出生冒险"（difficult adventure of birth）而震惊，并得出结论：在儿童出生的时候，一定经受着巨大的令人恐惧的震撼。今天，心理学的一个科学术语之一是"出生恐惧"（birth terror）。它肯定不是一种能被明确意识到的恐惧，但是，假如儿童的精神意识能力发展了，他会用这样苦涩的词语表达自我："你为什么把我扔进这个可怕的世界？我该怎么办？我怎样才能适应这个与我自己的生活如此不同的生活？我甚至从来没有听到过最轻微的口哨声，现在怎么让自己适应这些可怕的声音？我应该怎样运用自己身体上的，这些母亲传递给我的很困难的功能？我怎么消化和呼吸？我在母腹的时候总有同样舒适的温度，现在怎么能经受世界上这么恶劣的气候变化？"

现在，儿童对这一切都没有意识，他也不能说自己从出生开始就在经受痛苦。那一定是一种不同于意识的精神感受，因为如果他有意识，他会说："你为什么舍弃了我？你丢下受伤的我，你遗弃了还不强壮的我，你怎么忍心这么做？"

如果他有意识，这将会是他的推论，但他没有。然而，在他的潜意识里，他是非常敏感的，他的感觉一定非常接近我们上面所描述的那样。

那些研究生命现象的科学家必须考虑到这一点。在儿童开始适应环境的时候，在他的精神因出生而经受可怕的震惊的时候，就必须给他提供帮助。儿童会感到惊恐，这一点毫无疑问。

我们经常看到，当把刚出生的婴儿快速放进水里为其洗澡的时候，他是那么惊慌，就像一个溺水的人所表现出来的那样不断抓牢东西。这说明他们感到了恐惧。

那么，大自然给儿童提供了什么帮助呢？在艰难的适应期，大自然的确给新生儿提供了帮助，大自然赋予母亲将孩子紧贴自己的身体，保护他不受强光刺激的本能。在这个时期，母亲自己也精疲力尽，没有多少精力，她自己需要静养，同时也满足了儿童对安静环境的需要。就像母亲在潜意识里所做的推测："这个孩子经历了可怕的惊吓，我必须让他靠近我。"

母亲给孩子慈爱的温暖，保护他不受太多的困扰。118

然而，人类的母亲不会像我们看到的其他动物的母亲那样极力保护自己的孩子。我们看到母猫会把自己的孩子藏在黑暗的洞穴中，如果其他东西靠近，它们会非常紧张。但是人类的母亲好像已经失去了这种保护孩子的本能，一旦孩子出生，就有人来探访，清洗他，给他穿衣服，把他放在灯光下观察他眼睛的颜色，等等，这让婴儿常常处于困扰和危险之中。在保护婴儿这一方面，人不再接受自然的引导，而是根据自己的推理来照顾婴儿。但这种推理是错误的，因为它没有去理解儿童,这还是根据儿童没有被赋予精神生命而做出的推理。今天,我们发现,这种出生恐惧导致比言语上的对抗更可怕的后果,它会使儿童在成长中形成不良的性格特征。其后果是一种心理的转化,或者说是偏离正常的轨道而走上错误的途径。其不良的性格特征不仅会出现在他的儿童时期,而且会伴随其一生,这就是我们通常所说的"精神衰退"现象。对出生恐惧产生消极反应的个体似乎仍然依附于某种出生前的东西,而不是进步,也不是沿着生命的道路向前进。这些衰退的特征有好几个,但都给人同样的印象,儿童就像在以这种方式分析说:"天啊,多么可怕的世界,我要再回到我来的地方去。"新生儿长时间的睡眠被认为是正常的,但是如果睡眠时间太长就不正常了,这可能是一种逃避,因为他在心理上对这个世界产生厌恶,就用睡眠的方式摆脱自己的处境。

难道不是这样吗?睡眠不是潜意识的王国吗?我们有时候不也是这样吗?如果某些事让我们不开心,那就睡觉吧,因为睡眠中有梦,不是现实,在睡眠中有不需要拼搏的生活。睡眠是一个避难所,是对世界的逃离。说明这一点的另一个事实是身体处于睡眠时的姿势。新生儿自然的睡眠状态是把攥起来的拳头放在脸的附近,而双腿是弯着靠近身体的。有些老人也有这样的睡眠姿势,可以说,这是一种回归到出生前的庇护所的姿势。还有另一个事实显然也是衰退的特征。当儿童醒来之后,他会哭,就像受到了惊吓,就像要再次经历出生时的恐惧,被带进一个艰难的世界一样。他们经常受噩梦困扰,这构成了他的恐惧生活的一部分。

这种倾向的另一种表达是，儿童总想亲近一个人，好像害怕被遗弃一样。这种依恋不是感情问题，而是出于某种恐惧。儿童是很胆小的，总想黏着某人，而母亲是他的首选。他不喜欢外出，总是喜欢留在家里与世界保持隔离状态。世界上任何应该让他高兴的事情都会惊吓到他，他憎恶新经验。周遭环境对他不是一种吸引，因为这对于正在发展中的一个生命来说是令人反感的。如果一个儿童从出生之日起就对环境感到厌恶，那么，这个儿童一定不能正常发展，他将难以克服生活中的困难，也一定不会把整个环境内化成自己的一部分。他将这样做，但会带着困难和不足去做。他很可能会这样说："活着就是受罪。"对他来说，做事就是在违背他的本性，甚至连呼吸似乎都是一件困难的事。这种人需要很多很多的睡眠和休息，甚至消化对他也很困难。因此，你看这样的儿童将来为自己准备的是怎样一种生活，他不仅仅当前是这样，而且将来也会是这样。他很容易哭，总是需要人帮助。他也会很懒惰、忧郁和沮丧。而且这不是他暂时的性格特征，这些特征可能会伴随他一生。甚至当他长大成人之后，也会讨厌这个世界、怕见人、很胆小怕事。显然，这种人在社会生活中为生存而奋斗时会很自卑，这样的人大多在生活中找不到喜悦、勇气和幸福。

这是潜意识心理的可怕回应。我们会忘记意识性的记忆，但是尽管潜意识的表现是不能感觉的，尽管它似乎没有记忆，但它会让情况更糟。在那里是有印象的，而这印象是由记忆基质造成的；它们作为个体的特征，已经深刻在人的内心，在那里潜藏着人类巨大的危险。没有得到适当照顾的儿童会通过它所塑造的个体报复社会，其报复方式不是像成年人那样煽动反抗，而是塑造出比他们本来应该的更虚弱、处于劣势的个体。这些性格特征会阻碍个体生命的发展，而这些个体又会成为文明进步的阻碍。

第八章

追求独立

当儿童出生不久，还不能适应最初的环境时，其衰退的特征就出现了。成人身上表现出来的一定倾向也可以追溯到这种衰退。

现代心理学家描述这些衰退的特征时说，当没有衰退特征出现的时候，儿童会表现出非常清楚而坚定的独立倾向。发展是对更独立的一种追求。这就像离弦的箭一样，会直接、明确和坚定地飞向目标。儿童走向独立的途径也是如此。正常的发展是沿着导向独立的途径不断成长和从事更有力的活动。追求独立从生命最初的成长就开始了。当生命成长发展的时候，会不断地自我完善，并克服发展道路上遇到的一个又一个困难。在个体进化中有一个重要的力量在起作用，这种推动人走向完善的力量就是人的本能（Horme）。

如果要在有意识的精神领域找到可以与这种本能比较的东西，那就要把它与意志力相对照，尽管它们之间的相似性很少。意志力太小，而且太依赖人的意识，然而，从总体上来说，本能则属于生命本身，它属于我们可称之为神圣力量的东西,它是所有进化的催化剂。这种关键的进化力量在儿童身上通过意志而表达一定的行动。除了死亡,这种意志不会被任何事物所破坏。我叫它"意志",是因为我们没有更好的一个词来描述它。然而,它不是意志,因为意志暗含意识和理性。更确切地说,它是一种潜意识的极重要的力量,它推动儿童做某些事,在儿童的正常成长过程中,其不受阻碍的行为表现在我们所说的"生命喜悦"中。儿童总是满腔热情、幸福欢乐地做自己喜欢的事。

在人们通常所理解的自然发展的不同阶段,这些对独立的追求是一开始就有的。换句话说,如果我们仔细研究自然发展,就能把它描述为对连续的、不同等级的独立性的追求。不但在精神领域如此,而且身体发展也是如此。身体也有一种成长的趋势,这种趋势如此强烈,没有什么东西能阻挡它。

那么,让我们看看这种发展。儿童一出生就从母腹这个"监牢"里124 解放了,在出生的那一刻,他就脱离了母体,其身体功能就独立发挥作用了。新生儿具有急切而冲动地面对环境和吸收环境的天性,我们甚至可以说,儿童天生就有一种"征服世界的心理"。他把世界吸收进自己的内在,并通过这种吸收来塑造自己的精神主体。

这是人的生命初期的特征。显然,如果儿童感到这种急切的冲动,如果他一开始就有征服环境的渴望,那么这环境对于儿童一定具有某种吸引力。因此,我们可以用不太恰当的词描述这个事实,说儿童对环境有"爱"的感觉。

在儿童体内首先发挥作用的是感觉器官。现在，除了捕捉信息的器官，即作为儿童捕捉那些内化到自身的印象的工具，对于儿童来说，还有其他可被称为感觉器官的吗？

当我们凝视的时候，我们看到了什么？我们看到眼前的环境中的一切。我们一旦开始聆听，也会听到环境中的各种声音。我们可以说，他捕捉信息的范围是非常宽广的，它几乎是整个世界！这是自然的方式。我们不会一个声音一个声音，一个目标一个目标去分辨，我们开始的时候是整体性地捕捉所有事物，然后，再对不同的目标进行辨认，对不同的声音进行区别，这是一开始整体吸收的环境的进一步演进。

这是正常儿童的精神图景。首先从世界中获取，然后再把所获取 125 的加以分析。

现在让我们假定还有另一类儿童，他对环境感受不到这种无法抗拒的吸引，害怕和恐惧让他失去了对环境的热爱。显然，与第一种类型的儿童相比较，这类儿童一定有不同的发展轨迹。

让我们以 6 个月大的儿童为例，继续审视儿童的发展。有些现象本身可以作为正常成长的指标。一个 6 个月大的儿童在身体上已经有一些变化，有些变化是不可见的，只能通过实验才能观察到，比如，他的胃开始分泌帮助消化食物的胃酸。这个年龄的儿童也开始长第一颗乳牙了，这是对刚出生时没有发育好的身体的进一步完善，也意味着 6 个月大的儿童在没有母乳的情况下可以生存下去了，或者至少可以吃母乳之外的其他东西了。如果考虑到在这个年龄之前，他只能依靠母乳生活,因为吃其他任何东西对他来说都不易消化,那么我们就会意识到,这个年龄的儿童已经获得了很大的独立性。这个 6 个月大的孩子好像在思考说:"我不想继续依赖母亲生活了,我是一个人了,我现在可以吃任何东西了。"一个类似的现象也发生在青少年身上,在青春期他们开始觉得依赖父母是一种耻辱,希望依靠自己而独立生活。

也就是在这个时期(似乎这是儿童生命中决定性的时刻),他开始牙牙学语了,这是他建立自己语言大厦的基石,而语言对一个人的成长来说是另一个重要的因素,是另一种获得独立的体现。儿童一旦掌握了语言,就能自我表达了,从而不再需要依赖他人去猜测他的需要,他可以告诉每一个人"做这个,做那个"。这样一来,他就能够与人交流了。如果没有语言的话,他怎么能与人交流呢?所以,对语言的掌握和与人进行理性交流的可能性,是人走上独立的极其重要的一步。在掌握语言之前,儿童就像失聪者和语言障碍者一样,因为他不能表达自己,也不理解别人在说什么,一旦掌握了语言,他好像突然耳聪心明了,可以随时向周围的人表达自己的意愿。

再过一段时间,到了 1 岁的时候,他开始走路了。这是他走出的第二个"监牢",因为现在他可以用自己的双腿到处跑了,你一接近他,他就会跑开。他似乎在说:"我能用自己的双腿到处跑了,我可以像你一样用语言表达我的思想了。"

这样,他逐渐在发展,而且通过这些持续不断地走向独立的步伐而获得自由。所以,这不是意志的问题,而是一个独立的现象。的确,它是一种自然现象，它给儿童提供了成长的机会，让他独立起来，同时让他获得自由。

"学会走路"是很重要的，特别是如果考虑到尽管不易，但它是儿童在出生后第一年就取得的成就，而且同时掌握了语言和辨识方向等其他所有能力，就显得尤为重要。对于儿童来说，行走也是他心理上所取得的一个非常重要的成就。动物不需要为学习行走付出努力，只有人具有这种长时间的微妙的发展。在儿童能够行走或者双腿直立之前，他必须取得三个不同的成就，或者说获得三个方面的能力，那就是完成小脑、神经和骨骼的发育。看看那些高昂着头而直立的动物，比如牛，我们可以想象，假如小牛在 1 岁的时候才能开始站立，那会是什么样子。它们不是这样，它们一出生就开始行走。然而，对于我们来说，它们是低等动物，尽管它们体型很高大。我们人显得如此软弱无力，是因为我们人的身体结构要精密得多，因此需要花费更多的时间去构建。

行走和双腿直立的能力需要不同的机体协作发展，其中之一就是 128大脑。大脑的一部分叫作"小脑"，它位于大脑的底部。（见图 8）在儿童 6 个月大的时候小脑就开始快速发育了，而且一直会持续到儿童 14 或 15 个月大。之后，小脑的发育速度就减缓了，但一直到儿童 4 岁半之前，它还一直保持着发展的状态。双腿站立和直立行走需要依靠小脑的发展才有可能。在儿童身上，这一发展过程很容易被观察到。通常情况下，儿童在 6 个月大的时候就能坐起来，9 个月就会爬了，10 个月就能站起来，在 12 到 13 个月之间就可以行走了，而到 15 个月的时候就能稳稳当当地走路了。

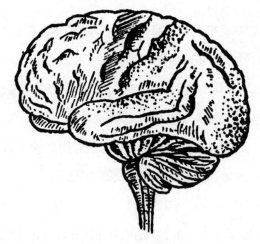

图8 大脑底部的小脑

第二个比较复杂的器官发育过程是神经系统的发展和完善。如果
129 指挥肌肉运动的脊椎神经没有发育完善，就不能传递指令，只有神经发
育完成，指令才能传导给肌肉。因此，在儿童学会走路之前，一些神经
首先要完成发育。在学会行走之前，有多复杂的发展和多少事情需要
协调统一啊！然而，这还不是全部，还有第三个需要达成的目标，那就
是骨骼的发展。就像我们所看到的那样，一开始儿童的腿骨还没有完
全骨化，比较软。如果是这样，它们如何能支撑身体的重量呢？因此，
在他开始学习走路之前，骨骼必须先长好。另外，儿童在出生的时候，
头骨没有完全弥合，只有到了这时候它才闭合上了，因此，万一儿童在
走路的时候跌倒了，磕到头，就没有伤及大脑的危险了。

在此之前,如果我们希望通过教育的方式教儿童学习走路,那是办不到的,因为能够走路的事实取决于一系列同时进行的各种身体发展。如果谁非要这么做,那么,除了给孩子造成严重伤害之外,将一无所获。人的身体发育受自然引导,每一件事都必须依赖自然律,并要绝对服从它的命令。在这个阶段,如果你试图不让孩子学习行走和奔跑,那也是不可能的,因为按照自然律,任何一个器官发展了,都必须得到运用。自然界的创造不仅要造生万物,而且要让其发挥作用。人体器官一旦有了发展,就必须立刻让其在环境中发挥应有的作用。在现代语言中,这些功能被称为"环境经验"。如果没有这些经验,那么器官就不能正常发展,因为器官一开始是不完善的,必须通过运用而加以完善。

130

　　儿童只能通过环境经验的方式发展,我们把这种发展方式称为"工作"。儿童一旦学会说话,就会喋喋不休,没有人能让他闭上嘴。的确,世上最困难的事情之一就是让儿童停止说话。如果儿童不讲话或不走路,那么他就不能正常成长,他的发展就会受到禁锢。孩子的双腿也会通过走路、奔跑和跳跃而得到发展。自然首先会制造这些人体器官,然后再通过环境经验让其功能得到发挥。因此,当儿童通过获取的新生力量而增强了独立性的时候,只有让其身体各器官自由地发挥作用,他才能正常地发展。当儿童获得独立的时候,他也会通过对独立的运用而得到自我发展。发展不是凭空产生的,而是正如现代心理学家所言,是"通过每一个个体在其所处的环境中所获得的经验"而产生的。因此,如果我们认为教育是为了帮助儿童的生命成长,那么,当儿童有一

定程度的发展迹象时，我们就应该为之庆幸，而不能只为"我孩子今天

131　开口说话了"而沾沾自喜，特别是当知道我们对此一无所能的时候。然而，如果我们意识到尽管我们不至于毁掉孩子（因为自然对我们来说太强大了，感谢天主），但如果我们不能给予儿童环境经验的机会，那么也会造成他的发展不完善或者发展延迟等问题。那么，这就是教育的问题了。

　　教育的第一个问题就是给儿童提供一个能让他发展天赋功能的环境。这是一个不容忽视的问题。它不仅是能否让儿童感到高兴和做自己喜欢做的事的问题，也是按照自然法则行事的问题，自然法则之一就是发展应该通过环境经验形成。有了这第一步，儿童才会进入更高水平的经验之中。

　　如果我们观察那些已经达到这个经验水平的儿童，就会发现他们仍然有进一步获得独立的倾向。他想按照自己的方式行动，比如搬东西、穿衣、脱衣、吃饭等事情，他喜欢在没有人干预的情况下自己做。儿童并不是根据我们的建议开始做事，相反，他有如此强烈的欲望和冲动，而我们的建议通常只能对他的行为起到抑制的作用。当我们真这样做的时候，那就不是与儿童抗争，而是与大自然抗争。我们抗争的不

132　是儿童的意志，因为他仅仅是在与自然合作并一步一步服从其规律的引导，开始于一件事，之后在其他事上，他从自己周围的事物中不断获得更大的独立性，直到他希望也获得思想独立的那一刻为止。然后，他将倾向于靠自己的经验而非别人的经验发展自己的思想，开始探究事

物的原因。在儿童时期,人类个体就是这样构建起来的。这不是理论,也不是一种主张,而是清楚的自然律,铁的事实。当我们说必须给儿童完全自由的时候,当我们说社会必须保证他发挥正常的身体功能的时候,我们不是在谈论一种模糊的理念。我们这样说,是因为我们已经观察了生命,我们已经观察了大自然,大自然已经为我们揭示了这个事实。只有通过自由成长和环境经验,人才能够发展。

现在,当我们谈到儿童的独立和自由的时候,不要用成人世界对独立与自由所怀有的理想加以理解。如果成人审视自己,并给独立与自由下一个定义,这个定义不会是精确的。其实,有关什么是自由的问题,他们的观念是很令人沮丧的,没有大自然所拥有的那么宏大。而儿童提供给我们的是一种很宏大的自然愿景,这是大自然通过赐予人自由和独立而赋予生命的愿景。大自然给予的是适合于时间和需要的决定性的规律,她使自由成为生命的律法:没有自由,毋宁死。我相信大自然给我们诠释社会生活提供了帮助,就像儿童给我们提供的是一个整体的社会图景一样,我们成人拥有的只是社会生活中的一些小细节而已。在这个意义上,儿童是正确的,他所呈现的是导向真实和真理的途径,因为是自然真理就不容置疑。因此,说来有趣,儿童的自由是通过成长实现的。

儿童不断走向独立的目的何在?其独立性体现在哪些方面?它体现在儿童个体的自我塑造和能够自我发挥作用方面。然而,在自然界,所有生物都有这样的倾向:每一个生物个体都在自我发挥作用。因此,

133

儿童也要服从这种自然安排。追求自由是儿童首先要遵守的生命规律。

那么,儿童是如何获得这种独立的呢?他是通过不断活动的方式获得的。儿童是如何意识到自己的自由的?通过不断努力,生命不能自我禁锢和停止运动。独立不是静态的,它是一个不断征服的过程。通过不断工作,人不但能够获得自由,而且能变得强壮和自我完善。

让我们看看儿童的第一个天性:寻求独立行动,即在没有别人帮助的情况下做事。第一个有意识的独立行动是让自己远离那些试图帮助自己的人。为了独立行动,他会不遗余力。我们很多人以为,最幸福的事就是什么事也不用做,事事有人帮忙,就像儿童在出生前那样。所以我们会觉得儿童可能更愿意回到母胎中去,在那里让母亲为自己做一切事。如果我们这么认为,那么人为什么要学习语言,跟他人交流?其实不然,大自然别有打算,她迫使儿童克服困难掌握语言,以便与别人建立联系。再者,如果我们把放松休息作为生活的理想,那么儿童可能会说:"我有妈妈香甜的乳汁,容易消化,为什么要吃其他东西?我为什么要自找麻烦去咀嚼那些粗糙的食物?不!不!我要继续吃妈妈的奶。"或者说:"为什么要走路?有人把我抱在怀里,就像我有自己的小车一样。看看为了走路我要付出多大的努力,我要让自己的骨头和大脑强健起来,还要完成脊柱神经的发育。我为什么要经受这么多麻烦坚持自己去了解事物?我周围有这么多聪明人在指导我,教我文化,并告诉我很多事,我为什么还要这么辛苦地学习?"然而,实际上儿童并非如此,他发现大自然的教育和社会对他的教育所具有的理念很不同。儿童通过工作寻求身体和精神的独立,他似乎在说:"我不介意自己懂多少,我只想靠自己来了解事物。我想从世界中汲取经验,通过我自己的努力去观察它;你守好你自己的知识,让我获得我自己的知识。"我们必须清楚地知道,当我们给儿童独立和自由的时候,我们是在把自由给予一个有工作冲动的,而且不亲自动手做事就不能活下去的人。这是生物的存在形式,作为活生生的人,当然也有这样的倾向。那么,如果我们试图阻止它,我们就是在让人走向衰退。

在受造物中,每一种事物都在活动,生命更是如此。生命在于活动,也只有通过活动,才能获得生命的完善。通过世代传承的经验,我们有一种社会性的强烈愿望:过一种少做工作,受人伺候,尽可能多地享受清闲的理想生活,就像自然显示出来的一个衰退的儿童所具有的特征。这些愿望是儿童衰退的特征,这样的儿童在生命之初要自我适应的时候没有得到帮助,因此对环境和活动心生反感。他只想让别人帮助他,成为他的仆人。他也总想让人抱着或用婴儿车推着,长时间地睡觉,不愿意其他人陪伴。在自然界,这些特征都属于衰退现象。经过辨认、分析和描述,这些特征都被认为是回归胚胎生命的倾向。正常出生和成长的儿童倾向于独立,而不愿意独立的儿童则是在衰退。

对于这些处于衰退状态的儿童,我们要面对的另一个相当严肃的教育问题是:如何解决这种衰退问题? 衰退会延缓儿童的正常成长而使他们偏离正轨。这些有心理偏差的儿童不喜欢环境,因为环境对他们意味着太多的困难和阻力。今天,有心理偏差的儿童在心理科学,或者最好称为"心理病理学"(psycho-pathology)领域得到特别关注。教育学认为环境对儿童的阻碍必须控制到最低。因此,要减少儿童在环境中可以避免的各种障碍和阻力,如果可能,要完全消除它们。今天,我们试图把环境营造得很有吸引力。我们必须给儿童提供美丽舒适、轻松愉快的环境,以引起他的好感,特别对于本来就讨厌环境的儿童显得很有必要。我们要尽可能把环境营造得具有吸引力,以帮助儿童克服厌恶和缺乏自信的心理。我们也必须给他们举行愉快的活动,因为只有通过活动才能促进儿童的发展。在营造环境时,必须有目的地开展各种有趣的活动,以此邀请儿童获得环境经验。对于有心理偏差的儿童来说,这些都是很清楚的原则,这些受到生命和自然教导的原则,会帮助那些具有衰退倾向的儿童,从懒惰无为变得渴望做事,从昏睡和无精打采变得积极主动,从由恐惧而依赖他人变得自由快乐,并且愿意面对生命的挑战。

从不思进取到主动工作!这是个获得治愈的过程,也是正常儿童发展的途径。如果设想一种新的教育,那么必须以此为基础,因为它已经被自然本身规划好了。

第九章

对新生儿的照顾

儿童以有吸收力的心灵寻求自我适应环境，因此，我们有必要以极大的关心来为他们准备环境。

我们必须记住，在儿童的生命成长中有几个不同的时期，其中一个就是在他刚出生后的这个时期，这个时期的重要性不是靠这本小书能够说清楚的。我认为将来会有人对此做特别的研究，目前只有少数人在做此事。

如果研究动物，我们就会发现在刚出生的这个时期哺乳动物得到了特别的保护和照顾，大自然安排它们的母亲在生下它们之前，就与种群中的其他个体隔离起来，过一段时间之后才带它们回到种群中。这种现象在群居动物中很普遍。马是如此，牛、大象、狼、鹿、狗等动物都是如此。在这个时期，除了母亲的爱抚、小心的监护和照顾，新生的小动物会独自适应新的环境。在这一阶段，它们逐渐有了自己种群的行为模式。在这段短暂的隔离期，小动物对外界环境的刺激有一种持续性的心理反应,这种反应因动物种群的行为差异而有所不同。因此,当妈妈带它们回到种群的时候,它们就能以在隔离期间所建立的行为模式很快适应群体生活,不管是小马驹还是小狼崽、小牛犊,在身体和心理上都有这样的适应。

然而,儿童在刚出生的时候没有固定的行为模式,他必须从环境中获得,因此,必须特别关心新生儿所处的环境,好让他受到环境的吸引而不产生排斥,帮助他吸收环境中的东西,而不是产生衰退现象,这对新生儿极为重要。儿童的进步、成长和发展依赖于他对环境的爱,因此,我们必须注意让儿童能够带着兴趣从环境中吸收营养。今天,科学界已经对此高度关注。在此我们不赘述过多的细节,只确切说明某些原则。要让儿童尽可能多地与母亲保持接触,而且一定要尽可能地保持一种舒适的环境,诸如,其温度不能与他在母胎中所习惯的那种温度相差太大,不能太明亮、太吵闹,因为儿童来自一个绝对安宁和黑暗的地方。今天,在现代母婴室里,母亲和她的孩子都被安置在温度易调控的玻璃屋里,以便能让孩子逐渐适应外面的环境。这里的玻璃是蓝色的,以便光线能很柔和地照进房间,而且温度是可控的。也应该注意抚摸和移动儿童的方式。我们习惯像抚摸没有感情的物件一样抚摸儿童,会把他投进浴缸,之后再快速而潦草地给他穿衣服(在这种情况下我们对待新生儿的任何接触都是粗暴的,因为他在心理上和生理上都是很纤弱的)。今天科学家已经得出结论,在触摸新生儿的时候要尽可能轻柔一些;甚至不应该给他穿衣服,宁可把他光溜溜地放进一间温度适宜而又没有冷风的房间里。还要注意抱孩子的方式。要用柔软的褥子裹起来抱着,像躺在吊床上一样,让他保持水平姿势,与他在母胎中的那种姿势相似,不要上下竖着抱他,要像对待需要精心照顾的受伤的病人一样温柔地待他。需要特别照顾的病人不是被直立着或者放进手推车里推着,而是用床一样的担架小心地抬着,以保证不受碰撞和颠簸。这是针对成人的,对新生儿也要这样关心照顾,甚至要更周到和完善。这不仅仅是卫生保健方面的照顾,因为卫生学主要涉及其他方面。今天,儿童的保姆会把自己的口鼻用布掩上,以防止细菌侵犯他所处的环境,让他得到保护。今天,母亲和自己的孩子被视为一个身体的两个彼此相通的器官。对于儿童来说,适应环境是成功而自然的,因为母亲和自己的孩子之间有一种特殊的关联,这被视为一种磁场。在母亲的身上有某些力量是孩子所习惯的,这些力量对于他一开始适应环境的艰难时刻必然有所帮助。我们可以看到,在与母亲的关系中,孩子的位置已经改变了,他现在生活在母亲的体外,但其他并没有多大改变,他们仍然在相互沟通和相互吸引。这就是我们现在这个时代所具有的认知,但几年前,甚至在最好的保育院,孩子出生后,他们所做的第一件事就是把母子分开。孩子被带去洗澡,之后才把他带回到母亲身边。我上面描述的处理方法在科学的儿童照顾中是"权威声明"(last word)。自然启示我们,对孩子的特别照顾没有必要持续整个儿童时期。正如母猫在一个阶段之后会把自己的小猫带出来,不再藏匿它们;同样,在一定时间之后,母亲和孩子就要告别孤立的生活而进入社会。

141

142

通常情况下，儿童刚一出生，所有的亲戚都来看新生儿，他们会拍拍他说："他多漂亮啊，和父亲（或母亲，或父母）真像!"他们亲吻他、爱抚他。其实，不应该这么做。越是富有人家的孩子，越会感到不高兴，可能最不高兴的就是国王的孩子了。在过去，当皇后诞下一个王室后裔的时候，国王会亲自把孩子抱上阳台，给他穿上衣服，把他展示给王宫外聚集的民众，可以想象这孩子对此会有多讨厌！

有趣的是，儿童的社会问题与成人的社会问题是不同的。我们或许可以说经济地位对儿童和对成人的影响正好相反，因为我们发现在成人世界，受苦的总是那些穷人，而在儿童世界，往往是出身富裕家庭的儿童最不幸。在富人家中，母亲往往给孩子请奶妈和保姆，而在穷人家中，母亲则以适当的方式自己照顾孩子。那些从事劳作的母亲通常也给自己的孩子提供更为充足的食物，因为她们健康，能够给孩子提供比富裕家庭的母亲质量更好的母乳。富人家的母亲不需要劳作，柔弱无力，因此乳汁的质量也就比较差，这也是她们要为孩子请乳母的主要原因。过去，缺少合适乳母的富人家，往往给孩子请一个有好母乳的健康的农家妇女为孩子喂奶。因此，这不是一个普通的贫富问题，在儿童世界里，事物的性质和价值都发生了改变。

一旦第一个阶段结束了，儿童就会适应身处的环境而没有任何反感。之后，他开始走上我们所描述过的独立之路。在这条道路上，我们可以说他对环境张开了双臂，接受它，吸收它，更进一步把它变成自己生命的一部分，变成自己的生活习惯。

143

在这个发展过程中，儿童首先要进行感官活动，这可以说是一种征服活动。这时候，因为骨骼还没有完全长好，儿童还是四肢无力，不能灵活运动，因此，他的活动仅限于对事物获得感觉印象这样的精神活动。这时候，儿童的眼睛很灵动，但我们必须非常清楚地意识到，儿童并不仅仅是被光线刺激（就像现代科学所描述的那样）。儿童不是被动的，他肯定在接受感觉印象，但在环境中他也是积极的观察者。一种新的观点认为，是儿童本人在主动找寻这些感觉，而不是被动地接受周围环境的冲击。

现在，如果我们观察不同种类的动物，就会发现在它们的眼里有一种类似于我们所拥有的、摄像机一样的视觉器官。但是这些动物的眼睛被专门化了：它们只注意到某些特定的事物，而不会注意到整个环境的状况。它们内部有一个可以遵循的指南，它们的眼睛追随着这种行动的指南。因此，它们把自己导向形成行为的那些特定事物。从一开始就有一个指南；这些感官完善自我，之后总是跟随这个指南。猫的眼睛将在昏暗的夜晚得到完善（就像其他夜间巡游的动物一样），然而，猫尽管对黑暗感兴趣，它却只受移动中的事物的吸引，而不是静止的事物。一旦某一样东西在黑暗中移动，猫就会猛扑上去；而环境中的其他东西则对它们没有吸引力。因此，它们没有一个普遍的环境意识，只是本能地向特定的事物移动而已。同样，昆虫被有特殊颜色的花所吸引，因为在这些颜色的花中它们能找到自己的食物。现在，一个刚破茧而出的幼虫没有任何方向感，它只是凭借自己的本能，把眼睛当作导航来

144

145

活动。通过这种指南,就能认识到动物的行为。因此,动物个体不受它的感官的影响,也没有受到它们的牵制;感官在那里遵循指南以服务于自己的主人。

儿童有一种特殊能力,他的感官不会像那些动物一样有限制,但他的感官也作为一个指南在服务。猫的感官是有限的,只受到环境中移动的事物的吸引。而儿童则没有这样的限制。儿童观察自己周围的一切,经验告诉我们,他似乎要把一切都吸收到自己的经验中。他不仅像照相机一样用眼睛拍摄所有的东西,而且会发生一种心理化学反应,以便这些印象形成他精神的一个整合部分。我们可以进行这样的观察——这是一种印象,而不是一个科学声明——只受到感官吸引的人,感官的受害者,在他的内在有什么东西是错误的。他可能有内在的指南,但是它没有发挥作用,而是在某种程度上变得衰弱无力,以至于他成为其感官的受害者。因此,儿童内心的向导极其重要,应该备加珍惜,使其保持活力。

为了更清楚地弄明白在吸收环境的过程中发生了什么,我想做一个对比。有一些昆虫长得与树叶相似,有些与树枝相似。这些昆虫可以用来与儿童的精神活动相类比。那些生活在树枝和树叶上的昆虫与周围的环境似乎融为一体了。在儿童身上也会发生这样的事,他吸收环境并把它变成自己的一部分,就像叶子般的昆虫,或者树枝般的昆虫一样。这的确是很有趣的! 环境给予他们的印象是如此深刻,以至于一些生物学或者心理化学的转变使他们相似于自己所处的环境。他们变得相似于他们所爱的事物。现在发现,这种吸收环境而进行转化的力量存在于所有生命中,有些正如我们所说的昆虫和其他动物身上发生的,是身体方面的转变,而在儿童身上则是心理方面的转化。这种对环境的适应,被视为生命最伟大的活动之一。儿童不会像我们成人一样看待事物。我们看到了房子可能会说:"多漂亮啊!"但过后就只剩下一点模糊的记忆了。但儿童会通过一种深刻的方式把自己接触到的事物聚集起来,将其作为自我塑造的素材,这一点在婴儿期尤为明显。在婴儿期,人通过独一无二的婴儿的力量获得独特的人性特征,诸如语言、宗教、种族特征,等等。这样一来,儿童适应了自己所处的环境。在这种环境中,他感到幸福,并在这种语言和风俗习惯中逐渐成长起来。如果食物的名称与他自己国家的名称不同,他不会拒绝食物。对每一个新的环境他都会适应,那么,适应意味着什么呢? 它意味着改变自我,以便使环境成为自己的一部分。因此,当儿童吸收环境的时候,我们必须观察这些事实。

儿童要发展就需要一个环境,如果接受这个观点,那么下一步要思考的就是我们要做什么。为了有助于儿童的成长,我们应该为他准备怎样的环境呢? 这是一个很令人难堪的问题。如果我们对一个 3 岁的儿童提出这样的问题,他可能会说出自己的需求。我们应该在环境中摆上鲜花,制造美景;我们应该给他们提供符合他们的发展规律的活动动机。我们很容易发现某些活动动机,以便给儿童提供功能训练的机会。但是,当婴儿要吸收、适应环境的时候,我们要为他准备怎样的环

境呢？可能只有一个答案，应该为婴儿提供的必须是世界，是他周围的
148　世界，全部的世界！显然，如果儿童要掌握语言，他必须生活在说这种语言的人之中，否则他办不到；如果他要获得任何力量或能力，他必须处于那些习惯于运用这些力量和能力的人群之中。如果要儿童适应某种习俗、养成某种习惯，他也必须一直生活在遵循这些风俗习惯的人之中。这是为什么我们发现一个生活在运用多种语言和具有精巧行为的文化氛围中的儿童，会比那些不是太幸运的儿童掌握更多的语言和更多的小技巧。

　　这真是一个引人注目的革命性宣言。在过去几年里，有一种相反的观点认为，出于对婴儿健康的考虑，人们得出结论——或者得出错误结论——认为儿童应该被隔离起来！具体做法是，把儿童放在托儿所里。从卫生角度来说，当发现托儿所不够好的时候，人们就会把医院作为榜样，让儿童像病人那样不受干扰，尽可能多睡觉。我们意识到，如果这种专门的健康照顾被认为是一种进步，那就会造成一种社会危机。如果把儿童放在托儿所里，在一种监狱般的环境里，只与保姆相伴，多少都会阻碍儿童的成长。又因为儿童得不到真正的母爱，这将对儿童

149　的正常成长和发展产生严重的影响，其结果会造成他的发展迟缓，很不开心，也可以说让他产生了一种精神饥渴。母亲疼爱自己的孩子，会与他有特殊的交流。如果不让孩子和母亲在一起，而是和保姆生活在一起，保姆是不会对孩子说很多话的，甚至会以健康为由戴着口罩照顾儿童，那么儿童怎么能学到语言呢？为了防止儿童被晒着或冻着，护士常会给他戴着风帽，所以他只能看到保姆的脸或者头巾，从而在很大程度

上与环境是隔离的。越是富贵人家的孩子命运越不好,对他来说,就是生活在监狱里,因为照顾他长大的不是慈爱漂亮的母亲,而是保姆,尽管她有时候很有经验,但一般都是又老又丑。往往越是富贵的家庭,其保姆的行为越规范,父母见孩子的机会也就越少,很多家庭一个星期才见一次孩子,因为"保姆知道怎么管孩子"。母亲说:"我不知道怎么照顾他。"等到了上学的年龄,孩子再被送进寄读学校去生活。

养育孩子的确是一个社会问题。现在我们开始越来越意识到它必须有所改变。一旦人们理解了这一点,就开始很在意对儿童采取这种新援助的需要,就像在美国人们开始在意的那样。关于应该如何照顾儿童的问题,现在人们越来越肯定的是,一旦儿童能够外出了,应该把他带到人们的工作环境中,好让他尽可能多地接触外部世界。在外出的时候要尽量让儿童从高处看世界,以便他看得更多更远。保姆也要参与这种转变。如今医院的育婴房也与之前大不相同,不仅干净整洁,而且墙壁上贴满色彩艳丽的图画,婴儿的床稍微倾斜,而且是高起来的,好让他容易看到房间的整个环境,而不只是天花板。这是儿童的第一个宝座,其理念是必须把儿童放置在一个可以看到周围一切的位置上。

语言的吸收是一个更困难的问题,对那些与儿童的社会环境很不同的保姆来说更是如此。这个问题还有另外一面,那就是当我们与朋友谈话的时候,必须把儿童带在身边。通常情况下,当我们会见朋友或者朋友来见我们的时候,我们会把儿童交给保姆照顾。如果我们想帮助孩子,就必须把他带进我们的生活,以便他能够看到我们怎么做事,并能听到我们和别人谈话。他不会有意识地关注到我们的行为，但是如果他看到周围的人们在谈话、吃饭，等等，他会接受一种潜意识的印象并吸收它，这将有助于他的成长。而且当我们带他出去的时候，他喜欢什么呢？尽管我们不能肯定，但是我们可以观察他。当母亲和适当做了准备的保姆看到孩子对某件事感兴趣的时候，要停下来，让他喜欢审视多久就多久。保姆不要像过去一样推着童车就走，而是要意识到她推的是一个儿童，那张小脸因对某个事物感兴趣而放光，要让他趁机多加注视。我们到底怎么知道在某一天里有什么东西将引起儿童的兴趣？我们必须为他服务。因此，我们的整个观念都是革命性的，必须把这种革命性理念带到成人当中来。成人的世界必须意识到儿童要对环境有极重要的适应，因此就必须与环境有完全的、彻底的接触。如果儿童不能建立这种适应，我们就要面临首要的社会问题。今天所有的社会问题都是因为人在某种程度上缺少适应造成的，或者是在道德领域，或者是在其他领域。这是一个基本的问题，而且是最重要的问题。当然，这个结论指出了这样一个事实，那就是儿童的教育在将来会成为社会所关注的最基本和最重要的问题。

那么，为什么之前我们对此一无所知？我们的祖父母和曾祖父母对这些事情一无所知，然而儿童还是成长了，人类仍然没有消亡。这是那些听到这种新观念的人通常会有的想法！他们说："人类历史很久远，人类肯定一直存在。我自己长大，我的孩子也已经长大成人，然而我们之前没有这样的理论。尽管缺少这样的准备，人们还是掌握了自己的语言，而且在很多国家,有些风俗习惯是那么强大,以至于成为偏见。这是怎么发生的?为什么没有任何这样的准备我就成了我自己民族的一员?"

让我们稍微想想这个问题。最有趣的研究之一就是对于不同文明水平的人类群体的行为的研究,每一个族群似乎都比具有超现代理念的我们这些西方人更有智慧。在其他绝大多数国家,我们看到他们对待孩子,都不像我们这些富裕的超现代西方人一样"残酷"。我们看到,在这些国家,儿童时刻都守在妈妈身边,妈妈和孩子就像一体。妈妈上街,走到哪里都把孩子带到哪里。妈妈和商贩为价钱而争吵,儿童也在场。不管妈妈做什么,孩子都看在眼里,听在耳里。这种情况会延续多久呢?在整个哺乳期都是如此,因为妈妈必须给自己的孩子喂奶,她去工作或者外出都不能离开孩子。对她来说,这不仅是给孩子喂奶的问题,而真正是让母亲和孩子相互依恋的问题。母亲说:"我不想离开我的孩子,因为我爱他。"对于儿童来说,母乳和爱解决了他适应环境的问题,这是符合自然律的。由此就形成了这种图景:妈妈和孩子是不可分割的两个人。在文明还没有摧毁这种可能性的地方,妈妈爱自己的孩子,并且时刻把他带在身边。她说:"我不放心把孩子交给任何其他人带。"那么,母亲就是监狱的看守了?不!她到处走动,她的孩子也是。孩子听到母亲以自然的方式和很多人谈话,她不管说什么,孩子都会参与其中。人们说母亲们多言多语,是的,因为她们要帮助儿童成长,并让孩子适应环境。如果儿童只能听到母亲对他讲话,他将不会学习很多。相反,儿童是在语言的构建中学习语言的。语言不仅仅包括互不

153

相连的词汇,它也来自那些说话的人。神奇的是,儿童能够从自己生活的环境中吸收语言,但这只有在他与人生活在一起的时候才能发生。因此,我强调把儿童带进现实生活中是很必要的。

此外,如果我们研究不同群体、种族或民族,还会发现另外一些特征,其中之一就是母亲移动孩子的方法。在民族学的研究中,人们发现很多有趣的风俗习惯。其中最有趣的事情之一就是看母亲怎么抱孩子。她们通常让孩子躺在床上或者把他放在袋子里,而不抱在怀里。在有些国家,当母亲要出去工作的时候,就把孩子系在一块木板上,然后把木板扛在肩上。还有的用一块布兜住孩子,然后把布兜挂在脖子上;有的把孩子绑在背上背着;还有的把孩子放在篮子里提着。似乎每一个民族都有带孩子的一套方法。但是,不管哪种方法,总要考虑孩子呼吸的问题。如果孩子面朝母亲的背趴着,会有让孩子窒息的危险。为了避免这种情况发生,日本的母亲通常让孩子的头高于自己的肩。初次到日本的游客把日本人称作"双头人",就是因为这种带孩子的习惯。印度的母亲通常用一只胳膊托着孩子的臀部,抱着他,而印第安人则把孩子放在一种摇篮一样的东西里,让孩子背对着自己坐在摇篮里,因此,孩子能够看见母亲背面的一切。在过去,每一个国家都有不同的风俗习惯,但是儿童从来不离开自己的母亲。母亲从来没有想到要把孩子留给其他任何人,就像她不可能把自己的头发剪下来一样。在非洲的一个族群里,有一种皇后加冕礼,甚至在加冕礼上皇后也带着孩子,她从来不会把孩子留在家里。另一件令人好奇的事情是,孩子有很

长的哺乳期。有些国家是 1 年,有的国家是 1 年半,甚至 2 年。当然没
有这个必要,因为儿童到了一两岁的时候就可以吃任何东西了。其实,
孩子除了吃母乳还吃很多其他东西,但是因为母亲继续给他喂奶,这就
意味着她一直不离开孩子,自然就保证了在这重要的时期,在一种社会
环境中,给儿童提供了适当和全方位的协助。母亲可以不对孩子说什
么话,但是孩子有自己的眼睛,而且会跟着母亲到处走,于是,他就认识
了街道上、市场里、车上各种各样的人。没有任何人告诉他任何事情,
但他用自己的眼睛看到了这一切。当母亲在市场上与水果商贩砍价的
时候,如果你看看她怀里孩子的表情,你会发现他的眼睛里充满好奇,
脸上富有表情。另一个有趣的事实是,被抱着的小孩从来不哭闹,除非
他病了或者受伤了。有时候孩子睡着了,但是从不会哭闹。在这些国
家所拍摄的大量照片中,你从来看不到一个小孩在哭闹。当然,这些照
片展示的是母亲的生活习惯,只是偶然的机会我们注意到孩子不哭这
个特点。然而,在西方国家,常听母亲抱怨说:"我的孩子总是在哭闹,
不知道该怎么办?"或者她请教他人:"当孩子哭闹的时候,你会怎么
办?"对此,母亲能做什么呢? 今天,心理学家认为孩子哭闹、焦躁不安、
发脾气,是因为他精神饥饿而感到痛苦,他精神营养不良。因为严格的
呵护使他感到似乎被囚禁在监牢里。把儿童带离这个"监牢",并让他
进入社会是减轻他精神压力的唯一的补救方法。这种照顾儿童的方法
是符合自然律的,很多族群都无意识地遵守这个规律。一旦我们运用
自己的观察力和智慧,就能理解这种方法,并有意识地应用它。

第十章

关于语言

让我们谈谈儿童的语言发展情况。为了理解语言,首先我们必须思考语言是什么。语言是如此重要,可以说它是人正常生活的基础,因为通过语言人们才能聚在一起形成社会群体。不但如此,语言还能够推动环境的转变,促进人类文明的进程。

区别人类与其他动物有一个核心要点:人不会像动物那样受制于固定的任务去做这做那。我们从来不知道人会做什么,因此,人们必须相互协作,否则什么事都做不了。为了协调一致,共同做出理智的决定,光凭思考是不行的,即使我们都是天才也不行。一个非常必要的条件是:我们必须相互理解。只有通过语言交流才有相互理解的可能性。语言是人共同思考的工具,只有人出现在这个星球上之后,才有了语言的产生。然而,语言到底是什么呢? 仅仅是一种呼吸,一系列没有逻辑

地放在一起的声音吗?

声音是没有逻辑的,当我们说"盘子"的时候,这种声音组合本身是

没有逻辑的。其实,这些声音所具有的意义是人赋予的,那些特殊的声音代表某种特殊的理念是人们的约定。语言是一个群体合意的表达,只有对那些声音达成共识并理解其涵义的人之间才能相互交流,而其他群体用其他声音代表同样的理念。语言就像一堵把一群人与另一群人分离开来的墙。这是为什么语言几乎已经成为奥秘,它是某种群体的凝聚力,甚至胜过国籍概念。可以说,人是由语言联合起来的,语言已经变得越来越复杂,就像人的思想变得越来越复杂一样;它是随着人的思想发展而变化的。

令人好奇的是,用于产生词汇的声音是很少的,然而它们可以被组合成这么多不同的方式,从而产生如此之多的词汇。这些声音的组合是多么复杂啊!有时候是一个声音放在另一个声音的前面,有时候是放在后面,有时候是轻声,有时候是重读,有时候是闭音,有时是开音,等等。这需要很强的记忆力去记忆所有的声音以及词汇所代表的理念。之后就有了思想本身,作为一个整体,它必须被表达出来,这就需要一组词,即所谓的句子来表达。在句子里词汇不仅要把环境中的很多事物联系在一起,而且必须按照一定的次序加以排列以符合人们的思想。因此,便产生了一组规则,以便指导听众理解说话者想要表达的思想。如果有人想表达一个思想,他必须把表达对象的名词放在这里,再在它前面放一个形容词和另一个名词。只运用很多词汇是不够的,还要考虑到它们在句子中的位置。如果想对它进行测试,就让我们以一个有清楚意义的句子为例,把它写出来,再把它拆成词汇,打乱词汇

159

的次序；那么，这个句子就没有任何意义了，但词汇还是完全一样的。可见，在这里人们也必须有一定的共识。因此，语言可以被称为一种超理性的表达。一开始我们觉得语言是自然所赋予人类的一种技能，但再仔细一想，我们就会意识到它是超越自然的，它是一种由人的共同理性有意识地创造的超自然产物。围绕语言，形成了一种无限延伸和增长的网络化体系，语言变得如此复杂并难以记忆，以至于自我消失。语言拓展得如此深远，从而逐渐变得如此复杂，以至于无法全部续存和整合。如果一个人想学习梵文或者拉丁文，可能需要 8 年、10 年的时间，即使到那时，也仍然达不到完全熟练掌握的程度。

没有任何其他事比任何事情的基础性现实更神秘的了，人们必须达成共识，必须使用语言这种最抽象的工具。

这个问题总是让人类担心，但是它必须得到解决，因为新生儿必须学习语言。对于这个问题的关注已经促使人们意识到是儿童自己在吸收语言。这是一件非常伟大而神秘的事，但还没有引起人们足够重视。人们说："儿童生活在说话的人群中，所以他们说话。"这个说法很深刻，特别是考虑到语言的复杂性的时候！然而，数千年来人们都是在很浅薄地看待这个问题。

通过研究语言问题，人们产生另一个想法：学习任何一个国家的语言都很困难，然而该国没有文化的人却同样在熟练地运用它。对于我们来说，拉丁语可能是很难很复杂的语言，即使今天很多人所说的现代语言是从拉丁语发展来的，但是罗马帝国时代的奴隶们说的也是拉丁

语！那些没有文化的农民在地里劳作的时候是说什么语言呢？也是这
种复杂的拉丁语。在罗马帝国那些 3 岁的孩子们说的什么语言？他们
同样用这种复杂的语言表达自我，而且当别人说给他们听的时候他们
也理解。在印度可能也是一样的。在很久之前，印度人在田里劳动，在
丛林里漫游的时候，说的就是梵文。今天，这种奥秘已经引起了人们的
好奇，从而人们开始关注儿童语言的发展，让我们记得，这里说的是发
展，而不是教授。母亲不会教授自己的小孩语言，语言就像自发创造一
样是自然发展的。令人震惊的是，语言的发展遵循一定的规律，在一定
的时期，它会发展到一定的高度。这对所有的儿童都是如此，不管他所
在民族的语言简单还是复杂。甚至今天，也有一些未开化民族的人说
很简单的语言；生活在他们中间的儿童也会在语言上获得同样的发展，
就像生活在说复杂语言环境中的儿童一样。对于所有儿童而言，都有
一个只能说音节的时期，之后他们开始说词汇，最后会完美地运用整个
句法和语法说话，他会区分阴阳性、单复数、时态、前后缀的不同。一门
语言可能很复杂，而且有很多不规则的变化，然而，儿童都能吸收它、掌
握它，并能在同一时间运用它，这对他们来说，就像非洲的儿童学习其
原始语言的少数几个词汇那么简单。

如果我们注意不同声音的产生，也会发现它是遵循一定规律的。
所有形成词汇的声音都是通过运用一定的机制而创造的。有时候声音
是从喉咙发出的，有时候则有必要控制舌头和脸腮的肌肉，等等。身体
的不同部分共同组成了这种发声机制。在儿童的母语中，这种机制的

构成是完美的。对于外语,甚至我们成人也无法辨别其所有的声音,更不用说重复这些声音了。我们成人只能运用我们自己母语的机制,只有儿童能够构建语言机制,如果处于一定的语言环境中,他就能完美地掌握多种语言。

这种语言机制的构建不是有意识工作的结果,而是在儿童潜意识的最深处发生的。他在潜意识的黑暗中开始这个工作,在那里,语言机制的构建不断得到发展和巩固,最终成为他永久的收获。这就使得语言研究成为很有趣的事了。我们成人只能怀着自觉的愿望学习一门语言,并有意识地进行学习。然而,我们一定有另一种自然的观念,或者宁可说是超自然的机制,这种机制或者一系列机制对人有极大的吸引力,它产生于人的意识之外很深的潜意识层面,成人是无法直接观察到的。我们只能看到一些外在的表象,但是,如果我们适当地观察,就能清楚地看到它,因为这些机制人人身上都有。特别明显的是任何语言的声音都世世代代保持着自己的纯正性;另一个令人惊奇的地方是学习复杂的语言和简单的语言同样容易。没有任何一个儿童"讨厌"学习母语,他的语言机制能够让他完全掌握好自己的语言。

关于儿童这种掌握语言的现象,我有一个想法,想把它和我们的生活经验进行一个比较。我的想法与这个现象的各种因素都没有关系,与其现实也没有关系,但它给我们提供了与我们能够经验的某种事实相类似的一幅图像。比如,如果我们想画某个东西,就会拿出铅笔和颜料来描绘,但是也可以给这个东西拍一张照片。这是两种不同的机制。

相片是把人照在胶片上，不需要做多少工作，为十个人照一张相和为一个人照一张相没有什么差别；这种机制的工作是即时性的。如果相机足够大，为一千个人照一张相也是这么简单。如果我们给一本书的书名拍照，或者拍该书的某一页，这本书可能是用密密麻麻的文字或外语写成的，但对于胶片来说要做的工作是相同的。用胶片可以拍摄任何事物，不管是简单的还是复杂的，而且一拍即成。然而，如果我们为一个人画像，那可要费一番功夫了；如果为十个人画像，那就需要更长的时间。如果我们誊写一本书的书名，也会花费一点时间；如果誊写一页会议记录和外文资料，那将需要多得多的时间。

164

另外，胶片摄像是在暗中进行的，定影和冲洗也在黑暗中进行，最后才能见光，成为不可改变的影像。儿童学习语言的精神机制也是这样的，它开始于潜意识的黑暗深处，在那里发展和稳定之后，最终展现出来。某些机制的确是存在的（不管我是否做了好的比较），由此，我们意识到对语言的这种理解。人们一旦面对这种神秘的活动，就想弄清楚它是怎么发生的；因此，今天人们对于研究深层潜意识的这种神秘的特征具有很大的兴趣。

然而，这只是成人能够进行的部分观察活动；其他部分是观察外在的表现，因为只有这些外在的表现才能作为证据；但是这种观察必须是准确无误的。今天有些人在从事这方面的研究，他们每天观察0—2岁和2岁以上的孩子，看每天他们身上发生了什么，在同一水平上的发展持续多长时间，等等。从这些观察来看，有些事情就像里程碑一样引人注目，它们揭示了具有神秘的内在发展的事实，尽管对外在表现的回应很小。因此，内在生命与外在表现之间显然存在着极大的不均衡性。另外，在对外在表现的观察中，另一件突出的事情是：发展没有一个线性的规律，而是突发性的自我发展。比如，对于音节的学习，在数月之久的时间内，儿童只能发出音节，从外在看不到有其他的进步。然后，他突然说出一个词；之后很长时间他只会说一两个词，再次让人觉得他似乎没有进步。看到这种缓慢的外在进步，几乎让人觉得沮丧。发展似乎很迟缓，但是这些行动为我们揭示出：在内在生命中有一个持续不断的巨大进步。

社会行动难道没有对此做出说明吗？如果我们注意历史，就会看到人在很多世纪里都保持同一个生活水平，即简单、愚昧、保守、没有进步；但是这里看到的仅仅是历史的外在表现。还有一个不断持续的内在成长，直到突然爆发出来。接着，又进入另一个平静而缺少外在进步的时期，再后来就是另一场革命。

儿童和某种人类的语言也是如此。不仅仅有一个词一个词的小而稳定的进步，也有爆发现象，就像心理学家所说的，在没有理由或者教
育的情况下突然发生了。在每一个儿童相同的生命时期，会出现词汇的爆发，而且所有的发音都是完美的。在 3 个月内儿童就能轻松地运用所有复杂的名词、后缀、前缀和动词了。所有这一切都是在每一个儿童接近 2 周岁的时候发生的。因此，我们一定为儿童的这种表现而振奋，要期待它的到来。（在历史停滞期我们也可以怀着同样的希望，也

许人类没有所表现出来的这么愚蠢,也许神奇的事情将要发生,人的内在生命力将会爆发。)儿童词汇的爆发现象和表达的突破会在 2 周岁之后继续发生;以同样爆发的方式,他们开始运用简单和复杂的句子,运用各种时态和各种形式的动词,甚至包括虚拟语气和从句。这样,儿童所属的群体(种族、社会阶层,等等)的语言表达就被完全掌握了。这种由潜意识所准备的宝藏被传递给了意识,儿童带着新拥有的这种能力说啊说,直到大人说:"看在上帝的份上,你就不能停止说话吗!"

2 岁半似乎代表理性的界限,在此之后,当人塑造成了之后,语言仍然继续发展,不是爆发式的,但具有巨大的活力和自发性。这第二个时期从 2 岁半会一直持续到 4 岁半或 5 岁。在这个时期,儿童会掌握很多词汇,对句子的表达也会进一步完善。的确,如果儿童处于一个只说几个词或者"俚语"的环境中,那么他将只会运用那些词语,但是如果他生活在一个有高雅演说和词汇的环境里,那么他会将它们全部吸收。环境是非常重要的,然而在任何情况下,丰富的词汇都会产生。这个事实引起人们巨大的兴趣。在比利时,科学的观察家发现,2 岁半的孩子就知道 200 个单词,然而到了 5 岁,他就能学会运用数千个单词,而且这些都是在没有人教授的情况下发生的,是一种自发的获得。在他学得这一切之后,我们就让孩子上学,并告诉他:"我将要教你字母。"

我们必须清楚牢记已经遵循的双向途径:准备语言的潜意识活动和逐渐进入生命并从潜意识中提取已有的东西的有意识活动。其结果是,5 岁的儿童就能流利地讲话,知道如何运用所有的语言规则,他自己并没有意识到这些潜意识的工作，但他实际上是一个创造语言的人。

儿童已经为自己创造了语言，如果儿童不具备这种创造能力，他就不可能自发地掌握一门语言，也不可能有人类文明的存在。可见，这个阶段的人是多么重要：他构建了一切。如果不是有了儿童自己，文明将不会存在，他独立构建了文明的基础。因此，我们应该给这个时期的儿童提供所需要的帮助，而不要让他独自游荡。

168

第十一章

语言的吸引

　　我想说明的这个事实恐怕会引起人们小小的同情，因为我们成年人认为自己可以超越自然机制而生活在抽象的世界。然而，这些美好的自然机制多么有趣啊！它们是基础的东西，是物质因素。物质性事物不仅仅是血肉，也包括相应的自然机制。所有人都知道，神经系统包括感觉器官、神经和神经中枢，它们和运动器官一起构成了一套生理机制。类似的，还有一套与语言有关的机制，它在某种程度上超出这些物质因素的范围。发现处理语言的大脑中心是 19 世纪末的事了。人们发现大脑皮层中有两个特定的管理语言的中枢：一个是听觉性语言中枢，负责接收语言；另一个是运动性语言中枢，负责语言的表述和发音的动作，这是不可见的两个语言中心。如果从生理学的角度看，我们还可以说有两套器官中枢：一套是听语言的器官（耳朵），一套是用于说话的器官（嘴巴、喉咙和鼻子，等等）。这两套器官中枢在精神层面和生理层面都是各自发展的。听觉中枢与精神方面的神秘力量有关，这种神秘的力量使儿童的语言在最深的潜意识部分得以发展。至于运动中枢的活动,只有在我们说话的时候才会表现出来。

显然,第二部分即负责说话的语言运动中枢,其发展要迟缓一些,是在听觉系统发展之后才出现的。这是为什么呢?因为一旦儿童听到了声音,产生了刺激之后,才会激发一些产生声音的微妙运动。这是很符合逻辑的,因为如果人类没有预设的语言(考虑到它是自我创造出来的,因此人类没有一个预设的语言),那么就有必要让儿童先听到自己族群创造的语言,然后再重新塑造它。因此,再造声音的运动必须基于一种心理上的潜意识的印象和那些声音,因为那些运动依赖的是已经感觉到的声音(它在精神中留下印象)。

从逻辑上来说,这是容易理解的,但是这不是因为逻辑,而是因为一个自然机制。大自然中的这个逻辑是什么呢?在大自然中,我们首先注意到事实,看到这些事实之后,我们会说:"它们多么有逻辑性啊!"之后会说:"在这些事实背后一定有一个操控的理性。"在受造物中运行171 的这种神秘的理性,在这种精神现象中,甚至要比鲜花美丽的颜色和形状还要有形可见得多。

显然,在人出生的时候听说活动是不存在的。那么,存在的是什么呢?什么也没有。然而,所有的一切同时都已经在那里了。存在的是这两个中枢,虽然没有听过声音和特定的遗传但却能够吸收语言,并为其扩展而制定必要运动的中枢。这两点是语言整体发展机制的一部分。再深入一步,我们看到感知力和行为能力的存在,它们都被集中起来了。也很容易看到，语言的精进开始于出生之后，因为它取决于聆听语言，而在出生之前儿童什么也听不到，所以，语言的发展活动必须在出生之后展开。不可思议的是，一切都是有准备的，因此，当儿童出生的时候，发展语言的工作就展开了。

现在让我们从语言学习机制的角度来研究一下器官。的确这种机制的创造是神奇的，但其实所有的器官都是令人惊奇的。想想耳朵（聆听语言的器官）的创造不是很神奇吗？在那个神秘的环境中，这个极其精密和复杂的器官已经自发地发展了。它的构造是多么神奇啊，就像是音乐天才建造的一样。是的，一个音乐家，因为耳朵的核心部分是一种"竖琴"，这架竖琴产生震动，根据"琴弦"的长度发出不同的声音。在 ₁₇₂ 我们的耳朵里的这架"竖琴"有 64 根琴弦，这 64 根琴弦依次渐变，产生不同的声音。因为耳朵这么小，所以这些"琴弦"都被安排在蜗牛壳一样的空间内。多有智慧啊！尽管空间如此之小，但是所有必须具备的音效条件都有。然而，如果没有人演奏，那么这架竖琴可能会被长年累月闲置在墙角。谁是这些琴弦的演奏者呢？我们看到有一面鼓一样的共鸣膜在"竖琴"的前面，一旦声音触及这面"鼓"，"琴弦"就会震动；因此，是这面"鼓"在这架"竖琴"上演奏，于是我们就听到了语言的乐声。因为我们人的耳朵中只有 64 根琴弦，所以无法捕捉到宇宙间所有声音，尽管如此，它还是足以演奏出非常复杂和美妙的音乐。通过这种方法，就能传递微妙而极其复杂的语言了。如果这个复杂的工具在神秘的胎儿时期就创造好了自己，为什么在出生之后还要创造别的东西呢？

也就是说，儿童为什么还要在自己的环境中发现语言，并且必须为自己创造语言呢？我们将要研究这个问题。

现在让我们看看大自然，她多神奇、多快啊！即使是 7 个月大就出生的早产儿，她也已经给他完备地准备了一切。大自然从来不迟到。那么，这个工具是如何把神经纤维接收到的声音传递到大脑的呢？在大脑中，有一个特殊的中枢来收集这些特殊的信息。那也是奥秘，但这些是自然事实。让人好奇的是研究新生儿的心理学家说，发展最迟缓的是人的听觉。他们说新生儿甚至像失聪者一样，他对周围的各种杂音都没有什么反应，这是因为这些中枢是语言中枢、词汇中枢，好像这种强有力的语言机制只对特殊的声音——说话声——有反应和作为，因此他将创造运动机制，以便复制那些同样的声音。

我们可以想象，假如这种语言孤立的中枢可以接收任何声音，那会有什么事情发生？那些出生在农场的儿童可能会像牛一样只会"哞，哞"地叫，或者发出咕哝声、咯咯叫的声音，而那些出生在车站附近的儿童也就只能发出汽笛和火车轰鸣那样的声音了。幸运的是，自然特别为人类设立了语言中枢，并且把它与外界隔离开来。狼孩就是一个例子。因为某种原因，儿童被遗弃在丛林中，他以某种神奇的方式被养大，他的生活环境尽管充满了各种鸟叫和动物、流水和落叶的声音，但他仍然完全不能开口说话，不能发出任何有意义的声音，因为他没有听到过唯一能激发人口头语言机制的人的语言。我所讲述的这一切都说明有一种特殊的语言机制，这让人类与其他动物有了区别。人拥有这种语言机制，而不是拥有语言，但是一旦拥有这种机制，人就能够创造自己的语言，这是人之所以为人的重要特征。词汇是儿童运用这种机制的结果，但儿童自己并不仅仅是一种机制，远非如此。

让我们想象一下在这个神秘阶段的自我，刚刚出生，就像一个沉睡中的自我。这个沉睡的自我突然醒来，听到了悦耳的音乐。如果这个神奇的自我能够讲话，它可能会说："我已经进入世界，他们在用音乐欢迎我，这个音乐如此神圣，如此沁人心脾，我的整个存在，我的心灵为此雀跃。没有其他声音愉悦我耳，只有此种声音深入我灵。除了这个神圣的召唤，我听不到其他声音！"如果我们还记得那些创造和维持生命的伟大推动力，就会明白这种音乐所创造的是怎样永恒延续的事物。现在，在新生儿记忆基质中发生的事会永远存在下去。每一个民族都喜爱音乐，而且都会创造自己的音乐和语言。每一个民族都会闻声起舞，这种音乐依附于词汇，但是那些词汇本身没有意义，是我们人赋予它们意义。比如，印度有很多种语言，但音乐把它们融合在一起。这种印象刻印在每一个新生儿的身上。除了人，没有任何动物能够创造音乐和舞蹈，不管在哪里的人类都如此。

语言的声音已经刻印在人的潜意识中。我们无法看到人的内心发生了什么变化，但从人的外部表现，可以得到一些启示。人的声音基本上是固定的，这是构成母语的一部分，我们可以把它看成字母表。之后就有了音节、词汇，就像有时候儿童在识字本上所读的那样，完全不知道它的意思是什么。然而，儿童的工作多有智慧啊！儿童的内在似乎有一位循规蹈矩的小老师，他会选择适当的时机，让儿童背诵字母表、音节和词汇。不像人类的老师只在儿童已经掌握了自己语言后的错误时间做这样的事，儿童内在的老师总会在正确的时间做正确的事，按照逻辑顺序，逐步建设儿童的语言大厦。她先让婴儿发声，然后说出音节。之后词汇出现了，而且名词首先出现，再后来就进入了语法领域。遵循自然的教导是这么具有启发性，因为儿童的老师就是自然，它教会儿童掌握了在成人看来语言最枯燥乏味的部分。这是一所有教学方法的真正的学校，它教儿童掌握了名词和形容词、连词和副词、动词不定式，之后是动词的组合、名词词性的变化、前缀和后缀，以及它们的各种特殊用法。之后我们对儿童进行一次测验，发现他能够运用它们。由此我们就会明白他有多好的一位老师，而儿童自己又是多勤奋的一位学生，因为他在测试中能够非常正确地运用自己的所学。他不是很聪明吗？我们应该为他鼓掌，但是，往往根本没有人注意到他。很久之

176 后，当我们为他选了学校，他在学校获得了奖赏，我们才说："他有一个多聪明的老师啊！"

　　但是，这么小的孩子真是一个活生生的奇迹！在这个儿童身上老师应该看到：以这种方式教师自己都不可能比他学得更好，他用两年时间几乎学会了所有的事情！这是一个非常神奇的事实。就让我们看看，在这两年中儿童到底有怎样的表现，因为这将使我们容易发现儿童做了什么。通过研究儿童的表现，我们发现他的意识有一个渐渐觉醒的过程，直至突然爆发，开始占据主导地位，它开始渴望掌握一切事情。

儿童在4个月大的时候（有人说更早，我也倾向于同意这个说法），就能感知他周围这种神奇的、来自人的嘴巴的音乐对他的吸引，而且深受触动。它是嘴巴（运动的嘴唇）发出的声音。这是很少受到注意的事，但如果我们观察儿童，就会看到他往往紧盯着人的双唇。由此可见，他的意识在活动，是意识推动了他的这种行为。毋庸置疑，运动在无意识中形成了，所有极小的神经末梢的精确合作都不是有意识地达成的，但是意识会让人产生兴趣，变得更有活力，从而促成一系列热情而仔细的探究。

通过两个月的这种嘴唇观察，儿童就能发出自己的声音了（6个月大的时候）。突然之间，这个除了偶尔发出一些噪音而不能说任何话的小孩，有一天早上醒来（在你之前），你听到他在说："爸—爸—爸""妈—妈—妈"，等等。这是他自己发明的对"爸爸"和"妈妈"的称呼。他现在会长时间地说这些音节，直到我们告诉他不要再这样叫。在付出了很大的努力之后，他做到了这一点。让我们记住，这个发现是他通过自己的努力获得的，他意识到自己的力量；这个小人儿不再是被动地受机制的引导，而是在运用机制。在儿童1岁快结束之前，在10个月大的时候，他有了另一个发现：从人们嘴巴里说出的语言是有目的的，它不仅仅是音乐。当我们说："亲爱的小宝宝，你多可爱啊！"他就意识到："这是对我说的。"因此，他开始意识到这些针对他所发出的声音是有目的的。因此，在他1岁的时候，会经历2件重要的事，一是在潜意识的深处他理解了语言；二是在意识层面他创造了语言，尽管这个时候他只是牙牙学语，只是重复一些声音和声音组合。

在儿童 1 岁的时候，他就开始有目的地说话了。在这个时候他还是牙牙学语，但他的话是有目的性的，目的意味着有意识的理性思考。在此期间，儿童经历了怎样的内在变化呢？经过研究我们知道，比起他这些外在不起眼的表现，他的内在变化要多得多。儿童越来越多地意识到语言指向他周围的环境，他要继续有意识地掌握它。而且在他的内心产生一种巨大的冲突，那就是意识反对自然地引导他的机制。它是人所面对的第一次冲突，是意识和自然机制之间的第一场战争！为了解释这一点，我可以运用我自己的经验。有时候我想向说英语的听众讲述很多事情，但是因为我只懂一点英语，我的话只是无用的牙牙学语。我知道我的听众很聪明，我的目的就是与他们进行思想交流，然而，我只能含混不清地表达。智慧已经获得很多理念，而且知道人们可以理解这些理念，但由于语言不足无法表达这些理念的阶段，是儿童生命中一个激动人心的时期。他经历了人生第一次失望。如果没有人给我做翻译，我能做什么？儿童能做什么？在他的潜意识中，他会上学去，他的渴望会激励他学习语言。这种能够表达自己的有意识的冲动会使他有可能尽快掌握语言。我们可以想象在这个时期他对语言是多么关注。

一个如此渴望表达自我的人，需要一位老师给他清楚的指导。我们可以作为这样的老师吗？不，我们根本没有给他提供任何帮助；我们只是在重复他自己的牙牙学语。如果他没有这个内在的老师，他什么也学不到。是这位内在的老师让他听成年人彼此交谈，而不是对他说话。这种刺激促使他掌握了正确的语言，而不是我们教他的。然而，儿童1岁之后就能真的上学了；如果上我们的学校，那里会有聪明的人很有智慧地与他交谈。在我们学校里，知识丰富而有经验的老师理解1—2岁的儿童的困难，也理解给予儿童正确学习的机会的重要性。在写下这段文字的几天之前，我收到了一份来自锡兰的通讯，在通讯里有人这样写道："现在我们国家有了为小小孩开办的学校了，我们太高兴了！"他们理解这种需要。因此，除了那些说："我们没有大学，真遗憾！"的人，也有人说："我们有这些小小孩的学校，真令人高兴！"我们必须认识到，因为儿童具有语法知识，我们可以按照语法与他们谈话，帮助他们分析句子。1—2岁的儿童的新老师应该知道语言的发展。母亲必须知道这一点，因为它很重要。老师应该从科学方法的角度懂得这一点。这样，儿童就不需要去找那些互相交谈，而不是对儿童说话的人了，这样就能得到他所需要的援助。大自然已经为我们准备好了整个教学大纲和方法，我们就成了大自然的创造和教育的仆人。

如果你想说某个很重要的事，但无法用语言表达，会发生什么事？我可能没有很大的自制力，会变得焦虑和愤怒，甚至急得开始哭。这就是发生在1—2岁儿童身上的现象，他想用一个词向我们表达他想要的东西，但我们听不懂他在说什么，因此，他就会发脾气。于是人们会说："看，人本性中的固执表现出来了！"——（什么！在一个1岁大的孩子身上！）战争的源头在这个1岁大的儿童那里，我们认为他毫无缘由地发脾气,甚至出现暴力现象。我们会说:"我照顾他、打扮他、为他做这做那,然而他还是这么不听话。"可怜的小家伙孤立无援! 被人如此误解! 然而他无法用语言辩解,只能用愤怒来表达,因为他还没有创造自己语言的力量。这种愤怒只是一种尝试说话而受阻之后的表达,他的确创造了一种语言。

1 岁半大的时候,儿童开始意识到另一个事实;也就是每一个事物都有一个名字。这很神奇,因为这意味着在他听到的所有词汇里,他已经能够找出名词,特别是一些具体事物的名称。有一个物质的世界,现在这些物质都有了名称。遗憾的是,仅仅靠一些名词是不能完整地表达所有理念的,于是,儿童不得不用一个词表达自己的整个想法。因此,心理学家对于这些表达句子的词汇特别关注,他们把这些词叫作"浓缩词"或者"一个词的句子"。让我们设想一下,如果儿童想表达"把牛奶加在麦片粥里吃"这个想法,他可能会说:"妈粥",意思是:"妈妈我饿了,我想吃麦片粥"。他是在用一个词表达一个完整的句子。这种浓缩型的、被迫式的儿童语言的另一个特点是,词汇本身被改造了;常常是以缩写的形式出现。西班牙的婴儿会用"to"代替"paletot",意思是外套;用"palda"代替"espalda",意思是肩膀。这是一种改变,是我们所运用的词汇的缩写。有时候它们被改变得很离谱,以至于我们可能认为儿童在说外语。这是"儿童语言",但是很少有人研究它。今天,这个年龄段的幼儿的老师应该学习这种语言,以便帮助儿童,安抚他苦涩的心灵。

再回到那个西班牙婴儿的故事。其实,这个婴儿口里发出的"to"和"palda"两个词,是他内在精神冲突的体现,因为他看到母亲把她的外套搭在自己的胳膊上。他是如此愤怒和焦急,因此尖叫不止,让母亲不知所措。最后,我建议这个母亲穿上外套,孩子的尖叫马上就停止了,他变得平静而愉快,尽管口里还是"to palda"地念叨,但意思已经变了,他要表达的不是愤怒了,而是:"这就对了,外套就是要穿在肩上。"可见,神秘的儿童语言能够反映出这个时期儿童的心理特点、愿望和对秩序的需要,以及他对秩序混乱的强烈担忧。外套不能被随意搭在胳膊上,这不是外套该放的地方,儿童无法忍受这种混乱的秩序。

182

　　这里有另一个例子,这个例子可以说明1岁半的儿童能够理解成人之间的整个对话。有5个成人在谈论一本儿童故事书的优缺点,他们讨论了一会儿,得出的结论是:"这本书有一个幸福的结局。"这时候旁边的小家伙开始喊:"劳拉,劳拉"(Lola, lola!)。人们以为他想要保姆,所以在喊她的名字。但不是! 因为保姆来了,他却变得更焦躁,悲痛而愤怒地大哭,不能自已。最后,他设法拿起大家讨论的那本书,翻到书的封底,指着一个儿童的照片(这本书就是关于这个儿童的故事),又喊起"劳拉,劳拉"来。原来,这些成人把书上记载的故事的结局总结为这本书的结局,但是对于这个儿童来说,这本书封底上的最后一张照片才是故事的结束,而这是一张一个孩子在哭泣的照片,根据这张照片,"他们怎么能说这是一个幸福的结局?"这是这个儿童不能接受的结论。由此可见,他一直在听人们的谈话,知道他们在谈论那本书,并且理解他们所说的，因此，他认为这些大人犯了一个错误。他的理解是完整的和详细的，但是因为他的语言表达能力不够，甚至不能正确地说出"大哭"一词，而这个词的西班牙文是"llora"，所以他就喊"劳拉"，他是想用"劳拉"这个词告诉这些成人："你们错了，这不是幸福的结局：他在哭。"

183　　这就是为什么我说有必要为 1 岁和 1 岁半的儿童开办一个特殊的"学校"。母亲和整个社会都必须特别关心语言问题，让儿童对最好的语言有经常接触的经验。当我们造访朋友，或者参加会议，特别是去一个有人在抑扬顿挫、口齿清楚地讲话的地方，我们要把儿童带在身边。

第十二章

阻碍及其后果

为了理解儿童潜在的心理倾向,我希望讨论一下儿童的内在感知力。我们可以把它与对儿童不可见的思维的心理分析进行对比。

对于儿童所运用的词汇,我们可以用符号做记录,比如用黑色三角形代表名词(事物的名称),红色圆圈代表动词,还有其他一些符号,分别代表不同的词汇。如果我们说儿童在一定的年龄能够运用两三百个词汇,就可以把这种情况用符号表达出来,大家就可以得到一个直观的印象。这样一来,我们就足以用眼睛看到语言的发展,不管我们说的是英语、古吉拉特语、泰米尔语、意大利语还是西班牙语,因为所用的符号都是相同的。

我们还可以记录儿童在说话方面所做出的努力、他的第一次语言表达、发出的感叹等。之后,我们可以记录两种声音组合在一起,形成 音节。再后来,三种声音组合在一起,那么第一批词就被说出来了。我们会发现一些儿童先运用名词,之后有两个词的词组(一个有发散性意义的句子），只用个别词就表达了丰富的意义。然后，词汇激增现象出现，增加的实际数量可以通过记录符号得到确切反映，据此心理学家发现儿童所运用的词汇数量的变化。在词汇激增阶段之后，儿童会说一堆词汇，它们几乎都是名词，与之相伴的是不同的混乱组合在一起的语音部分，但是 2 岁之后不久，就出现了另一个阶段，即有秩序的词汇阶段。这是句子的爆发阶段。所以，先是词汇的爆发，再是思想的爆发。

对此一定有一个准备的过程。它是一个隐藏的秘密，然而，尽管它是秘密，但不是一种假设，因为其结果表明了儿童所做的努力。我们能够意识到，为了表达自己的思想，儿童做了巨大的努力。因为成人不总能理解儿童的意思，那么就有了上面提到的儿童发怒和焦躁的阶段。这种焦躁形成了儿童生命的一部分。儿童做的所有努力，如果没有被冠以成功的冠冕，他就会产生焦虑。我们都知道这样一个事实，那就是失聪者和语言障碍者们经常争辩，因为他们无法完全表达自己的思想。有一种内在的富足让人尝试获得表达的能力，这在正常的儿童身上也会出现，但困难重重。

有一个困难的阶段我们必须考虑；困难是由环境和儿童自己的局限产生的。这是第二次困难的适应阶段，第一次是在儿童出生的时候，他突然要面对身体功能方面的适应，在那之前是他母亲在为他做一切事。我们看到，除非有很大的关心爱护和理解，出生恐惧会影响儿童，而且会引起衰退。有些儿童比其他儿童强壮，有些处于更有利的环境，这些儿童会直接走向独立，走上正常的发展途径而没有衰退现象。在这个时期还有一个同时并行的情况,掌握语言是走向更加独立的一种艰苦努力,直到能够自由地运用语言,这个努力才会停止,但是同时也就有衰退的危险。

我们也必须记得创造期的另一个特征,那就是每一个印象和结果都有永久刻印在儿童心里的倾向,声音和语法就是如此。儿童现在所掌握的知识会终身保持不忘;所以,如果在这个时期遇到什么阻碍,其影响也是永久性的。这是每一个创造时期的特征。挣扎、惊恐或者其他的阻碍都可能对儿童产生永久性的影响,因为对那些阻碍的反应就像在发展的其他所有事物一样,是会被吸收的。(同样,如果在胶片上有一个光点,就像我们前面所提到的,那么洗出来的所有相片都会呈现出那个点。)因此,在这个时期我们不仅有个性的发展,而且有一定的偏离的精神特征的发展,当儿童成长起来的时候,这些特征就会显现出来。母语知识和行走的能力在儿童生命成长的这个时期是必须获得的,一旦超出了 2 岁半这个创造性时期之后,儿童就不那么强大了。现在获得这两种能力,但之后它们还会继续成长和发展。现在获得的每一个缺点和阻碍也是如此,它们也将保留下来,并且会继续增长;因此,成人身上存在的很多缺点都要归咎于他们生命中这个遥远的时期。

破坏正常发展的困难包括所谓的压抑(这个词特别用在心理分析方面,但也用在普通心理学中)。现在众所周知,这些压抑指向人的儿童时期。虽然语言本身更与人的其他活动有关,但也用来作为例子以说明它与人的压抑有关。当儿童进入语言爆发期的时候,他必须有释放的自由,即运用语言的自由。而当儿童进入句子爆发期和以规范的形式表达自己思想的时候,就必须给予他表达的自由,即让他充分表达自己的思想。教育非常强调表达的自由,因为它不但与发展机制的立

188 刻呈现相连,而且与个人将来的生活相关。有一些案例可以说明这个问题。有的儿童在语言爆发期没有任何事情发生,以至于超过3岁或者3岁半的时候,就像比他小得多的儿童或者语言障碍者那样,只能说几个简单的词,尽管他的语言器官是完全正常的。这被称为"心理失语症"(psychic mutism),它纯粹是因心理原因造成的,是心理疾病。这一阶段是心理疾病的源头期,心理分析学(作为现代医学一个分支学科)就是研究这种疾病的。有时候,这种心理失语症会突然间神奇地消失;儿童突然说起话来,而且既流利又完整,语法完全正确,因为他在内心已经做好了准备,只是他的语言表达在之前被一些障碍阻挡了而已。在我们学校,有些三四岁的孩子从来不说话,但有一天突然说起话来。他们甚至连2岁孩子都会说的单词也从来没有说过,简直像是语言障碍者,但突然之间就开始说话了。通过允许他们自由活动,并给他们提供一个有刺激性的环境,他们突然就会表现出自己说话的能力。为什么会有这种事发生?因为到目前为止,或者是强烈的惊吓,或者是持续的抗拒,让儿童的发展受到了阻碍,从而让他失去了语言表达能力。

也有一些成人在说话方面有困难,他们往往很难把自己的想法表达出来,好像不确定自己要说什么,显得很犹豫。这种犹豫不决有4个不同的原因:

1. 他们没有勇气说话，

2. 他们没有勇气发音，

3. 他们在运用句子方面有困难，

4. 他们比正常人说话慢，不连贯，有"哦、嗯、啊"之类的口头禅。

他们发现自己的这种困难是致命的，而且会伴随自己的一生，因此，处于一种长久的自卑状态。

有的心理阻碍会让人无法清楚地进行语言表达，比如口吃。这是一种在语言机制开始形成的时候产生的缺陷。因此，语言学习的不同时期都可能对应着不同形式的衰退显现。

第一个时期：词汇机制的形成，对应的衰退——口吃。

第二个时期：句子（思想表达）机制的形成，对应的衰退——在表达思想时犹豫不决。

这些衰退与儿童的感知能力有关；当他对接受事物很敏感时，他也对给自己造成严重阻碍的东西很敏感。那么，这种挫败感将会作为一种缺陷影响他的一生。正是因为儿童的感受力比我们能想象的任何东西都强，上述事情才会发生。

那么，让我们研究一下这些障碍。成人要为这些异常的现象负责，因为这是成人与儿童相处的时候行为太粗鲁造成的。必须高度注意暴力的问题，因为有些在成人看来根本无所谓的事对于儿童却经常是暴力。我们必须时时自省，因为我们常常在不经意间对儿童造成暴力伤害。在教育儿童之前，我们必须先把自己教育好。作为帮助孩子生命成长的老师,不仅要做知识方面的准备,还应该在性格和精神生活方面做好准备。

儿童的感知力表现在不同方面,但在有些方面,所有儿童都有共同的感受。其中之一是,在这个时期儿童容易受到惊吓。另一个共同的特征是,儿童对成人看似平静实则冰冷而又坚决的态度很敏感,成人的这种态度阻碍了儿童的外在表现。它对儿童传递的信息是:"你一定不能这样做!"或者说:"别动!"应该特别当心那些由所谓的训练有素的保姆照顾的幸运儿(!),他们很容易受到这样的惊吓。这是为什么那些贵族家庭的儿童经常在说话方面缺少信心,他们不乏血气之勇,但一开口就口吃。我要强调的是,这其实反映的是一个暴力问题,必须从儿童的角度来理解这个问题,必须对自己的行为非常小心。其实,我自己也对儿童施加过这样的暴力。我在《童年的秘密》一书中举了一个例子。有一个儿童把自己的户外鞋放在漂亮的丝绸床罩上,我看见后就态度坚决地把它们拿开,放在了地板上,并且赶忙用手拍打床罩上留下的灰尘,表示这不是放鞋子的地方。之后的两三个月里,不管什么时候,只要这个儿童看到哪里有鞋子,就会把它们拿起来放到其他地方去,然后会四处找来一些丝绸床罩或者垫子来擦拭放过鞋子的地方。儿童对我太积极的(暴力的)教训所做的回应不是反抗,他没有说"别讲话,我要随意把鞋子放在我喜欢放的地方!"而是表现出一种异常的举动,这让我意识到自己的做法是不对的。儿童经常会作出这种非暴力性的回应。其实,在这种情况下,以反抗的方式回应比出现异常行为会更好,

191

144

因为反抗意味着自我保护，这对他的正常发展是有益的。如果他以改变自己性格的方式或者异常的方式来回应，那么就意味着他的内心受到了伤害，而且会影响到他整个生命的成长。然而，人们并没有注意到这一点，他们只是担心孩子发脾气。

还有另一个事实，我们发现有些成年人会无缘由地感到恐惧或者"精神紧张"，这种情况基本上都是因为他们在儿童时期遭受过暴力性伤害。有些人害怕猫、鸡等动物，有人怕待在锁了门的房间里，等等。这种恐惧是无法通过理性分析和劝说克服的。我曾经有一个同事是意大利一所大学的教育学教授，当年 45 岁，有一天她告诉我说："你是医生，会理解我，每一次我看到母鸡就会很害怕，要极力控制自己不尖叫。我没有告诉任何人；他们会嘲笑我。"通过了解才知道，在她 2 岁半的时候，有一天她去爱抚毛茸茸的小鸡，发狂的母鸡突然向她扑来，让她深受惊吓。因此，以后每一次看到母鸡她都会感到害怕。这种现象在医学上称为"恐惧症"（phobias），其中有些恐惧症具有普遍性，并且有特别的名称，如"幽闭恐惧症"（因为门窗关着或者空间有限而产生的恐惧）。在医学领域，我们会发现大量类似案例。我是想用这些案例来说明这个年龄段的儿童的心理状态。

我们在这里不只反省一个儿童是听话还是顽皮，我们也反省儿童时期对他长大成人之后产生的影响。因此，我要再次强调，儿童时期对一个人的一生，甚至对整个人类都非常重要，我们必须研究它，可惜现在这种研究并没有得到足够的重视。为此，必须从事这方面的研究，这是一条揭秘之旅。我们甚至有必要努力潜入心灵世界，就像心理分析学家潜入成人的潜意识中进行研究一样。这是很不容易的，因为我们经常不理解儿童的语言，或者即使我们理解语言，也不理解他们赋予自己所用的词汇的意义。有时候也有必要了解儿童生活的其他方面；这是一种研究性的或者侦探性的工作，但它非常有用，因为通过这种工作，我们给这个艰辛的儿童时期带来了和平。我们需要一个翻译，一个理解儿童及其语言的解释者，从而帮助我们理解儿童的心灵状态。我自己也做过这样的工作，试图成为儿童的解释者，并很想知道儿童们是如何求助于我这个解释者的，因为他们意识到有人能够帮助他们。儿童的这种得到帮助的渴望完全不同于被爱抚和被照顾的情感。翻译员对儿童来说是一个很大的希望，当世界对他关闭了大门的时候，这个翻译员将给他打开一条探索的通道，成为他的助手。他会与助手建立最密切的关系，这是超过情感的关系，因为帮助是给予，而不仅仅是安慰。

在我曾经生活与工作的地方，我习惯于在清晨早起。有一天，我起床的时候，家里其他人还没有起床，但一个不到1岁半大的男孩却在这个时间也起来了，他走进我房间来。我猜想他起来这么早可能是因为饿了，想要吃的，所以就问他："你想要什么呢？"他说："我想要虫子。"我很吃惊，问他："虫子，虫子吗？"这个孩子意识到我不理解，但是在努力理解，因此，他再加上一个词："蛋蛋。"我想："这不会是他想要的早餐；他想要什么呢？"然后，他又加了一个词，嘴里念叨着："妮娜、蛋蛋、虫子。"我恍然大悟，我记起一个事实（这是为什么我说你必须了解儿童生活的环境），前一天，他的姐姐妮娜用彩色铅笔填图，画了一个像鸡蛋一样的图画，这个小男孩想要那支铅笔，他姐姐不给他，并让他走开。当时(看看儿童的心理)他没有反抗姐姐，而是在耐心而坚定地等待时机。我给了他铅笔和插图，他马上眉开眼笑。但是他画不出鸡蛋的样子，我就帮他画了，他再用波浪线把它填充起来。他姐姐通常画的是直线，但他可能觉得自己知道得更多，所以就画出了波浪线，就是他所说的"虫子"。这个男孩知道我能够听懂他的话，所以会一直等到除了我，大家还都在睡觉的时候来找我，他认为我能帮他。不发脾气，而是忍耐，他会耐心地等待自己的机会。这是所有这个年龄的儿童真正的特点。只有当他无法表达自己的想法的时候，才会发脾气。

儿童言语的解释者能够为探索儿童的心灵提供借鉴。从上面的例子我们可以看到小小孩试图模仿比他大的孩子做事。如果让一个3岁的儿童做某件事，那么1岁半的儿童也想做同样的事。或许他会在做的过程中遇到困难而停下来，但他还是要去尝试。在我的住处有一个小小孩，他想像他3岁的姐姐那样学习舞蹈。对于这个3岁的小女孩，舞蹈老师已经有些为难，因为她不知道怎么教这么小的孩子跳芭蕾，我们对她说："别介意，你就试试吧；不管她是否学，我们都照样付你薪水。"当得知我们是想帮助这个女孩的时候，她就同意试试。这时候那个1岁半的小小孩说："我也要学！"老师说："这绝不可能。"当我们说"就试试吧！"她说教1岁半的婴儿跳舞有损于自己作为芭蕾舞老师的尊严。我们建议她还是委屈一下自己。最后她来到房间，带着某些不满,把她的帽子往沙发上一丢,开始教孩子走步。小男孩立刻愤怒了,尖叫着不肯迈步。老师说:"你看,我不是说了吗,你不能教这么小的孩子跳芭蕾。"但是,小男孩发脾气不是因为跳舞,而是在和帽子对话。他没有直接称呼帽子,也没有喊老师的名字,而只是非常生气地重复两个词:"衣帽架!大厅!"他的意思是说:"这个帽子不能放在沙发上,而是应该放在大厅的衣帽架上!"他暂时忘记了跳舞和生活的乐趣,在这一切之前,他觉得有责任先要把混乱的秩序纠正过来。当帽子放在衣帽架上的时候,他的怒气消了,准备好跳舞了。在此之前,对他来说,维持秩序的需要胜过一切。因此,这种研究让我们深入到儿童内心的深处,这是连心理学家也很难触及的地方。在我的第一个例子中儿童的忍耐和第二个例子中儿童对秩序的重视的情况,对我们来说是很难意识到,也很难理解的。如果我们再加上前面提到的儿童理解人们的整个对话,不同意那本书的故事有一个快乐的结局的例子,这些情况会让我们看到儿童的整个内心生活和通常隐藏起来的整个心理图景。

为了帮助儿童适应自己所处的环境,对这个阶段的儿童心理研究的所有发现,都应该完全公之于众,而不能作为自己所获取的知识而加以保留,比如就像梵文知识一样。在任何时候,我们成人都必须是儿童生命成长的帮助者,即使这意味着我们要花费大量的精力充当他的"翻译员"。幼儿老师的教育责任更加神圣,将来它会是一门有巨大发展的科学,有助于儿童的心理发展和性格培养。尤其重要的是,我们必须特别注意避免一切让儿童产生自卑心理的缺陷。我们至少必须意识到,并牢记以下三点：

1. 0—2 岁这一阶段的教育对人的一生都很重要。

2. 儿童身上具有我们无法看到的巨大的天赋智慧。 197

3. 儿童极其敏感，（任何暴力）不但可能对他产生影响，甚至会让他形成性格缺陷。

第十三章

运动与整体发展

　　我们有必要从一个新的角度认识运动。因为某些误解,运动,特别是儿童的运动,被认为是一种不太高贵的行为。在教育界,运动在整体上也被严重忽视,认为有聪明的头脑更重要。直到最近,体育运动才权且在教育中占了小小的一席之地,但还是没有把它与人的智力发展联系起来。

　　让我们看看人类极其复杂的神经系统。首先我们有大脑本身,其次有收集和传递图像给大脑的感官,第三有神经。那么,神经存在的目的是什么? 它们通向何处? 它们的目的是为肌肉提供刺激,并传递运动指令。因此,这套复杂的系统包括(1)大脑、(2)感官和(3)肌肉三个部分。运动是终点,也是神经系统的最终目的。如果没有运动,人根本无法开口说话。我们可以想象一下,一个伟大的哲学家在讲解或者书写他的思想理论的时候,他必须运用自己的肌肉。如果他不把自己的思想成果表达出来,那它们有什么用呢? 没有肌肉的话,他也无法表达自己的思想。

如果我们转向动物，就会发现它们的行为只能靠运动来体现。因此，如果我们希望人的行为得到重视，就必须考虑人的运动。肌肉是神经系统的一部分。

神经系统中的每一部分都把人和其所处的环境关联起来，这是为什么它也被称为"关系系统"。它让人与无生命和有生命的世界建立起关系，当然，人与人之间的关系也因此得以建立；如果没有神经系统，人与环境之间的关系就不会存在。

身体中另一些有组织的系统，就其目标来说是相对自私的，因为它们除了为个人的身体服务之外，不再有任何其他作为。它们只负责人生理层面像植物一样的生存与成长，因此被称为植物性生命系统和器官。因此，其不同之处在于：

植物性系统只负责帮助个体成长和生长。

神经系统就像一个外交部，负责让生物个体和其他个体建立关系。

植物性系统帮助人最大程度地保持身体舒适和清洁，因此，我们会 ²⁰⁰去有凉爽天气的地方，住好的酒店，等等。但是，如果我们也这样看待神经系统，那就错了；即使我们以为它只给我们提供最美好的印象和纯洁的思想，以及提升我们到一个更高层次，也是错的。在这个领域得到净化当然是好的，但把神经系统降低到植物性系统这个层面就是一个错误。如果这只是一个对个体进行净化和提升的标准，那么就会让个人在精神上变得很自私。这是一个人能够犯的最大的错误。动物的运动不仅让它们有美丽的躯体和优美的动作，还有一个更深层的目的。人的生命当然也不仅如此，它具有更深远的目的，不能只是比别人更纯洁和更美好就行。当然，从自然的角度来讲，人能够也应该是美丽的，并且只在最高的水平上享有最美好的东西，但如果那是他的唯一目标，那么他的生命就毫无价值。我们人的这团大脑或者这些肌肉到底有何用？

世间的一切都是全球经济的组成部分，如果我们具有精神的富足、美学的宏伟，那不是为了我们自己，而是世界精神上的全球经济的一部分，必须为整个世界所用。精神力量是财富，但不是个人的财富；必须把它们放进流通市场，让其他所有人享用；必须把它们表达出来，让它们能够为人所用，这样就完成了关系循环。如果我仅仅让自己变得纯洁，那还不足以获得永生，进入天堂。我应该把自己个人生命中最重要的部分，把我生命最重要的目标放在一边。如果一个人相信轮回转世，并说："如果我现在做个好人，来世将有更好的生活。"那么，这是一种自私的想法。我们已经把自己从精神层面拉低到了植物性层面。我们总是考虑自己和自己的永生，我们在自私自利地追求永生。我们必须从另一个角度看问题，这不仅反映在生活的实践上，而且反映在教育方面。大自然已经赋予我们的身体各种功能，因此，我们必须让这些功能发挥作用。

让我们做一个比较。如果我们的肺、胃、心脏等器官的功能发挥正常，就能保证身体健康。那么，为什么不能把这同一个规律运用到神经系统中呢？我们所具有的大脑、感官和运动器官必须发挥作用，如果它们的任何一部分得不到运用，我们甚至都无法确切地了解它们。即使我们希望提升自我，比如让我们的头脑更灵活，除非它们都得到使用，否则没法做到这一点。也许运动是将要完成的这个循环中的最后一部分。换句话说，我们能够通过行动来提升人的精神层次。这是重视运动的观点，运动是神经系统的一部分，不能被舍弃。尽管神经系统有三个部分，但它是一个整体。作为一个整体，要得到功能的改善，就必须有整体性的操练。

当今时代的错误观念之一就是低估运动的价值，认为它不属于较高的功能。人们认为锻炼肌肉只是为了保持身体的健康，打网球就是为了锻炼肌肉，改善呼吸，使身体更强壮。这是什么观念啊！或者认为散步只是为了帮助消化，改善睡眠。真是这样吗？这种错误认识也渗透到了教育领域。从生理学角度来讲，这就如同让一位尊贵的王子去放羊。尊贵的王子——肌肉系统——变成了去刺激植物性系统的手段。这是大错而特错。这样会导致运动与思想的分离，因为儿童的身心必须发展，我们的教育就必须包括身体练习、做游戏活动等。身体消遣的时候精神生命在做什么呢？什么也没做。然而，我们不能把它们两者分开，自然已经把它们结合在一起了。如果我们考虑把人的肉身生命和精神生命各置一边，我们就打破了这种关系循环，人的行动与大脑就处于分离的状态。人习惯于通过运动帮助改善饮食和呼吸，然而运动的真正目的是为整个生命服务，为世界精神服务。

人的运动必须与作为中枢的大脑协作,并将肢体放在适当的位置;这是基本原则。头脑与运动是同一循环的两个部分,而且运动是那个高级部分的表达。否则,我们就把人变成一堆没有大脑的肌肉。这导致有些东西不在其位,就像折断的骨头和不能再发挥作用的肢体。那么,人发展自己的植物性生命,运动与大脑之间的关系就被遗漏了。有一种大脑脱离运动和肌肉的自我决定,这不是独立,而是对自然智慧聚合在一起的事物的破坏。如果谈到智力发展,人们会说:"运动? 没有运动方面的需要;我们谈的是心智的成长!"当他们想到智力发展的时候,会想象所有人都坐下来,没有任何运动。但是,智力发展必须与运动相关联,而且要依赖于运动。这种新的理念必须进入教育理论和实践。

到目前为止,大多数教育家都认为运动和肌肉训练有助于人的呼吸,改善循环等,或者如果热衷于运动,就会让肌肉变得更强壮。它仍旧只限于体育。那么个人应该如何对待运动呢?

我们新的观念强调运动的重要性,认为它一旦与大脑建立关系,就有助于人的大脑的发展。智力发展,甚至精神发展都能够,也必须得到运动的帮助。没有运动就没有人类的文明进步和健康(从心智发展的角度而言)。这是一个基本的事实,必须得到重视。

有人可能会要求我证明这些事实,但是这些不是理念,甚至也不是个人经验。每当我们观察自然和她的真相时,这些事实都会得到验证。在对儿童发展的观察中,这个事实的正确性也得到了验证。观察发现,运动提高了儿童的心智，比如，语言的发展证明，伴随肌肉的不断运动，儿童的理解力会得到提高。除此之外，根据科学观察，其他事例也证明，在通常情况下运动能够促进儿童的智力发展。从全世界所获得的观察资料来分析，运动有助于儿童心智的发展，反过来，发展也会通过进一步的运动和行动得到体现。因此，这是一个循环，因为心智和运动属于同一个联合体。感官也会帮忙，如果没有感官活动的机会，儿童的智力发展也会有所欠缺。这是为什么对小小孩发展的测试对整个教育有如此大的帮助。

肌肉（肉体）的活动受大脑指挥，我们称为随意肌，意思是说这些肌肉是由个体的意志所推动的。而意志是人的精神活动的最高表达形式，如果人没有意志力，也就不存在精神生命。因此，既然随意肌是依靠意志而存在，那么它们就是一种精神器官。

肌肉是人身体的主要部分。如果把一只哺乳动物的肌肉除去，还剩下什么？头颅、骨头。头颅和骨头的目的是什么？就是为了支撑肌肉，所以，头颅、骨头和肌肉就形成了一个系统。如果把这个系统拿掉，那还剩下什么？所剩无几。可见，这是自然赋予人体的最主要的部分。如果我们观察一个人，说他多么漂亮或者不漂亮，我们这种观念的形成是由附着在骨头上的肌肉决定的。所有拥有内在骨架的动物之所以有形体，都归功于随意肌。当我们看到一头高傲的骆驼、一位走路优雅的女士，或者一个在玩耍的儿童时，看到的仅仅是由其肉体（肌肉）构成的形象。研究这些肌肉的形状和数量是很有趣的。它们的体量很大，学

205

医的人告诉我说,学生需要反复背诵 7 次才能记住这些肌肉的名称,但之后还是会忘记。有些肌肉很纤弱,有些很庞大;有些短,有些长,而且功能各异。如果一块肌肉向一个方向使劲,那么总会有另一块肌肉向相反的方向使劲,而且这种反作用力越是微妙而有活力,那么运动的结果就会越微妙。使运动更加和谐的锻炼就是能够做更多和谐的反作用力的锻炼。因此,重要的不是一致性,而是矛盾性,这是一种矛盾的和谐。

儿童或者成人不会意识到这种肌肉的对抗,尽管如此,这就是产生运动的方式。动物完美的运动是大自然赋予的。比如,老虎捕食的优雅或者松鼠上下跳窜的敏捷都是因为有一组肌肉的反作用力在起作用,能让它们的运动保持平衡协调,就像一个复杂的机器那样运作,也像带有反方向运转的齿轮的手表一样,当所有的机制都运行顺畅的时候,走时才会准确。因此,运动机制是非常复杂和精密的,它超乎人的想象。对于人来说,这种机制不是在人出生前就被预设好了,因此,它一定是被创造的,一定是通过环境经验而获得的。在人身上肌肉的数量如此巨大,以至于他能够做任何运动。因此,我们不叫它运动锻炼,而称为运动协调。这种协调不是天生就有的,它必须通过精神创造而获得。换句话说,儿童创造自己的运动,一旦有了自己的运动,他就会不断地完善它们。

令人惊奇的是,人的运动不是有限的和固定的,但是人能够控制自己的运动。有些动物有攀爬和奔跑的能力,这尽管不是人的运动特点,但是他通过练习，也能够把两者都做得很好。有些动物有在地上打洞的能力，这也不是人的行为特征，但是人能够比它们挖出更深的洞。因此，人的运动特点是，他能够从事所有的运动，并且远比任何动物做得都好；他能够把动物的一些行为方式变成自己的运动。因此，我们可以说人的特点是具有普遍的多样性，但是有一个条件：他必须自己创造运动。他必须通过意志去创造运动，再反复练习，以达到熟能生巧、在潜意识中就能协调运动的目的。为了达到这种效果，要自觉自愿地主动练习，这样他就能掌握一切运动。然而，必须承认，其实没有人能征服自己所有的肌肉。这就像富有的人那样，就是他再富有，也只能享用自己财富的一部分而已；而这一部分是由他自己选择的。如果一个人是专业体操运动员，他不是天生就拥有特殊的肌肉能力；舞蹈家也不是某种为舞蹈而天生就有某些精巧的肌肉，他们是靠自己的意志发展了这些肌肉。任何人不管他想做什么，都能找到他所需要的肌肉能力，这是大自然赋予他的财富，他可以以此取得任何发展进步。没有什么事是预设的，什么事都可能发生，人的未来有无限的可能性，一个人的发展方向往往是由他的心智决定的。

　　人不像同类动物之间那样具有同样的行为模式。即使同样的事情，不同的人也会用不同的方法去做。就像我们写字，每一个人的笔迹是不同的。在行为模式方面，每个人都有自己的特点。

　　我们看人的工作是以运动的方式体现的，而工作是一个人心理的外在表现形式。运动本身就是心理活动。人在运动方面的巨大潜能是

208 通过工作发掘出来的，因此，运动服务的是人生命的核心，即精神生活。如果人无法发展他所有的肌肉，或者只是因为承担一些重体力劳动才发展了部分肌肉，那么这种运动形式只会让人的精神境界停留在较低的水平。可见，工作能够影响人的精神生命。如果一个人总是无所事事，那么他就容易精神颓废，处于危险之中。我们可以说，虽然不是所有的肌肉都能得到锻炼，但达不到一定数量的话，精神生活水平也会有某种程度的下降。如果一定数量的肌肉不能充分地得到运动，那么人的整个生命都会衰弱。这是为什么要把体操、游戏等活动引入教育之中，因为太多的肌肉没有得到应有的锻炼。

为了提升人的精神生命，必须增加更多锻炼肌肉的机会，或者我们也应该遵循身体锻炼和智力训练双轨制的普通教育原则。锻炼身体的目的不是为了学习一定的知识。尽管有些"现代"教育提倡发展运动锻炼，但只是为了某些特定的、直接的社会目的，比如，要求儿童必须写好字，因为要培养他将来做教师，或者要求他锻炼好臂力，因为他将来要做铲煤工。这种狭隘的专项训练并不能实现运动的真正目的。我们的目的必须是提高人的运动的协调能力，以促进人的精神生命的发展；同

209 时也是为了丰富人的精神生活实践。否则，大脑就会脱离运动现实而独自发展，从而无法满足其指挥运动的功能，这会给世界带来灾难性的变革。不受大脑指挥的运动具有破坏性，因为运动对于人与其环境以及与其他人的关系是如此必要，因此，它必须为人与外界的联系服务，必须为人提供完全的服务，而不是优先服务于艺术或者职业。

今天,人们太强调自我完善和自我实现。然而,一旦我们理解了运动的真正目的,就会抛弃这种自我中心主义的原则和理念,并且会竭尽全力发展自己的潜能。总之,我们一定要按照所谓的"运动哲学"行事。运动使生命和非生命区别开来。生命不是以偶然的方式在运动,它带着目的性,并遵循着一定的规律。为了认识这个事实,我们可以想象一下,如果没有运动,这个世界会变成什么样子?所有的植物将停止生长。如果植物停止生长,那么空气中的有毒气体就会增加,其他生物就难以生存。如果鸟儿都落在树上飞不走了,或者昆虫飘落在地面上都静止不动,捕食的野兽不在丛林中出没,或者鱼儿停止在海中游动,那将会是一个多么可怕的世界啊!

当然,这是不可能发生的事,如果一切运动停止了,或者所有的生物都在漫无目地运动,那么这个世界会变得一团糟。大自然赋予每一种生物一个有益的目的,每一个生物个体都有自己的运动特征,并且有自己固定的运动目的。在这个世界上,所有受造物有目的的运动都是相互协调,和谐统一的。

让我们再想象一下,如果人类停止了运动,人类社会将变成什么样子!哪怕人类停止工作一个星期,所有的能量都会很快消耗殆尽,每一个人都会死。人的工作就是运动,运动的问题是一个社会问题,它不是一个有关个人体育锻炼的问题。如果整个人类社会除了健身运动,什么也不做了,那么在很短的时间人类也要灭亡,人类所有的能量都会灰飞烟灭。

社会是由复杂的个体组成的，每一个人的运动都不同于他人，都有自己的目的。但是，社会秩序的基础是由带着有益目的的运动构成的。当提到"行为"的时候，不管是人的行为还是动物的行为，指的都是有目的的运动，这种有目的的行为是人和动物生活实践的核心，但它不会局限在实际生活中打扫房子、洗衣服等这些行为。这些很重要，但世上每一个人都必须抱着一个更大的目的去运动，每一个人都必须不仅为自己和自己的家庭，还要为别人而工作，工作本身就意味着服务他人，这看似很奇怪。如果不是，那他的工作就和健身没有区别了。即便是跳舞这种非常个人性的运动，如果没有观众或者抽象的目标，也是没有多大意义的。付出很多辛苦练习舞蹈的舞者，就是为了把舞姿的优美展示给别人。裁缝以为别人裁剪衣服为生，他们不可能自己穿那么多衣服，而且就像运动健身一样，他们也需要很多训练。

如果我们有一个宇宙计划那样的愿景，在这个计划中所有的生物都是有目地运动，而且其运动目的不只是为自己，也为别人，那么，我们就能更好地理解，并为儿童的工作提供更好的指导。

211

第十四章

智力与手

关于运动的发展机制的研究是非常重要的,因为它不但复杂,而且极有价值。这就是为什么我们对幼儿运动的研究要非常关注,而且不能隐藏任何这方面的研究成果,以便人们可以明确地遵循它们。

在图9中,运动的发展是由两条带有不同三角形的线表示的。这两条线标示出不同的运动形式,下面的一条线代表手的发展,上面的线则代表平衡的发展与行走的发展。可见,图9展示了儿童四肢中两个上肢和两个下肢各自的发展情况。

所有动物的四肢都是一起发展的,但是人的上肢和下肢是分别发展的。这清楚地表明人的双腿功能和双臂功能是不同的。另外,行走 和平衡的发展对于所有人都是一样的,而且其功能是固定的,我们可以把它称为一种"生物性事实"。可以说,人在出生之后将学会走路,所有人都将准确无误地用他们的双腿走路,但是我们并不知道每一个人将用他们的手做什么,我们不知道手的特殊活动是什么,它们的功能不是

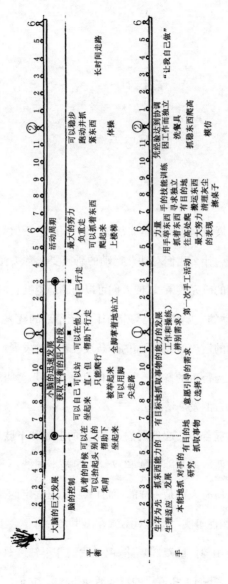

图 9　运动的发展

固有的。因此,当说到人的手和脚的时候,就意味着两者不同类型的运动具有不同的意义。

我们能够确定的是,脚的功能是生物性的,然而,它们与人脑内在的发展是相关联的。同时,只有人用两个下肢走路,而所有的动物都是用四肢行走。人一旦掌握了双腿行走的艺术,就会一直保持这种直立平衡状态。要掌握这种平衡是很难的,它要求人把自己的整个脚底都放在地面上。然而,绝大多数动物只是用脚趾行走,当它们用四肢行走的时候,每一只脚只要有一个小小的着地点就够了。人用来走路的脚可以从生理学、生物学和解剖学的角度研究,因为它与所有这些领域都有关联。

因为人手的功能是不固定的,如果对它来说没有一个生物性的指南,那么它与什么相关联呢? 如果与生物学和生理学没有关联,那它一定与心理学有某种关联。其实,手的发展依赖于人的精神发展,它不仅关乎一个人自我的精神状况,而且关乎不同时代的精神生活。如果我们去看历史,就会发现人手的发展与人的理性发展有所关联,甚至与人类的文明发展相关联。我们可以说,当人思考的时候,他是在用手进行思考和行动,人在地球上几乎一出现就是如此,而且留下了很多手工作品。在过去伟大的文明时代,总有一些用手制造的艺术作品。在印度,我们发现一些艺术品是如此精良,以至于几乎不能仿制;在古埃及,也有一些艺术精品的遗迹。如果一种文明发展得不够精良,那么它遗留下的手工作品也会是一种比较粗糙的艺术。

214

因此,手的发展和理性的发展是并行的。可以肯定的是,微妙的手工需要理性的指引才能完成。在欧洲中世纪文艺复兴时期,出现了许多美丽的艺术精品和富有新思想的作品。然而,甚至远离尘嚣的精神也受到了影响,因为我们从人们举行崇拜活动的庙宇就能看到这种结果,而且这种影响在人们的精神生活中随处可见。

215　　　亚西西的方济各的精神或许是最简单纯朴的,他曾经说过:

　　　　你看这些山,这些是我们的殿宇,从这些殿宇我们一定会找到启示。

然而,一旦天主让他建一座教堂,他和他贫穷而志同道合的兄弟们就用现成的山石来建造。为什么他们都搬着石头来建圣堂? 因为如果有一种自由的精神,它需要以某种工作来表现,那么就一定要用手来完成。到处都有人用手工作的痕迹,在这些痕迹中,我们能够读出人的精神和他那时候的思想。

　　一提到基督宗教,大概不容易直观展示它对世界的影响,但是当我们看到富有各种精美的艺术作品的教堂、医院以及教育机构的时候,我们就能意识到基督宗教对人类精神和文化的影响了。

　　如果我们回望人类不明朗的过去,甚至那时候人的骨头都没有留下来,那么,我们有关过去的这些人及那个时代的知识是怎么得来的呢? 那就是通过研究他们的艺术作品。当观察这些史前时代的时候,

164

我们发现一种基于力量的比较粗糙的文明：塑像和艺术作品都是由很多巨大的石头做成的，我们不知道它们是怎么被放在那里的。在其他地方我们也看到了更好的艺术品，我们说："这是一个更文明的族群。"我们是怎么知道的？他们人都不在了，但人的作品在为我们诉说着他们的故事。因此，我们可以看到手遵照理性、精神和情感的指令，接触了所有这一切，为我们留下了人的遗迹。即使不按生理学的观点来分析，我们仍然看到在人的环境中所有的变化都是由人手完成的。的确，拥有理性的目的几乎是为了运用双手，因为如果人的理性只创造与他人交流的口头语言，他们只能通过口语表达他们的智慧。那么当一个种族灭亡之后，将不会有任何东西留下来。他们只通过气息表达了他们的智慧。正是因为手与理性相伴，才有了文明创造。所以，我们能够肯定地说，手是上天赋予人的极宝贵的器官。

216

因此，手与人的精神生活是息息相关的。其实，那些研究手的人证明有一种直觉，那就是人的历史是由人手描绘的，人手就是一种精神器官。因此，对于儿童精神发展的研究必须与对手的发展的研究紧密地联系在一起。儿童已经很清楚地证明他的发展与他的手相关，是他的手揭示了他的精神愿望。我们可以用这样的方式来表达：如果没有手的运用，儿童的理智会达到一定的水平；如果运用手，则会达到一个更高的水平，运用手的儿童具有一个更强的性格特征。由此我们可以看出，如果没有环境实践的机会（意思是通过手的实践），甚至完全属于精神领域的人的个性发展，也只会处于初级水平。儿童已经最清楚地为

217 我们证明了，如果他不能(通过环境中的物质)运用自己的手，他的性格发展会处于一个非常低的水平，他无法服从、不主动、懒惰，而且忧愁，然而，能够用手操作的儿童则显示出他具有发展的和坚定的性格。这提醒我们在埃及文明中一个很有趣的地方，在艺术、建筑和宗教领域，到处呈现的都是人们用手工作的情景。如果我们读那个时候的墓志铭，对一个人最高的赞扬是说他是一位有品德的人。对他们来说，品德的发展是很重要的，他们都是用手从事伟大工作的人。这是手的发展始终跟随人的品德与文明发展历史的另一个事实依据。它让我们看到手与人的个性是怎样关联在一起的。如果我们注意观察这些人的走路方式，当然，总会发现他们是两腿保持平衡，直立行走。也许他们跳舞和跑步会有一点不同，但他们平常总是在用双腿进行身体移动。

显然，运动的发展是双重的；一部分是生物性的，另一部分尽管运用的是肌肉，但还是与人的内在生命相关联。如果我们研究儿童，自然会研究两个发展：除了手的发展之外还有平衡和行走的发展。在图9

218 中，我们看到，只有在儿童1岁半的时候，这两者之间的关联才建立起来。当儿童想搬运重物的时候，双腿必须给他提供帮助，否则两者之间就没有关联。这双腿不但能够让他行走，而且能够带他到任何想去的地方，这样他就能用自己的双手工作了。一个人行走，再行走，逐步走向四面八方，从生到死，到处闯荡，从而在双手的工作中，为自己的人生道路留下一个个印记。

当我们学习语言的时候，会看到说话与听力有特别的关联，而在运

166

动发展中,我们看到它是与视力相关联的。首先,因为我们必须用眼睛看要把我们的脚放在哪里。当我们用手工作的时候,就必须看我们做的是什么。与发展有特别关联的两个感官是听觉和视觉。在儿童的发展中,首先有对环境的观察,因为他必须了解自己要进入的环境。这种观察是在他能够移动之前发生的,之后他让自己适应了这个环境;因此,对环境的适应和运动都与精神发展有关。这是为什么新生的婴儿开始是不能移动的,当他移动的时候,就会跟随自己精神的指示。

在运动中首先发展的是抓东西,一旦手抓到某个东西,儿童就会把注意力集中在能抓东西的手上了。儿童一开始抓东西的时候是一种无意识的动作,之后就变得有意识了。这时候他的手需要意识的参与,但他的双脚对此无所作为。一旦有了抓东西的意识,手的功能就发展了。这样本能的抓东西的行为就变成了有意识的行为。儿童在 6 个月大的时候,他的手就有了这样的发展。在 10 个月大的时候,周围的环境会引起他的兴趣,他看见什么都想抓。儿童有目的地抓东西的时候会伴随着渴望,没有了渴望就不抓了。在此之后,他就开始操练自己的双手,往往是把一些东西从一个地方搬到另一个地方。他看到周围的环境,产生做事的渴望,于是开始动手做这做那。在 1 岁之前,儿童就会用手做很多事了,比如,开关门、开关抽屉、塞瓶塞、反复摆弄某样东西,等等。通过这些操练,他用手的能力迅速增强。

那么,在这个时候儿童的双腿又会发生什么变化呢? 这时他的双腿还不受理智和意识的控制。不过,从解剖学上看,小脑的迅速发展对儿童身体保持平衡站立起到了关键性的作用,这就像一座钟敲响之后,唤起了一具软弱无力的肉体,让它获得了平衡,而周围的环境对它没有任何影响;小脑指挥儿童和他的身体,有了这种努力和外在的帮助,儿童就坐了起来,之后再凭自己的努力站了起来。心理学家认为,儿童在学会行走之前要经过 4 个阶段。他会肚皮朝下趴着,用四肢走路。当他开始能爬行的时候,你伸出两根指头,他就可以抓着你的手指,用脚尖着地的方式移动身体,但他还不会迈步走。在此之前,即使向他伸出手指,他也不会走,所以是小脑而非环境决定他什么时候向前迈步。

当他最终能够自己站立起来的时候,他会用整个脚掌着地;也就是说,他可以像正常人那样直立起来了,而且如果抓着什么东西(如妈妈的衣襟),他就能走路。之后不久,他就能独立行走了。这时候他好像在说:"再见! 我有双腿了,我可以自由行走了!"这样,儿童就获得了另一个阶段的独立,他可以靠自己做事了。从哲学的角度来讲,人的这个发展阶段说明了独立与发展是人通过自己的努力获得的。能够不借助别人的力量独自完成某件事就是独立,它不是轻而易举就能获得的。只要有独立的发展机会,儿童的进步就会很快,否则,进步就会很慢。因此,如果我们牢记这一点,就知道如何帮助儿童发展,这是一个很有用的指南。在儿童走向独立的努力中,我们被告知不要尝试着去帮他,然而,我们总是不由自主地想伸手帮一把。能够独立行走的儿童必须自己行走,因为所有的发展都是通过操练被强化的,人的所有能力的获得也都是通过练习得以巩固的。就像我经常看到的那样,当一个甚至已经 3 岁的儿童还被整天抱在怀里的时候,这对他的发展除了阻碍,没有任何帮助。儿童一旦获得独立,继续帮助他的成人可能会立刻成为他的障碍。因此,很显然,我们不能老抱着孩子,而要让他走路,如果他的手想做什么,必须给他提供理性活动的动力。通过行动,儿童才能更加独立。

此外,我们注意到 1 岁半的儿童在手和脚的发展方面有一种非常重要和可见的因素,那就是力量。此时,儿童动作敏捷,获得了一些能力,是一个强大的人了。他在做任何事的时候都想付出最大的努力;不仅仅是操练操练而已,而是要拼尽全力(和成人很不同)。儿童似乎听到大自然在对他说:"你已经有可能灵活地到处游走了,现在你必须让自己变得更强壮,否则就白费了你现在拥有的能力。"现在儿童能做到手脚配合,保持身体平衡了。那么,我们会看到什么呢?我们看到儿童不仅喜欢走路,而且喜欢走得远一点,并且在走路的时候还喜欢抱着重物。人注定不仅要行走,而且要担负着自己的重担,手一旦学会抓东西,也必须练习举重和负重。因此,我们常会看到 1 岁半大小的儿童吃力地端着大水盆,调整着自己的平衡,小心翼翼地行走。他有挑战地球引力并要努力克服它的倾向。儿童一旦学会走路,会满足于只走路吗?不!他一定会爬高,而且在爬高的时候还要抓着东西拉升自己。他抓东西不再是为了拥有它,而是为了通过它而爬到更高的地方。这是一 种力量的锻炼,在这个时期,他一直都会进行这样的锻炼。这是一种自然逻辑,因为人必须练就力量。接下来做什么呢?儿童一旦能够行走,并且有了一定的力量，就会开始观察他人的行为，然后试图进行模仿。在这个时期，自然给予他的首要任务是吸收人类的行为。因此，就有了这个模仿时期，儿童要模仿他周围的人的行动，并不是有人要求儿童进行这种模仿，而是因为他内心有这种强烈的需求。这种模仿只有在儿童能够自由行动的时候，我们才会看到。那么，我们看到以下的自然逻辑：

1. 让他直立。

2. 让他四处走动获得力量。

3. 让他吸收周围的人的行为。

在行动之前，要有及时的准备。首先，儿童必须准备自己的运动器官。然后，他必须变得足够强壮。再后来，他要观察别人，开始自己做事。在他这样做的同时，大自然也会叫他通过体操、爬椅子和台阶来准备自己。接下来是儿童想自己做事的阶段。这时，他好像在说："我已经准备好了，现在我想要自由，谢谢你！"在这个时期，儿童已经可以很好地行走了，而且渴望走很多路，这一点连心理学家也不能完全解释其原因。通常我们抱着孩子，或者把他放在婴儿车里推着，因此，这个可怜的孩子就只能在想象中行走了。

儿童不能行走，我们就一直抱着他；他不会做事，我们就替他做了：在生命的门槛前，我们让他充满自卑感。

第十五章

发展与模仿

　　在上一章，我们谈到 1 岁半的儿童，这个年龄已经成为教育界的兴趣焦点了，被认为是人生命中最重要的时刻。人们可能觉得惊奇，为什么这个时期会如此重要。我们必须记得，这是人的上下肢进行相互配合的关键准备期。如果我们再考虑到这个时期随着语言的完全爆发，儿童将进入一个全面发展的前夕，就自然会理解这样的定位。因为到了 2 岁，随着语言的爆发，儿童就到达了一个全面发展的节点。在此之前，1 岁半的儿童已经开始努力表达自己的内心了，这是儿童努力进行构建的一个时期。

　　通常情况下，一旦发现某个事情很重要，每个人都会立刻着手去做。人类是慷慨的，但也是无知的，因此，当他们了解某样东西的时候，就会仓促行事，通常都会付出太大的热情。1 岁半的孩子也是如此。哲学家、心理学家、社会学家和其他学者都把兴趣集中在 1 岁半到 2 岁的儿童身上。这是儿童发展的关键时期，必须给予特别的关心，不要遏制这种生命成长的趋势。如果这是大自然给予我们的清楚提示,那么我们必须尽最大努力支持儿童的这种努力。这是一个概括的声明,但那些研究者会给予更详细更准确的信息。他们认为,在这个时期,儿童开始表现出一种模仿的天性。这本身并不是一个新发现,但到目前为止,我们说儿童在模仿成人,都只是一种表面的说法。现在我们意识到,儿童在模仿之前,一定对所模仿的对象有所理解;这是符合逻辑的,但是在此之前还没有人提到这一点。传统理念是,我们只要去做,儿童就会照着做,对成人来说,几乎没有更多的责任要承担。当然,我们被告诫说,要给儿童树立好榜样。这是对成人,特别是对老师重要性的肯定。要建立一个良好的人类社会,成人必须为儿童树立良好的榜样,特别是母亲。人们似乎觉得那些受了不良榜样影响的儿童就不会很好地成长,因此,成人强调他必须为自己的孩子树立良好的榜样,好让他们模仿。这样一来,他就把真正的责任扔在自己身边的孩子们的头上,如果他们没有从成人慷慨给予他们的良好的榜样中受益,那就是他们自己的错。结果是大家都不开心,因为尽管孩子们应该成为完美的模范,但他们还远远达不到这个标准。我们想要一个完美的人类,而且认为

226 人类将通过模仿我们自己而成为完美的,但我们是不完美的,怎么可能从中模仿出一个完美的人类。这是多么糊涂的想法啊!大自然并不是像我们这样进行思考的,她用的是另一种思考方式;她并不操心成人的完美与否。重要的是,在模仿之前,儿童必须为模仿做好相应的准备。这种准备关系重大,它取决于儿童个人的努力。成人的榜样只是为儿

童进行模仿提供了动机,但成人并非儿童模仿的对象。是模仿的努力,而不是提供更多的榜样,促进了儿童的发展。其实,儿童一旦开始模仿的努力,经常会完美而准确地超越那个激发他动机的榜样。

有些人想:"如果我想让我的孩子成为钢琴家,那就应该让我(或一位老师)成为钢琴家,好让他认真模仿。"但这不是我们很多人所了解的那么简单,儿童必须通过大量的指法练习,让自己的双手具有必要的灵活性之后,才能在琴键上做出任何动作。然而,如果我们只让他通过单纯的模仿来达到很高的弹奏水平,那是不可能的。我们喜欢给儿童讲英雄和圣人的故事,以为儿童会模仿他们。这不是一件容易的事。必须让他在精神上有所准备,一个人不可能单凭模仿就能变得很伟大。榜样可能只是给人提供一些灵感和兴趣,通过模仿,人的本能会被激发出来。但为了激发人的本能,必须有所准备。在教育中,事实已经证明,没有准备的模仿是不可能达到预期效果的。所以,不能把目标放在模仿上,而是要努力创造儿童内在模仿的可能性,让他渴望变成自己想要的样子。因此,间接准备的价值体现在所有生物之中。自然不仅给予人模仿的能力,而且给予人改变自己,从而成为内心所渴慕的某个榜样的能力。作为教育者,如果我们相信生命成长需要帮助,就必须明白我们在哪些事情上要给儿童提供帮助。

如果观察这个年龄段的儿童,我们就会发现他开始做一些看似荒谬可笑的事,但是这没有关系,他必须这样做,直到完成为止。这个时期的儿童有做某些事的强烈渴望,如果他的这种渴望得不到满足,就会

227

出现成长方面的偏差，而且对做什么都失去兴趣。儿童做这些事的可能性现在被认为是很重要的，正像间接准备那样重要；它也是一种间接准备。甚至所有人在一生当中都是在为将来做间接的准备。那些已经在做某事的人此前一定为此事做过相应的准备，至少是某种间接的或者精神上的准备。人们必须做过这种努力，否则不可能产生之后的结果。因此，如果我们看到儿童有任何举动，即使是荒唐可笑的或者不符合我们的意志（当然没有受伤害的危险！），我们一定不要干预，因为儿童必须完成这一切，才能对自己的将来有一个良好的准备。在这个年龄的儿童身上发生的趣事层出不穷。比如，我们经常发现不到2岁的儿童硬是要搬动那些让他难以承受的重物，而且没有任何明显的理由。在我朋友的房子里有一只很重的脚凳，1岁半的儿童非常费劲地把它从房间的一头搬到另一头。他往往还要争抢着搬动很大的东西，如桌子、大块的面包，以至于把东西抱起来之后连前面的路都看不见。他把很多东西搬来搬去，乐此不疲，直到满头大汗，气喘吁吁。成人通常的反应是对儿童的这种努力表示同情，上前相帮，或者从他手上接下重物，不让他继续这样瞎折腾。但是心理学家已经意识到，这样的"帮助"对这个年龄的儿童是最大的压制之一，这是对儿童自由行动的干预。许多难管教的儿童的行为偏差可以追溯到这种看似合理的干预。儿童另一个诡异的行为就是爬楼梯。对于成人来说，爬很陡的楼梯的目的在于爬上去，但是对儿童却不是，他一旦完成攀爬，还不会满足，必须回来再从开始的地方从头来过，他可以把这个看似毫无意义的活动重复很多次。儿童游乐园中的滑梯给儿童提供了这样不断攀爬和滑落的机会。我们常以为他欢快地从上面滑下来是关键，其实，对他来说，费劲地爬上滑梯同样重要，甚至可能更让他快乐。

在生活中，很少有儿童能够不受到成人的各种干涉。心理学家提出要为儿童找寻不被打扰的地方，好让他尽情做自己喜欢做的事。因229此，开办托儿所或者婴儿学校对于幼儿很重要，对1岁半左右的儿童尤其重要。在这些托儿所或者婴儿学校里，一切设施都应该是专门为儿童设计的。比如，有可供儿童爬上爬下的带梯子的小树屋，因为儿童都有登高的心理需求。我们还发现，如果儿童想搬什么东西，总会选择棕色的楼梯或者圆形的木头，因为它们看上去很重。同样，攀爬的本能在儿童身上显得非常明显，这不仅能让他充分拉伸自己的身体，而且能挑战他的意志。但楼梯往往是儿童的欢乐之源，因为攀爬楼梯符合他的内在具有的向上的渴望。我就看到一个孩子正在一级一级地爬楼梯，楼梯是那么陡峭，每一级台阶都高及他的腰部，他必须手脚并用先把自己拉起来，再把腿放置在一个最困难的位置上才能爬上去。那个楼梯一共有45级台阶，他就这样持续不断地攀爬着，一直到达顶部。然后，他回头想看看自己所取得的成就，结果一下子失去了平衡，一头就栽了下来，幸好有厚厚的地毯裹着楼梯，他才没有受伤。当他又滚回楼梯底部的时候，正好面对着我们所在的房间。我们想他肯定会哭，但是他却笑了，好像在说："上去那么难，下来却这么容易；这正是我想要的！"

有时候，儿童的这些努力不只是为了增强肌肉力量，也是为了锻炼230

自己的专注力和运动协调能力。有一次,我看到有一个 1 岁半的儿童来到一个储藏室内,那里放了 12 个餐巾盒,那是一种铁盒子。他用双手拿起最上面的一盒,高兴地看到它和那堆盒子分开。它沿着走廊,把它放在最远的一个角落。之后,他重复同样的动作,一次拿一盒,每一次拿起盒子的时候都会说:"一。"当他把所有的盒子都放在这个角落的时候,从我们成人的角度看,他的工作结束了,但不是这样! 没想到他把刚放下的最后一盒再拿起来,又开始把它们一个一个地搬回原来的位置,而且每一次也都念叨一声:"一。"在整个过程中,这个儿童的那种高度的专注简直让人不可思议,最后当他走开去做别的事情的时候,他脸上会露出愉快的神情。

儿童这些活动本身没有外在的目的,但实际效果是这些操练让他自己的运动更加协调。那么,他完成了什么事呢? 他为模仿某些行为做好了准备。在这些操练中,必须有一个目标,但是这个目标不是真正的目的;这些操练服从的是一种内在的强烈愿望。当做好准备之后,他就能模仿了,环境会给他提供灵感。比如,当他看到成年人扫地或者做面包的时候,他会得到一种照样去做的灵感。

231

行走和探索

接下来,让我们探讨一下 2 岁的儿童在行走方面的需要,这是大多数心理学家没有注意到的。这个年龄的儿童自然会表现出行走的倾向,因为他们很快就要长大成人了,现在必须掌握成年人的一些基本技能。只要愿意,一个 2 岁大的儿童可以走上一两英里的路。如果他喜欢攀爬,那就会走得更远。即使在行走中遇到一些困难,这对儿童来说也是很有趣的事。我们必须意识到行走对于儿童意味着什么,它和我们的想法很不同。我们以为儿童无法走长路,这是因为我们总是下意识地希望他和我们走得一样快。这就像我们与一匹马一起奔跑,当我们累了想停下来的时候,马儿会说:"别介意,你骑在我的背上,我驮着你走,我们会一起到达终点。"但是,儿童行走的目的并非要到达某个地方,他只是想走路。但是他的腿和我们的腿的大小是不成比例的,和他自己身体的大小也不成比例。(见图 7)因此,我们一定不能让儿童跟上我们的速度,反而是必须跟着他走。"跟着儿童走"的需要在这里有清楚的证明,但是我们必须记得,这个规则对所有儿童教育的一切领域都有效。儿童有自己的成长规律,如果我们想帮他成长,就必须跟随他,而不是把我们自己的意愿强加给他。儿童行走时不但会用双腿,而且会用双眼。正是因为环境中的某些东西吸引他的眼球,所以他才要行走。如果在行走时看到一只羔羊在吃草,他就会兴致勃勃地坐在它的旁边观看。之后他再往前走,看到一朵花,就会坐下来闻一闻。之后他看到一棵树,就会绕着它走四五圈,然后坐下来观察它。这样,不知不觉中他会走很多路,这种行走对他来说既是休息又是乐趣。如果在路上遇到困难,比如大石挡住了他的去路,他将会喜不自胜。水也会引起他很大的兴趣,见到水的时候,他有时候会坐下来高兴地喊着:"水,

232

177

水。"但你能看到的只是涓涓细流和滴滴水珠而已。所以,他对行走的看法与照顾他的保姆有很大的不同,保姆想以最快的速度到达目的地,但他没有任何目的。保姆带儿童去公园散步或者所谓"兜风"的时候,常会把儿童包裹起来放在婴儿车里,以至于他无法看到很多东西。

儿童的习惯和那些原始部落的人一样,到处游荡,没有明确目的。他们不会说"让我们去巴黎",他们没有巴黎的概念,他们也不会说"让我们乘火车去……",他们也没有火车的概念。因此,他们的习惯是步行,直到发现什么吸引他们的事情。他们感兴趣的可能是一片树林,一片庄稼地,等等。儿童就这样徒步往前走,这是一种自然的行为方式。这种在环境中四处走动,从一个具有吸引力的事物走向另一个的天性,形成自然本身的一部分,也形成教育的一部分。教育必须把这种行走的人视为探索者。这是探索活动的原则,现在仅作为教育间歇的放松活动,但它应该构成教育的一部分,也应该体现在早期教育之中。所有的儿童都应该以这种方式走出去,追随吸引自己的事物。幼儿学校可以进行这样的教育,比如,通过给他介绍树叶的颜色、形状和构造,以及昆虫和其他动物的习性等,帮助他做走出去探索世界的准备。当他走出去的时候,所有这些知识都会成为他的兴趣点。他学得越多,就会走得越远。他应该探索,这就意味着我们必须通过激发他的求知兴趣去引导他做这样的探索。求知兴趣引导人四处行走。

行走能够让人得到全面的锻炼;除此之外不需要其他体育锻炼。通过行走,儿童的呼吸和消化都会得到改善,从而获得其他体育锻炼所

178

能达到的所有益处。通过行走，儿童的身体也会更健美。如果你发现什么有趣的东西，把它捡起来进行分类，或者挖沟打洞，或者拾柴作燃料，这些行为都伴随着行走，同时双臂和腰身也得到伸展，那么就是很完整的体育锻炼了。就像一个人见识越多，兴趣就会越广泛，知识方面的兴趣也会增加身体的运动。如果儿童能够受到这些兴趣的吸引，他就会发现其他自己不懂的事物，那么他求知的兴趣也会越来越大。教育就应该遵循这种演化的路径，让儿童多走多动，更多地观察和体验这 ²³⁴个世界，这样，他的生活就会不断扩展。

特别是当今这个时代，我们必须把这一原则应用在教育上，因为交通工具日益发达，人们走路的机会越来越少，也变得越来越虚弱和懒惰。把生命分割成运动的四肢和读书的头脑两个部分是有害的。生命必须是一个整体，对于年幼的儿童更是如此，必须让他按照自然发展的计划和规律构建自己的生命。

第十六章

从无意识的创造者到有意识的工作者

前面我们探讨了儿童的一个发展阶段，即模仿与行走的阶段，并把它与胚胎期进行了比较。这种发展阶段一直会持续到 3 岁，它是一个充满故事的创造性阶段。然而，尽管在这个阶段有很多重大事件发生，但它还是被称为人生命的遗忘期。它就像一个自然分界线，一方面，这个阶段发生的很多事我们无法记得；另一方面，它又是人开始有记忆的时期。这个遗忘期是人生命的精神胚胎期，就像人在出生之前的生理胚胎期一样，没有人记得在那个时期生命中发生了什么事。

在这个精神胚胎期，人体的有些功能和器官是独立发展的，诸如语言能力、双臂的运动、腿的运动等，有些不需要肌肉配合的感觉能力也开始发展，如眼睛的感觉能力。正如出生前的生理胚胎期那样，人体的各个器官独自生长发育，互不影响，在精神胚胎期，人的能力也是分别发展的，我们对这个阶段也没有什么记忆。这是因为此时还没有形成独立的人格。一切都在逐步发展之中，只有等到身体所有部分的发展都完成了,一个完整的人格才会形成。

当儿童到了3岁的时候,生命就像重新开始一样,因为这时候他开始有了比较清楚的思想意识。这两个时期——无意识的精神胚胎期和有意识的生命发展期之间,似乎有一条非常明确的界限。在第一个时期,有意识的记忆能力还没有形成;只有当儿童有了意识,人格发展定型了,儿童才有了记忆。

从心理学的角度来讲,在3岁之前,人的各种构建和创造功能都具备了(就像出生前的生理胚胎那样)。3岁之后,这些功能将不断得到发展。我们可以把这个界限与希腊神话中的遗忘河相比较。人的确很难记起3岁前发生的事,2岁前的事更难记得。心理学家运用各种手段试图从精神分析的角度,把人的意识带回到它开始的地方,但是无法做到,因为没有人能够准确无误地记得3岁之前发生的事。这是一个非常戏剧性的情景,因为一切都是在这个时期从无到有而创造的,然而,人对此竟然没有任何记忆,甚至作为这个创造结果的成人也无法记得这个时期的任何事。

这种潜意识和无意识的创造——这个被遗忘的儿童——似乎从人的记忆中被删除了,来到我们跟前的3岁幼童好像就是一个不可思议的存在,我们与他被自然阻断了交流,因此,我们或者必须去了解这个阶段,或者了解自然本身。

如果我们不顾及自然发展的规律,如果儿童所塑造的生命与其早期的生命是断裂的,那么,成人就必须了解之前的生命状态,否则,就会有破坏大自然创造的危险。如果真是这样,人就会丢弃生命发展的自然途径,由于社会的发展和人类文明的进步,人类就会因为抛弃自然提供的事物而陷入危机。如果我们只关心儿童的身体健康,而不注意他的精神生活与人格成长,他的正常的心理和精神需要就不能得到满足,那么就像把他禁锢在监牢里一样。如果文明得不到精神发展的自然规律之光的照耀,那么儿童就很有可能生活在充满障碍的处境中而不能正常表达自我。必须记住,在这个时期,儿童完全处于成人的照顾之中,因为儿童还不能自立。所以,如果我们成人没有自然或科学智慧的光照,儿童的生命成长将会受到很大的阻碍。

在这个时期之后,儿童就能获得一定的自我保护能力,因为他能开口说话和表达自己的意志了。如果他感到压抑,就会发怒或者逃离成人。尽管如此,儿童这样做的真正目的并非为了保护自己,而是为了征服环境,实现自我成长。在这个时期,他必须通过适应环境的方式而获得发展。那么,他究竟要发展什么呢?其实,他要发展的就是他在3岁前形成的所有能力。因此,3—6岁是儿童进行意识构建的一个时期,他会有意识地探索环境并从中汲取各种知识。尽管他已经忘记了3岁之前所有发生在自己身上的事,但是,运用他这段时间所创造的能力,现在有了记忆。前一段时期的各种潜能,通过儿童在环境中有意识的经验,现在逐渐呈现出来了。这些不仅只是玩耍或者各种偶然的经验,还有那些通过有意识的工作而产生的经验。在智力的引导下,他用双手做事。如果在第一个时期儿童是一种沉思性的精神存在,很明显,他是在被动地观察环境,然后从环境中获取自我构建之需,即构建他作为一个存在所需要的要素。而在第二个阶段,他跟随的是自己的意愿。在第一个阶段,好像有一个超乎他意愿的外在力量在引导他;现在引导他的是自己的意愿,他开始有意识地用手做事了。之前,他通过无意识的智慧接受世界的影响;现在,他通过自己双手的活动主动摄入这些影响。可见,3 岁之后,儿童开始进入了另一个阶段的发展期:要完善之前所掌握的能力。语言就是一个典型的例子。儿童语言的自发式发展一直会持续到 4 岁半左右。不过,我们发现儿童 2 岁半的时候,所有方面的发展都已经完成了,现在他开始进入一个丰富和完善语言能力的阶段。

然而,尽管这是一个进一步完善的阶段,但儿童仍然保持着不知疲倦地吸收一切的胚胎力量。他的心灵在继续吸收,但是,现在他的手的活动和经验也帮助他发展和丰富自我。他的手已经变成了直接获取知识的工具;因此,之前儿童只是通过行走从世界上吸收知识和发展自己的理性,而现在则通过自己的双手获得,通过这种方式,他的精神发展就更进了一步。他活着,不仅是因为他拥有生命,也因为他必须在环境中表现自己的工作。如果我们观察这个年龄段的儿童,就会发现他们整天都是既兴奋又忙碌,双手不停地在做事。这就是所谓的"受祝福的玩耍期"! 人们早就注意到了这个现象,只是最近才对它有了科学性的研究。在欧洲和美洲这些趋向于把人远远带离大自然的社会,总会给儿童提供很多玩具配合他们的活动,其实对儿童来说,这些玩具大多数对开发他的智力都没有什么用。在这个年龄阶段,儿童具有接触每一样事物的倾向,但是成人让他接触的玩具是在阻止他接触其他东西。他们唯一允许儿童随意接触的东西是沙子,全世界的儿童都玩沙子。在没有沙子的地方,富裕人家会从其他地方运来沙子供孩子玩。如果没有沙子或者只有少量的沙子,成人也会允许儿童玩水,但是不会给他提供很多的水,因为怕他弄脏了衣服,给成人带来清洗方面的麻烦。

玩具和现实

当儿童对沙子厌倦的时候,成人就会把自己所用的东西做成玩具供儿童玩:玩具房子、玩具钢琴等,但是这些东西对儿童是无用的。成人说:"孩子们看到我们在工作,他们也想做同样的事,我们就给他们玩具工具,让他们照着做。"但是他们所给予儿童的都是些无用的东西,比如,玩具水果不能吃,玩具汽车不能开,玩具电话不能打,因此,儿童所做的事情都是徒劳无功的。因为儿童是孤独的,所以,成人给他做了很多洋娃娃陪着他,这些都是玩偶,是被美化的人的形象,但是对他来说,这些玩偶比他的父母更真实,他给它们穿衣服、佩戴首饰,和它们聊天,等等。我们知道,直到4岁半,儿童都在完善自己的语言,然而,他唯一能自由地与之交谈的是他的洋娃娃,而洋娃娃并不能回应他。

241　　玩具在西方已经变得如此重要,人们认为它对儿童的智力发展是有帮助的。有玩具确实比没有好,但是,如果我们仔细观察儿童,就会看到他总想要新的玩具，而一旦有了新玩具，他会"残酷"地对待它，想方设法要把它捣毁。当儿童弄坏玩具的时候，似乎很兴奋，这是一种不正常的人格发展现象，那些肤浅地研究儿童的人认为孩子破坏了玩具，能从破坏、粉碎任何事物的过程中获得快感。其实，这是儿童被剥夺了环境中正确的事物后产生的不自然的性格特征。他无论有没有玩具，在这样的环境中都安静不了几分钟。保姆把玩具放在婴儿车上带出来给儿童。但当他们来到公园，儿童经常对玩具不感兴趣。他还经常认真地看它一眼，然后摔在地上。那些研究表象的心理学家也不知道其背后的原因，他们猜想这是因为儿童有破坏的天性。另外，这些肤浅的观察者的另一个发现是，儿童对所有的玩具都无法集中注意力。这些观察都是正确的，但太肤浅，没有研究背后的原因。为什么儿童对玩具都没有很大的兴趣呢？因为它们都不是真的。成年人给予儿童这种本身无生命的东西，以代替真实的有生命的东西，从而让儿童失去了兴趣。儿童能够运用大自然赋予他的本能完善自我，但这些能量都被浪费了，甚至被错误地使用了，这比浪费还糟糕。造成的结果是，儿童不 242 能正常发展，他生活在充满玩具的环境里的时间越长，就越不能适应真正的生活环境，他的人格也就逐渐变得畸形。本来儿童可以通过有意识地模仿成人的行为来完善自我，但是他在各种玩具的误导下远离了真实的生活经验，失去了模仿成人的机会，从而出现人格发展方面的问题。

在文明欠发达国家的儿童和西方的儿童非常不同，他们尽管没有玩具,但是他们非常平静、健康和喜悦。他们从自己周围的各种活动中得到生活的启迪,他们取用的都是成年人的东西,比如,当母亲洗衣服、做面包或者准备派对的时候,儿童在旁边也会照样做这做那。这似乎是在模仿,但它是一种有理性和有选择的模仿。实际生活环境给儿童带来很多真正的灵感,这些生活经验帮助他在为将来所要面对的生活环境做准备。

在儿童早期的发展阶段有两个很明显的时期:

第一个时期:0—3 岁,儿童吸收环境。

第二个时期:3—6 岁,儿童通过动手做事而认识环境。

243 儿童做事一定有自己的目的,这是一个不容置疑的事实。最近在西方,人们按照一定的比例为儿童制造真正的工具,以便他也能够像成人那样使用它们,在用这些玩具玩的时候,儿童一反常态,显得既平静又专注。这说明儿童不仅在玩,而且是带着理性在行动。但是这些活动只是为了满足儿童的某些心理需要,而不是环境的需要。不能肤浅地把儿童的这些活动归到模仿天性方面去,因为事情本身并不是那么简单。我们注意到,儿童一般不使用那些环境中不存在的工具,这是为什么呢? 因为儿童要成就的是一个适合自己所处环境的个体。

一旦理解了这一点,人们就不会再把儿童当作小猴子一样,认为玩沙子和模仿是他的重要特征了。模仿只是一种学习的方式,大自然以这种方式让儿童在完成特殊成就的过程中得到很多快乐。今天,在儿童教育方面有一种新的趋势,那就是不给予儿童玩具,而是给他提供一个有各种实际生活用品的环境,他用这些东西可以做成年人所做的事。我们要用适合儿童力量和身体比例的东西激发他做事的动机。就像我们通常在家里或者地里劳作一样,儿童也有必要拥有自己的家和土地。不是用儿童玩具,而是用适合他使用的工具,让他在自己的生活环境中进行各种实际的操作。也不是只让玩具洋娃娃陪着他,而是有其他儿童和他一起生活与工作,从而使他拥有一种真实的社会生活。也不是老师讲课,儿童坐着听讲,而是儿童自己在行动。这是一个能让儿童自己行动、交谈和利用各种能够开发他的智力的工具,开展建设性活动的环境。今天,所有这些代替了过去的玩具。

当这个理念刚提出来的时候,人们很惊讶,但现在已经得到普遍的认可。美国著名的教育学家杜威教授被这个理念所折服,他决定首先要找到适合儿童用的各种工具。尽管他自己是一位大学教授,但他遍游纽约的商店找寻小扫把、小椅子、小桌子、小盘子等。结果他发现——什么也没有——甚至人们连制造这些东西的想法都没有。相反,他发现有数不清的各类儿童玩具,包括设备齐全的小房子、小马和小马车,但没有任何儿童用的真实的东西。玩具的多样化唯一的好处是,小洋娃娃是随着儿童年龄的大小而有所变化的,那些大大小小的洋娃娃,适合所有年龄的儿童。当洋娃娃由小变大的时候,与洋娃娃配套的衣帽、鞋子等东西也在变化,一切都变得越来越大,但是从来没有大到儿童可以真正使用的程度。儿童的玩具几乎应有尽有,但有用的东西对他来说一件也没有。为了让他高兴,成年人花费了巨大的财富,然而只是成功地给他提供了一个个昂贵的玩偶。于是，我们说："把这些东西做得稍微大一点，好让儿童按照自己的需要运用它们。"这一步终于迈出了，对儿童来说，一个新世界的黎明已经到来。给儿童真实使用的房间和用具，是为了完善他们之前在0—3岁的时候所做的准备。一旦有了好的效果，那么制造这类儿童用品的新型工厂就会如雨后春笋般兴起，又会成为很多人赚取财富的机会。

杜威教授坚信自己将来会找到自己曾经寻找的东西，在他到处找不到这些东西的时候，他曾说："儿童被遗忘了！"他还说："这真是一个发现啊！"但对于儿童来说，他还遭遇其他形式的遗忘，我们忘记了他是市民，他是有各种生活需要的人。我们制造出很多东西用来满足成人们的需要，可是唯独没有制造出真正满足儿童需要的东西。这个世界上的东西琳琅满目，但对儿童来说却和空无一物的沙漠没有什么两样，儿童只能漫无目的地在这个世界上游荡，时而生气地大哭，时而捣毁自己的玩具，只为满足自己精神上的需求。成年人尽管站在他面前，但无法看到儿童的真实存在。

一旦遮挡我们眼睛的阻碍被移开，不真实的面纱被揭开，一旦给予儿童真实的工具，我们就能希望他用这些工具快乐地做事，但这不是唯一会发生的事。儿童还会表现出一种完全不同的人格特征。首先，儿童会变得非常独立，他似乎在说："我不要你帮我，让我自己来。"他成为一个自由的人。比起他玩玩具，在他使用这些更大更真实的工具的时候，他不是变得更富有，而是成为一个寻求独立的人，这让周围所有的人，包括保姆、母亲和老师都感到吃惊。他拒绝帮助，他想独自做事。在给儿童提供真实的生活情境之前，没有人想到他首要的行动是拒绝帮助，而且在他工作的时候，保姆和母亲只能作为旁观者。

儿童不仅仅是与这种环境相称的建设者，而且是其中的主人。儿童的社会生活和人格发展的进步是自然而然的。教育的目的不仅要让儿童有一个快乐的童年，而且更重要的是要让他成为人类的建设者，具备个人能力和独立人格，成为环境中的工作者和主人。这便是儿童从他的意识出现的那一刻起，就带给我们的启示。

第十七章

新教师

乡村教育面临着许多问题，特别是在印度这样条件简陋的国家开始这样的工作，可能会让人感到惊奇，但我们还是很有幸地见证了这样的事实。这依赖于一些特定的条件。在这个世界上，没有其他人意识到这些条件，所以即使杜威教授在纽约的商店里找到了他所找寻的东西，并且能够建造一个可供儿童举行各种活动的处所，也不会发生什么变化，就像这么多条件优越的学校内什么事都没有发生一样。当用具不够的时候，当条件不具备的时候，的确无法举行活动。但这并不仅仅是因为缺少物质条件而已，还有其他影响儿童真正的人格发展的因素。发生什么事是无法预知的，因为对儿童来说需要的是成长的自由，而不是物质的满足。至于自由，除非我们自己对它有所经验，否则是无法理解的。在我的实验中没有人见过自由，但我的实验提供了获得自由所必须的条件，这些条件包括以下几点：

1. 极端贫穷和极端困难的社会环境。我们研究的对象并不是工薪阶层,而是非常贫穷的家庭的儿童,他们比生活在富裕家庭或者工薪家庭的儿童在成长方面具有更优越的自然条件。极贫穷的儿童可能因缺少食物而挨饿,但是他们在自然条件下发现了自我。现在我们明白儿童的发展受到自然律的引导,我们也明白那具有更多自然条件的儿童比生活在富裕的人为条件下的儿童有多得多的机会来显示自己内在的富足。

2. 儿童的父母是文盲。因此,他们不能在学习方面给自己的孩子提供帮助。

3. 老师不是老师。如果他们是真正的老师,我不认为会有这些结果。在美国,他们决不会取得这么大的成就,因为美国人找寻的是最好的老师。那么谁被认为是好老师呢?那通常意味着已经研究了所有不能给儿童带来帮助的东西的那些人,这样的老师充满偏见和那些无益于给儿童提供自由的理念。就像有一个"好"保姆的照顾,儿童的一切都被她包办了一样,这些老师认为他们必须帮助儿童的心灵成长。其实就是这种教育,以及这种老师对儿童的强迫,阻碍了儿童的发展。

谁认为利用上面所提到的这三种条件是为了获得一个成功的实验呢?人们通常会想到提供相反的条件。

我们所取得的巨大成功很好地预言了在印度所做的这种尝试和实验。在印度,因为缺少好老师,人们只得让普通人做老师的工作。在印度的乡村,孩子的父母很可能也是文盲,其实,这对儿童大有益处,正如贫穷通常被视为精神品质发展的首要条件一样。我们很难让所有人放弃自己富足的生活享受,但是每一个国家的宗教领袖都弃绝世俗世界而寻求贫穷。我们不需要强求贫穷,但一定不能让它打败我们,而要让它成为我们精神发展最有利的条件,但前提条件是我们要乐意这么做。如果我们想做有关儿童自由的试验,那么贫穷的环境是最好的试验场。

如果我们要保证实验成功,就要去穷孩子中工作。我们给这些儿童提供他们没有的物品和环境。给一个什么也没有的儿童提供任何东西都会引起他极大的兴趣,引起他的关注和沉思。42年前[1],这个事实就让人非常惊奇了。我们从来没有意识到一个3岁的儿童会这么专注于某一个事物上,但这是一个基础性的因素,这意味着他在密切关注环境中的一切,一项接着一项地探寻其中的秘密,乐此不疲。儿童有时候会很快地从一个事物转向另一个事物,而不专注于任何一件事物,但这不是他应有的特征,而是因为他不满意现有的环境才这么做。

另外,对于一个3岁儿童来说,他内在的那位推动他去工作的神秘的老师仍然在积极地活动着。如果我们说一个儿童是自由的(即有内在的自由),我们是在说他能够自由地遵循自然的积极引导,也就是听从他内在的那位老师的指点。这些指引是极其有智慧的,它们会引导儿童准确地发现正确的事物,并能在做事的过程中获得圆满的成功。儿童被自然引导,注意到事物所有的细节(比如,清理桌子的时候,会注意到桌面、桌边、底部和其他所有部分)。这也是我们在教育方面希望达到的效果。在学校里每一位老师都要求学生把注意力集中在所讲授的内容方面,以便他们可以准确地听从每一个指令,完成所有学习任务。这是每一位老师在最大程度上希望获得的成功。儿童给予我们令人惊喜的启示就是，当他自由的时候，关注每一个细节就成为他自然而然的行为。在没有任何干预的情况下，他可以非常专注地完成一件事情。3岁儿童不可能凭能力从别人那里获得什么，因为他还在自我构建。有太多的老师倾向于把很多东西放在儿童面前，持续不断地干扰他，教导他，而不是让他自己去经验。因此，这个年龄的儿童本应该通过自发的行动，跟随着自然的指引而发展，在老师这种模式的指导下就变得无法发展了。而且老师的目标是成功（即让儿童做老师认为重要的事，比如服从自己），她确信必须从易到难，从简单到复杂，循序渐进地给儿童传授知识，但儿童却是从难到易，大幅度地进步。这样的老师对我们的工作没有帮助，但大多数老师都是这样做的，因为他们接受的就是这样的训练。那么，儿童与这样的老师之间难免会产生冲突。这样的老师还有另一个成见，即认为儿童容易感到疲倦。如果一个儿童对自己正在做的事感兴趣，他就会不停地做下去而不知疲倦。然而，如果老师每过一段时间就让他"休息"一下，他就疲倦了。就像完整的体育活动会让幼儿精神焕发一样，理性活动也会让年龄稍大的儿童活力大增。

在接受了一般师范培育的老师中，这些偏见是如此深入人心，要让他们摆脱这些观点是根本不可能的。如果没有新的思想观念加以替换，就很难消除这些陈旧的观念。这就像有些社会偏见一样，没有一场流血的革命是无法消除的。有些最现代的大学对于学生需要休息的成见也是这么严重,以至于把每三刻钟或者半小时就让学生中断学习稍作休息,作为刻板的计划而很小心地制定下来。接受教育的人根本不在乎这一点,兴趣和热情是创造任何有价值的事物的唯一条件,但刻板的时间规定会自动抹杀人的兴趣和热情。现代教育学往往只注意一些表面的问题,并持有错误的观点,而对人内在的心理活动则重视不够。教育学界(或者教育界的领袖)是由人的逻辑支配的,但是人的逻辑是一回事,而自然逻辑是另一回事。人的逻辑认为我们必须区分精神活动和身体活动,为了从事精神工作,我们必须静静地待在教室里进行思考;体育运动则不需要精神能力。这样一来,我们就把儿童一分为二了。当他思考的时候,他不可以动手;而当他动手的时候,就不在乎他是否在思考。那么,我们教育出来的学生就可能只有聪明的头脑,但没有健康的身体,或者只有强健的体魄,但智力不好。结果也会给老师带来各种问题和麻烦。然而,自然已经证明,儿童不能在不动手的情况下进行思考,手是儿童智力的工具。儿童的手里必须有东西,而且这个东西要能够使他感兴趣。经验证明,当儿童思考的时候,他一直在动。因此,很多伟人的伟大思想是在他们云游四方的过程中产生的,比如哲学中的逍遥派学者。那些进行哲学思考的人会做什么?他们经常数小时在树林里散步、默想。在3—6岁的儿童身上,已经清楚地显示出运动和思想是连在一起的;然而很多人认为不可能建立一个儿童既要学习又可以到处走动的学校。

从这一点来看,通常情况下,受过良好训练的老师(通常意义上的），对儿童来说是最糟糕的老师。根据我们的方法，我们会尽最大可能让老师放下自己已有的偏见，最好是老师自己能够从各种偏见中解脱出来。检验他们成功的标准是看他们是否还被偏见所蒙蔽。因此，如果有很多不合格的老师或者缺乏老师，我们可以说："感谢天主！"因为这是最好的教育条件之一。

要在普通人中寻找新老师，就要理解一些基本条件，其实要做到这一点并不难。在我的第一个实验中，我指示"老师"（她是我住所的门卫的女儿）带一些东西来，用一定的方式把它们呈现给儿童，然后让儿童用它们玩，在他们玩的时候不要干涉。像她这样没有受过教育的老师，完全能够做到这一点。但一个专业老师就不一定能做到，因为他可能会想这是对自己智商的贬低，即使他愿意这样做，也不会做得这么简单。比如，他会在课堂上做冗长的解释，而所有没有必要的和多余的东西都会使儿童分心和迷惑不解。我的这位没有受过训练的"老师"完全按照我说的去做了，效果非常好。她很吃惊，甚至认为是天使在工作。之后，儿童们开始写字，但这位"老师"并没有教他们怎么写字，当参观者过来问一个正在写字的儿童："谁教你写字的？"他说："没有人教我啊。"旁边站着的这位老师也证实说："我的确没有教他写字。"她还来到我面前，有些胆怯地说："女士，昨天2点的时候这个孩子开始写字了！"她不理解的是，这个儿童在此之前从来没有写过字，怎么突然就写起字来，而且句子完整，笔迹漂亮。更令人惊讶的是，当我们还在考虑让他们认读打印体字母可能比手写体字母容易一些的时候，发现他们已经

254

在读书了,根本不需要认读字母。现在,42 年后,我才知道这是儿童进入了书写爆发期之后出现的一些现象。这些现象是在我们知道其原因之前发生的。现在我们知道这是因为儿童有一种有吸收力的心灵,这种心灵可以不知疲倦地从环境中汲取知识,因此,如果有适当的准备,用适当的方式把文化知识呈现给 3—6 岁儿童,那么,他们就会像学习母语那样非常轻松地掌握这些知识。唯一需要做的是科学而准确地构建一个能让儿童使用的物质环境,那么儿童就能通过它掌握大量的文化知识。

经验证明,老师要不断地从对儿童的干预中退出。因此,训练老师的任务是很轻松的,只需要告诉他们:"不要做任何事,但要为儿童做好准备;他们会自己做事。"我们的任务是让老师知道什么地方是他们不需要干涉的,我们把这一部分工作称为"不干预法"。老师必须权衡其工作需要做什么,并将自己的工作限定在这一范围。这就像一个好仆人,小心地为主人准备饮料,放在那里,等主人自己喝。他不会强迫主人喝,这不是他分内的事,他的本分只是为主人准备好饮料。老师对于儿童也必须这样做。或许可以把老师送去学习怎样做一个好仆人,从而让他们懂得谦逊,不把自己的意志强加给儿童,而是要十分体贴周到地为儿童准备好每一样东西,放在那里,然后离开,让儿童自己支配那些东西。

照顾这个年龄的儿童的人必须顾及儿童的心理需要,但并不是说要掌握非常多的儿童心理学知识。如果老师告诉一个母亲:"在孩子 1

196

岁的时候,你要一直把孩子带在身边,以便他可以充分地了解这个世界;要把他带到有人谈话的场合,以便他有机会多听母语",母亲是能够理解的,老师也可以非常容易解释其中的原因。老师可以告诉孩子的母亲,当孩子到了能够走路的年龄,不要抱着他;如果他愿意,不要怕让他拿重物。只要思想不受偏见的阻碍,这些事情都很容易理解。

也许不容易理解这一切背后的心理原因,但是要谈论或理解实践性事务本身并不困难,这就像要把种子种在地里,或者照顾一棵植物,不需要具备多少植物学知识一样。我们必须区分实践和人们已经围绕那个实践而形成的科学,前者并不难。所有奇妙的学习效果总是来自儿童自发的努力,但儿童的这些自由发挥通常都被普通学校阻碍了。

现在让我们讨论一下不识字的父母对儿童的影响。没有文化会让父母显得很无知。因此,当儿童回到家里,向妈妈展示他会洗手的时候,母亲会想:"他多聪明啊!"儿童也会很高兴。同样,当不能书写的父母看到自己的孩子写下第一个字的时候,该是多么羡慕啊! 这又会让孩子觉得很自豪。然而,富裕家庭里受过教育的父母遇到同样的情形时可能会说:"哦,哈,是! 但是他们在学校教你艺术吗?"孩子就会心灰意冷,失去了兴趣。如果孩子说他在学校打扫卫生了,社会地位高的母亲会说这是清洁工干的活,去学校是为了读书,不是为了做这些事,那么孩子就会很扫兴。如果孩子用功学习数学,他母亲就会担心孩子会因此头脑发热,就设法让他不要太用功。因此,如果认为儿童没有必要做某些事情而设法阻止,不论儿童因此而产生自卑感或者优越感,这对儿童的成长都是不利的。而真正的问题往往出在那些有文化的父母身上，如果他们认为自己懂教育，可能情况会更糟。

一个社会问题的解决

因此，就实验而言，我们以为是不好的情况，其结果反而非常好。儿童的成功还会影响到自己的父母。在我的第一个实验性的"儿童屋"里，当儿童们开始做实际生活的操练，而且对什么都很感兴趣的时候，就会告诉自己的母亲，一定不要弄脏衣服，也不要溅到水。他们告诉母亲："你应该这样做。"因此，母亲们开始小心她们的衣服和形象。这说明儿童有改变环境的能力。儿童也许是唯一能让没有文化的人进行自我教育的人。在我的第一个"儿童屋"里，父母来到我这里学习怎样阅读和写字，因为他们的孩子都能做到这些。在与这个年龄的儿童打交道的时候，社会生活像被人拿着魔术棒一样改变了。首先，自己孩子的改变是一个奇迹；其次，他们自己会在情感上产生奇妙的感受，儿童能够做的比他们所期望的要多得多，这使他们从心里对儿童肃然起敬，因此，这也成为对成年人的改变和教育。

如果人们想在大范围内对社会进行改革，并按照传统方式进行计划，那就会制定一个多年的行动计划（萨金特计划延续 40 年）。如果要在全球范围内对抱有偏见的所有老师进行培训，那要花费多少年的时间啊！这些老师担负重担，开始教育 7 岁的儿童。这个年龄的儿童已经过了敏感的年龄段(不会再像小一点的孩子那样对什么事都充满了好奇和热情),如果老师一再强迫他们做某些事,他们就会变得越来越厌烦。在此之前,儿童至少有一些相对的自由,现在他们发现自己在老师的权威之下,而且老师讨人厌地告诉他做这做那。那么,我们可以想象改变这种教育的工作该有多困难。要解决这个困难,需要花费40年、80年、100年,甚至200年的时间。相反,如果我们充分考虑到儿童的实际心理状态,那么事情就不会这么困难了,因为我们可以取用现成的自然能量。我们的确有必要理解不同年龄阶段的儿童的心理状况,一旦对他们有了充分的了解,几乎所有问题都能得到解决。比如,幼儿的记忆力要比大孩子的记忆力好,一旦记住这类事实,那么事情就简单多了。

我们看到儿童用新方法比用老方法学得更好,教育从整体上要向前追溯,从8岁到4岁,直到出生。这样一来,教育改革就会节省很多年的时间。在这些敏感年龄阶段,儿童有吸收力的心灵发挥着作用,这就意味着他会带着兴趣与热情吸收所有的知识,他会持续保持学习的愿望,那么对他的教育也就不必出于强迫。

那么,老师应该怎么做呢?她应该和儿童一起工作很长时间,因为儿童会这样做,但是方式很不同。一旦老师在这个意义上变成了好老师,她就会很幸福。在美国,一位新闻工作者曾造访自己的表妹,她是蒙台梭利学校的老师。这位新闻工作者发现她躺在折叠椅上,就以为她在度假。她告诉他保持安静,不要干扰学生。从窗户望去,他发现学生们都安静而愉快地在草坪上做事,没有任何嘈杂。在这种方式的教育下，儿童总是在做事，不管有没有老师在，或者不管她是否迟到了或者早退了。如果以这种方式对教育进行改革，那么改革会很容易，而且其进程可能会非常快。

260　　在我的第一个实验中，我曾一周一次给老师们进行指导。10 个月之后儿童们就有了一个书写爆发期。今天，通过观察，我们很容易知道这些奇迹的发生过程。但是，当它们发生的时候，我们不知道其原因，因此了解它们不是不可缺少的。如果我们要把植物放进土壤，只要知道它需要多少土壤和水，之后再有规律地给它浇水就可以。之后，有一天，我们就会看到花儿长出来。我们不需要知道一朵花的结构或者土壤的酸性，等等，只需要很耐心地等待。因此，对于儿童的教育，只需要成年人单纯的良好愿望。

在所有那些我们认为是落后的、其教育存在很大问题的国家里，儿童都是以简单而自然的方式生活着。在这些国家里，我们早前的教育实验不断产生神奇的效果，看似巨大而紧迫的教育问题也迎刃而解。在这些国家里有大量没有受过专业训练的老师，但他们似乎比其他经过专业训练的老师做得更好，他们所培养的儿童将会引领整个世界。那些受到这种工作吸引的人们必须不害怕这个任务：必须记在心里的不是我们这些理论的困难之处，而是提出这些理论之前第一个实验的景象。

注释

[1] 指 1907 年。——译者注

第十八章

通过文化与想象进一步发展

3—6 岁这个年龄段是最有趣的,它延续着精神胚胎阶段(0—3
岁),这两个阶段之间的过渡不是很明显。我们通常把这两个阶段看作
一个时期,但它的确可以分为两个阶段。第一个阶段涉及精神生命的
创造,第二个阶段则是对前一个阶段的完善和巩固。在第一个阶段某
些能力的发展已经定型,而且儿童在这个阶段普遍处于一种无意识的
状态,而在第二个阶段,意识已经在引导发展了。因此,3—6 岁不仅是
对此前发展进行巩固的阶段,而且是在努力达到更完善的状态。这个
年龄阶段的儿童不再处于精神胚胎期,而已经成为能够不断完善自我
的人了。在第二个阶段,儿童具有特殊的活动形式,因为他能够凭借自
己的意识探索世界了,而且对世界充满了一种征服感,这些特点之前不
明显,现在已经非常明显和完善。现在他不但从环境中汲取知识,而且
意识到自我的存在。这是儿童自发地建立个性意识的阶段。不过,这
仍然是一个塑形和创造的阶段,而且深受外界各种因素的影响,比如试

图直接强加或者传达某事的成人心态。因此,老师不能用普通意义上的言语教育手段教育这个时期的儿童,而是要根据自然律进行教育。这个年龄段的儿童不管是在文化环境还是其他环境中,都喜欢亲自动手经验每一件事。这是一个从虚无进入生活的时期,直到最近人们才认识到这一点,在此之前,人们对儿童的整个精神生命采取的是一种漠不关心的态度,现在人们突然之间明白了这些之前不了解的事实。

首先引起公众对儿童精神生命高度关注的是儿童的书写爆发。它不仅仅是一种书写爆发,它就像烟斗中突然冒出烟来一样,其真正发生的是儿童内在自我的爆发。可以把他比作一座火山,在未爆发之前岿然不动,一旦爆发则火光冲天,地动山摇。火山爆发出来的火、烟和无名物质,能让我们看到地球内蕴藏着什么。儿童的书写爆发期也与此类似,它之所以发生是因为那种看起来最不利的环境。我在上一章已经对此作出解释。这些爆发也要求"非存在"的基础,贫穷与忽视、缺少合格的老师、教学大纲和规则,这些是最基本的"无"。我们什么也没有找到,因为什么也没有,但儿童的心灵能够自我拓展。障碍被移除了,但(在那个时候)没有人知道障碍是什么。这一点很好理解,因为在儿童身体内蕴藏着一股巨大的能量——一种潜在的宇宙能量。了解这一点对我们非常重要,因为如果知道它在那里并蓄势待发,我们就已经走在成功的路上了。不是某种教育方法引起了这些爆发,因为当这种爆发发生的时候还没有任何教育方法的存在。心理学的跟进和方法的建立是这些火山般爆发所产生的结果。我们发现了爆发,但它不是教育

263

方法的结果。新闻界从一开始就称这是"人类心灵的发现"。这种发现催生了研究儿童的新科学。

我要稍微解释一下这些现象。它们是事实，但不应该把它们归于直觉认识，而是经过观察得出的结论。这些可见的事实是新科学的基础，我们在之前所写的书里提到过这些事实。

在这些爆发现象中，有两个事实很重要，一个事实是这个年龄阶段264</br>的儿童就能获取文化知识，但只能通过自己的行动获得，过去没有人认为这是可能的。文化知识不能从别人那里获取，只能通过自己动手做事和增加自我认知才能获得。今天，因为我们知道3—6岁儿童有一个有吸收力的心灵，所以就相信这种可能性是存在的。另一组重要的事实与个性发展有关。在任何时候，人的个性发展都占据教育的首要内容，但是所有教育者都认为，以系统的方法影响3—6岁儿童是行不通的。没有人认为这么小的孩子会真正懂得纪律的重要性，只有等他长大一点之后才可以要求他守纪律。而且人们认为成人必须影响儿童的个性，将恶变成善是一个永恒的问题。其实，我们错了：3—6岁的确是发展个性的时期，只是儿童必须按照成长规律发展自己的个性。我们已经看到很多有关心灵是如何被塑造的例子，但有趣的是仔细思考这一阶段个性发展的具体内容以及心智是如何工作的。我们将在另一章讨论个性形成的问题。

儿童对那些已经存在于他头脑中的东西特别感兴趣，即那些在前一个阶段所吸收的东西，而且会专注于此，因为人不管征服的是什么，265

都有保留下来的倾向，思想也会停留在它上面。比如，书写爆发是因为对于语言的征服特别敏感。这种敏感性在儿童 5 岁半到 6 岁之间就没有了，书写显然是在这个时期之前，儿童以快乐和热情可以获得的能力，到了六七岁，儿童就不能这样做了，也不会有同样的热情了。所以，我们的方法来自对儿童的观察，来自对事实的观察。可见，要掌握书写能力，不仅需要前一个阶段的器官发育和发展，而且需要儿童之前通过动手锻炼器官所做的准备，这种间接的准备是很重要的，它是书写能力不可缺少的一部分。由此，这种方法的某些基础就可以被确定了。我们已经看到，在胚胎内大自然就在做间接的准备了；在器官还没有发育完成之前，大自然是不会下达指令的，因为他无法服从指令。这就是为什么幼儿不是仅仅通过模仿和服从就能做任何事情，只有具备了服从的方法才有可能。通过观察这些事实，我们在塑造儿童心灵和性格方面都可以获得帮助。以前，人们认为儿童所需要的只是成年人的好榜样以及良好的愿望，但是成人缺少自然拥有的智慧，即为了服从命令必须具备相应的方法，这不是直接就能完成的。接受经常的和连续的命令并不产生服从，服从是由内在的准备间接获得的。服从成人武断的命令并不能促使儿童发展。在儿童的内心有智慧之源在指引他，有证据证明成人经常的和病态的干扰对儿童是没有帮助的，反而会对他的发展造成阻碍。由此，为儿童仔细安排好适当的环境，以及为他拓展自己的心灵空间提供自由，这两点就非常清楚地凸显出来了。

如果就像我们所发现的那样，儿童在第二个阶段再次运用他在第一个阶段所获得的能力而强化它们,那么第一个阶段会为第二个阶段提供指导,因为后者遵循同样的发展方式。让我们以儿童的语言发展为例。在第一个阶段我们看到儿童遵循的几乎都是语法原则:他不断地汲取并使用声音、音节、名词、形容词、副词、连词、动词、介词,等等。那么,在第二个阶段,我们就知道要帮助儿童遵循同样的语法原则。首先要教他语法知识。这似乎不符合我们的常识,可能会有人质疑:3岁的孩子怎么能从语法开始学习? 他还没学会读写,怎么可以先学语法? 然而,我们不妨想一想:如果不是语法,那么构建语言的基础是什么? 我们(包括儿童)在说话的时候,是按照语法在说话。儿童4岁左右是 完善语言构建和扩大词汇的时候,如果这时候我们帮助他学习语法,那对他就是一种真正的帮助,会让他如虎添翼。通过教授语法,我们要让他更完美地吸收生活中的口头语。经验证明,这个年龄段的儿童对语法有强烈的兴趣,这正是教他语法的时候。在第一个阶段(0—3岁)儿童几乎是在无意识中获取知识的,现在则必须有意识地通过操练而获取知识和完善能力。另一点值得注意的是,这个年龄的儿童对词汇特别敏感,学习兴趣很浓厚,并且会自发地运用很多新的词汇。许多实验发现所有儿童在这个年龄阶段都相当丰富地提升了自己的词汇量。他们所获得的词汇当然是那些在环境中所运用的词汇,因此,有文化氛围的环境能够给儿童提供很多学习词汇的机会。在任何环境里儿童的天性都会使他尽可能多地吸收词汇,他天生就具有学习词汇的饥渴。在一个文化氛围浓厚的环境中,他能够学会数千个单词,给他多提供一些词汇对他的学习是很有帮助的。如果他没有得到帮助,就会以自己的努力没有秩序地汲取这些词汇。所以,帮助儿童在于减少他的学习困难,并给他提供良好的学习顺序。

这个方法的另一个细节是给儿童提供很多单词,这是通过观察确定的一个做法。在我们的第一个实验中,没有受过太多教育的老师记住了这一点,我们注意到他们给儿童们写单词,他们自己知道多少就写出多少,但是他们不一会儿就写不出来了。他们来找我说,他们把所有与穿着、房子、街道、树名等相关的单词都写出来了,但儿童们还是想学更多的单词。因此,我们想,为什么不给这个年龄段的儿童提供一些文化方面的词汇呢? 比如,所有的那些他们通过感觉器官已经接触到的多边形、梯形等几何图形的名称。结果儿童在一天内就能把它们都记住! 因此,我们再转向科学工具,如温度计、气压表等。之后,我们把植物学的名称,如萼片、花瓣、雄蕊、雌蕊等名词也提供给了他们。他们以极大的热情学会了所有的单词,而且还问:"你还有更多的吗?"老师抱怨说,当他们带儿童散步时,儿童们知道连他们自己都不知道的所有汽车的品牌。在第二个阶段,儿童对于词汇的渴望是"贪得无厌"的,而他学习词汇的精力似乎是用之不竭的。然而,到了下一个阶段,情况就会变得截然不同了,记忆陌生的词汇对他变得开始有困难了。我们发现那些之前有机会学习过这些词汇的儿童,在 8 岁或 9 岁,甚至 12 岁或 14 岁到了学校的时候,很容易会记起这些词汇。然而,那些第一次接触这些词汇的儿童要记住它们则有相当大的困难。因此,我们可以得

206

出一个符合逻辑的结论,在儿童3—6岁时,要教他们科学术语。当然不是机械式地把词汇塞给他,而是要精心准备特殊的环境,从而结合现实生活和具体的事物来帮助他们掌握各种词汇。有些词汇对于我们成人来说是很难记的,比如外国人名,然而外国儿童则可以毫无困难地说出自己的名字。在意大利语中,有很多对外国人来说非常奇怪的名字,但对意大利儿童来说,这些名字就和其他如"三角形"这样的单词没有什么两样。为了满足儿童对词语学习的饥渴,我们特别给他们提供了各种类别,如植物学、动物学、地理学等方面的词汇,还有叶子、花、地理特征等事物的不同部分的词汇,等等。它们都是存在于实际生活环境中的东西,所以,比较适合用来教儿童学习掌握。儿童在学习这些词汇的时候并不觉得吃力,相反,老师自己觉得要记住这些词汇是非常困难的事情,而且经常会张冠李戴。

在印度的科代卡纳尔,我曾看到一个在普通学校读书的14岁儿童,他无法记住花朵的某一部分的名称,然而,一个3岁的孩子跑过来,指着花朵说:"这是雌蕊。"说完就跑开了。这个年龄的儿童会像学习很多容易学习的普通事物一样轻松地学习单词,就像有一道光照耀在儿童的内心,他对学习充满浓厚的兴趣。还有一次,当我根据植物学的书籍向七八岁的儿童讲解植物根茎的分类时,一边讲解,一边把画有植物根茎的图片展示给他们看。这时一个小小孩进来,指着墙上的一张新图问其中一个大孩子那是什么,他得到答案之后就离开了。后来我们发现花园里的植物被拔了出来,因为这个幼儿是那么感兴趣,他想看看

270　这些植物的根茎到底是哪一种。当我们看到儿童的兴趣，我们就给他们传授相应的知识，然而家长却抱怨儿童拔出了花园中的植物。

那么，什么是儿童学习单词的极限呢？我不知道！儿童的心灵在汲取自己看到的有关物体和事实的时候，其本身是否有限制？没有！儿童有一种超越具体限制的心灵，他可以如饥似渴地汲取各种知识。而且他对事物不仅拥有直观感觉，还有十分丰富的想象力，这是一种更高的心灵境界。我容易了解看得见的东西，但是当我要勾勒出一幅图像（进行想象）的时候，那是更困难的。如果人的心灵只局限于眼睛所看到的事物，那么它的确是很有限的。人看得见眼所未见，文化不是由看得见的知识构成的。就以地理为例，如果我们从来没有看到过湖或者雪，就只能通过想象去描绘它们，想象活动必须被调动起来。儿童到底能够进行怎样的想象呢？我们不知道。因此，我们针对这个问题，以6岁儿童作为研究对象开始进行了一些实验。我们看到他们做的往往与我们想象的相反。我们想他们会对大的东西感兴趣，但是发现他们更感兴趣的是细节。可以说，我们掌管着世界，他们则了解世界，他们能够听到那么多有关世界的故事。"世界"这个词没有感官形象与之对

271　应，然而对儿童来说，它有一个具体的形象，这说明儿童已经具有某种创造性的理解力，也就是抽象的能力。我们准备了特别的小地球仪，地球仪上的黄绿色代表土地，深蓝色代表海洋。儿童们拨动着地球仪兴奋地指出："这是陆地"，"这是水"，"这是美国"，"这是印度"，等等。他们如此喜欢地球仪，它简直成了我们班的宝贝。3—6岁儿童不仅能够

通过感知吸收知识,而且可以通过想象和直觉构建知识。这意味着在这个年龄段,儿童的智力一定具有强大而活跃的力量,不仅仅是通过感官来吸收知识。它具有更大的力量,一种想象力,能够使人"看到"不可见的事物。听起来好像是夸大了这个年龄段儿童的智力,但是,如果我们想一想,就会意识到这样说一点都不为过,因为心理学上也总是说,这是一个充满想象的年龄段。甚至最没有知识的人也给自己的孩子讲童话故事,孩子们特别喜欢这些故事,就像他们在迫不及待地运用这个伟大的想象力,他们称桌子为房子,称椅子为马,等等。每一个人都意识到儿童喜欢想象,但是我们能为儿童提供的似乎只有故事和玩具。如果儿童能够想象一位仙女和她所处的仙境,那就不难在地球仪上"看见"美国等。相对于仅仅模糊地听说有关美国的事,一个有美国基本形状的地球仪对他的想象是一个具体帮助。想象是尽力发现事物经常被人忘记的真相。如果在儿童的环境中"美国"或者"世界"这样的词语从 272 来没有被任何人提起过,那么儿童就很难对它产生兴趣。然而如果他经常听到这个词,它就进入了他的头脑,并被他插上想象的翅膀。人的心灵不是一个消极的存在,而是一团火焰,一团吞噬一切的火焰,它从来都不止息,总是在燃烧。

当那些6岁儿童围着地球仪谈论的时候,一个3岁半的儿童进来说:"让我看看! 这是世界吗?"大孩子们说:"是的。"这个3岁半的儿童有点惊奇地说:"我现在知道了,因为我有一位叔叔,他环游世界3次。我常想世界怎么可以环游? 他怎么做到的? 现在我理解了。"同时,他意识到这仅仅是一个模型,他所认识的世界是很大的,他从大孩子们的对话中了解了这一切。

我们有一个 4 岁半的儿童,他也要看大孩子们的地球仪,他紧紧地盯着它看。大孩子们在谈论美国,没有注意到他。不久之后,这个小家伙打断他们的谈话问道:"纽约在哪里?"大孩子们很惊奇,就指给他看。然后他又问:"荷兰在哪里?"大孩子们更惊奇了,他们就指给他看。之后,这个小男孩摸着地球仪上蓝色的部分说:"那么这是大海。"大孩子们觉得很有趣,就问他是怎么知道的,小男孩说:"我父亲每年去美国两次,他住在纽约。他离开之后,妈妈会说:'爸爸现在在大海上。'很多天她都这么说;后来她又说:'爸爸现在在纽约。'再后来,她会说:'他又在大海上了。'之后有一天她会说:'他在荷兰,我们去阿姆斯特丹看他。'"他已经听过很多关于美国的事了,所以,当大孩子们谈论美国的时候,他就很想知道它在哪里并且感觉到:"我发现美国了。"对他来说,这是一件如释重负的事,因为他一直努力在精神环境中给这些地名找到一个定位,就像他曾在物质环境中所做的那样。为了掌握自己的精神世界,他必须从成人那里吸收词汇,并给它们披上想象的外衣。这是事实。

在生命中的这个特殊阶段,有两个典型的需求,那就是玩玩具和听神话故事。在玩玩具时,儿童与环境建立起直接的关系,并掌控环境,从而获得很大的精神发展。听神话故事非常有利于开发儿童的想象力,能让他对自己的玩具也充满想象。如果这时候我们给他提供能展示他想象力的真实事物,那就会帮助他更准确地定位与周围环境的关系。

这个年龄段的儿童经常想得到信息,想知道更多事物的真相。我们都很了解儿童充满好奇心,总是在问问题,如果儿童有这么多问题,就意味着他需要知识。如果我们不讨厌儿童的这些问题,而是把它们看作一种寻求信息的思想表达,就会发现它们也是很有趣的。这个年龄段的儿童不喜欢听长篇大论,所以,我们在回答他的问题时要言简意赅,例如,不要解释"世界"的涵义,而应该给他一个地球仪。人们通常喜欢给儿童做详尽的解释。一个儿童问他父亲为什么叶子是绿色的,这个父亲在想孩子多聪明啊,因此,他就详细地告诉他什么叶绿素啊、太阳蓝光啊什么的。孩子听着听着就不耐烦了:"哦,爸爸,我想知道为什么叶子是绿的,并不是想知道叶绿素和太阳!"

玩耍、想象和问题是这个年龄的儿童的三个特征;这是所有人都知道的,但也是被所有人误会的。有时候儿童的问题很难回答,比如,"妈妈,我是从哪里来的?"但是我们要知道,儿童有理由问这样的问题。一位很有智慧的女士预先猜想她的孩子有一天会问这样的问题,就决定告诉他事实,当4岁的孩子问她这样的问题时,她回答说:"我的孩子,是我造了你。"这个答案很直接很简单,孩子马上就安静了。大概一年之后,她告诉孩子:"我现在要造另一个孩子了。"当她要走进产房的时候,她告诉孩子说,她回来的时候会带回一个自己造的孩子。她生产完了回到家里,告诉孩子说:"这是你的小弟弟,我造了他就像造了你一样。"这个时候，孩子已经 6 岁了，他说："为什么你不真正告诉我，我们是怎么来到这个世界上的呢？我现在长大了；为什么你不告诉我真相？上一次当你告诉我你在造小孩的时候，我看着你，发现你什么也没做。"可见，甚至告诉孩子真相也不是那么容易的事，因此，关于这一点，老师或者父母需要特殊的智慧，以帮助孩子运用他们的想象力。

老师需要一种特殊的准备，因为这不是按照我们的逻辑就能解决的问题。在我们已经接触到的任何一点上，我们自己的逻辑都没有任何帮助，我们必须知道儿童的成长规律和心理发展状况，并摆脱我们已有的观念。在帮助 3—6 岁儿童的心灵成长时需要很大的机智和敏锐，成人很少做到这一点。幸运的是儿童从环境中所得到的比从老师那里得到的多得多。我们必须理解儿童的心理，并给他提供力所能及的服务。

第十九章

幼儿的个性及其缺陷

在传统教育学中，最重要的内容之一就是个性教育；它也是传统教育的主要目标之一。然而，传统教育并没有给个性一个明确的定义，也没有培养个性的具体方法。传统教育学认为，只有智力教育和实践教育是不够的，还需要进行个性教育，但它是个未知数——X。传统教育学家对个性教育有某种直觉，因为它真正意味着人生价值的实现，但要探讨什么是人生价值的时候，又让人茫然。就像教育中的其他许多东西一样，它也是模糊不清的。价值是有特指的，诸如勇气、坚毅、果断、友善等美德。在人的个性问题上，道德教育扮演一定的角色。

在世界范围内，我们发现这些同样模糊的理念。对我来说，似乎必须从不同的角度来看这个问题。抛开有关个性教育的问题不谈，我们 应该讨论个性的构成和在个人努力下个性的发展。这种不是通过教育，而是个人积极创造个性的现象，是在我的第一所学校里，由儿童们展示出来的。这是一个新的教育观念，让我对此做一些说明。

从生命的角度来说，我们认为每一件有关个性的事都是人的行为。正如我之前提到的那样，一个人从 0 岁到 18 岁，可以分为三个阶段：0—6 岁（这是我在本书中讨论的年龄段）、6—12 岁、12—18 岁。每一个阶段又分为两个小时段。每一个小时段所代表的儿童的智力和心态是如此不同，让人觉得它们是属于不同的儿童的。

正如我们所见，第一个阶段是创造期；在这里我们发现了人的个性的根源，尽管儿童在出生的时候并无个性可言。因此，就人的个性而言，0—6 岁这个阶段也是人最重要的生命时期，因为它是人的个性成型的阶段。我们已经认识到这个年龄的儿童不会被外在的榜样或压力所影响，因此，个性的奠基者一定是自然本身。这个年龄的儿童对好坏并不理解，也不感兴趣；他生活在我们的道德愿景之外。我们不可能用"恶"或"坏"之类的词来形容这个年龄段的儿童，只会说他"顽皮"，意思是说他的行为很幼稚。因此，在本书中我们不会把邪恶、善良或者道德用在 0—6 岁儿童身上，因为那些术语对于这个年龄的儿童具有不同意义。我提到这一点，是因为人们会问各种不同的问题，比如，是否应该用先辈良好的榜样或者爱国主义等主题来教育儿童？它们尽管重要，但与这个年龄的儿童无关。在第二个阶段（6—12 岁），儿童开始能够分辨善恶了，并且不但对自己的行为，而且对他人的行为都有了善恶的评价。作为这个年龄的一个特征，儿童意识到善恶问题，在此期间儿童的道德感会逐渐形成，并且最终会形成一种社会感。在第三个阶段（12—18 岁），儿童懂得了要热爱自己的祖国，意识到自己属于某一个群体，从而产生一种集体荣誉感。我现在提到这一点，是想澄清这不是0—6岁儿童所具有的个性特征。

我在前面提到过，尽管每一个阶段的个性都如此不同，好像属于不同的人，然而每一个阶段都是下一个阶段的基础。在前一个阶段，如果儿童的某种能力没有得到较好的发展，那么就会对接下来这个阶段的发展产生不良影响。这就像蝴蝶和其幼虫的关系一样，尽管两个阶段的形态看上去很不同，习性差异也很大，然而蝴蝶的美来自它在幼虫时期的真实生命，而并非来自对其他蝴蝶的模仿。为了构建未来，就必须注重当下。越是能按照需要圆满地生活一个阶段，就越能在下一个阶段取得成功。279

人的生命开始于怀孕。一般情况下，只要父母没有酗酒、吸毒等不良嗜好，或者遗传疾病，就能生出健康的孩子。胚胎的健康发育取决于妊娠。接下来，儿童只会受到环境的影响，这在妊娠期就是指受到母亲的影响。如果母亲处于有利的环境之中，将来孩子的健康就有保障。一个值得注意的事实是，怀孕和妊娠对儿童的神经系统具有一定的影响（这是为什么如果胎儿受到惊吓或者发生其他意外会变成智障儿的原因）。儿童出生之后所出现的一些情况，在很大程度上要归因于母亲的妊娠期。因此，生命中发生的第一个重要的事情是怀孕，然后是妊娠，最后是出生。我们前面已经提到过出生恐惧的问题，它可能会造成儿童衰退的现象。这些衰退的个性是很严重的，但是酗酒、吸毒等不良嗜好或遗传疾病（如癫痫等）对儿童造成的影响会更加严重。随着人年龄的增长，阻碍生命成长的危险会越来越小，但这些个性总会以精神的方式表现出来，它们对儿童的影响或者体现在衰退方面，或者体现在自我独立方面。

人出生之后的头三年特别重要。在这两三年期间，有些影响会改
280　变一个孩子以及他日后的性格。比如，如果在此期间儿童遭到某种惊
吓或者遇到太大的阻碍，其恐惧可能会加剧，他可能会成为一个非常胆
小怕事或者郁郁寡欢的人。因此，在这个时期，儿童的个性发展与是否
有阻碍有关。如果在怀孕、妊娠期、出生期间和出生后头三年里，儿童
受到了科学的照顾，那么他到 3 岁的时候就成为一个近乎完美的人了。
然而，这种理想状态是很难达到的，因为各种状况的出现总是在所难
免。3 岁儿童的个性特点千差万别，各有不同，这些差异都是由他们经
历的不同而造成的。如果其个性缺陷是因为出生后的困难造成的，那
么要比妊娠时造成的缺陷要稍微好一点，如果是妊娠时造成的，那么要
比怀孕时造成的要好一点。出生之后所造成的缺陷能在 3—6 岁期间
被治愈或者得到调整。然而，如果是因为在出生时受到的惊吓，或者在
母胎时受到的影响，那么就很难矫正。因此，可能会出现某些不完美，
但是也会有一个积极的完美阶段，使得抹去出生后所造成的缺陷成为
可能。然而，智障、癫痫、瘫痪等遗传病则通过任何帮助都无法治愈。
281　令人感兴趣的是，除了这些器官性的困难，其他都可以得到治愈。然
而，如果这些缺陷是儿童 0—3 岁时造成的，而在 3—6 岁时没有矫正，
那么，这些缺陷将伴随儿童的一生，而且如果在 3—6 岁时接受了错误
治疗，那情况会变得更糟。因此，儿童 0—3 岁形成的缺陷，到了 6 岁时

会被强化，并且会加上在 3—6 岁遭遇的一些新的困难。反过来，这些缺陷会对第二个阶段(6—12 岁)儿童善恶意识的发展造成影响。

所有这些缺陷都会反映在儿童的精神生活和智力方面。如果儿童在前一个阶段没有遇到良好的发展条件，那么他的学习能力就会下降。因此，6 岁儿童会有个性特征的集中体现，但这些可能不是他本来真正的特征，而是在环境的影响下形成的。如果儿童在 3—6 岁这个阶段被忽视，那么他在 7—12 岁时就可能缺少应有的道德意识，其智力水平也可能比正常儿童低，那么，我们就会多一个道德品行和学习能力都不如人意，而且麻烦不断的儿童。因为他经历了那么多困难，他也是一个身心布满伤痕的人。

在我们学校(以及很多其他现代学校)，我们为每一个儿童建立了详细的身心状况档案，以便了解如何帮助他。如果我们知道儿童在不同阶段所遇到的问题，我们就能确定他的情况有多严重以及我们该如何给他治疗。因此，我们会询问父母是否有遗传病、生孩子时的年龄，以及母亲在妊娠期间的生活情况，比如是否摔倒过，等等。我们还会询问孩子降生过程是否顺利、降生后是否健康、是否有过窒息的危险，等等。另外，还会询问家庭生活方面的一些问题，比如，父母对待孩子是否严厉、孩子是否受过惊吓，等等。如果我们有问题儿童或者顽皮儿童，就会努力在他之前的生活中找出原因。当儿童们 3 岁入学的时候，几乎个个都有一些奇怪的个性特点，但现在都痊愈了。我们可以简单地梳理一下儿童个性偏差的一些类型。

儿童的所有这些缺陷或者异常表现都反映在我们通常所说的个性方面。所有儿童都是不同的,一般人认为,为了纠正缺点,针对每一个儿童,都应该有不同的方法。但是我们可以把儿童的个性缺陷分为两大类:一类是强壮的儿童的缺点,这些儿童通常能够反抗和克服障碍;另一类是软弱的儿童的缺点,他们在不利的环境中容易退缩。

强壮的儿童的缺点

　　强壮的儿童容易发脾气、生气、反叛和具有暴力倾向。他们最主要的特点之一是不愿意服从他人,另一个特点就是喜欢破坏东西。通常他们占有欲比较强;因此,这类儿童很自私,而且容易嫉妒别人(后者不是被动地表现出来的,而是表现为试图拥有他人的东西)。他们反复无常(这是在儿童身上很常见的一种现象),无法集中注意力;也不能协调地运用双手,常会把东西掉在地上打碎;他们的思想没有条理性,但是充满各种想象。他们也经常大喊、尖叫、发出很大的噪音;他们干扰人、捉弄人和折磨人,也经常残忍地对待弱者和动物。他们也经常太贪吃。这是强壮的儿童身上所存在的一些主要问题。

软弱的儿童的缺点

　　软弱的儿童显得消极被动,比如,懒惰、迟钝、哭着要东西、想让人给他做事;他们喜欢被人逗,容易厌烦。他们胆小怕事,过分依赖成人。他们也有说谎的毛病(一种被动的自卫行为)和偷偷摸摸的毛病(一种消极的占有行为)。除此之外,软弱的儿童还有很多其他缺点。

他们的心理缺陷往往会伴有生理方面的问题,这些生理问题有心理根源,但总是和一般的生理疾病混淆。它们包括讨厌吃饭,没有食欲;或者截然相反:贪吃,以至于造成消化不良。这两种现象背后都有精神方面的原因。还有做噩梦、怕黑、睡不踏实,这也会影响到他们的身体健康,导致贫血或者肝脏问题。另外,他们也容易精神紧张。因为这些生理问题是由心理缺陷所引发的,所以几乎无法用药物进行治疗。

儿童身上存在的所有个性缺陷都可能导致道德和行为问题。很多有人格缺陷的儿童(特别是那些强壮的儿童),不被当作是对家里的赐福,父母觉得他们很让人头疼,试图把他们交给保姆或者学校去照顾,他们虽然有父母,但是和孤儿没有什么两样。尽管他们的身体是健康的,但是心理却不健康。这必定导致他们生活消沉,显得很淘气。对于他们的一些异常行为,父母不知道该怎么办好。有些父母向专业人士求助,有的父母则自己想办法解决。有的父母对孩子采取严厉的态度,认为只要立刻能制止他们的不良行为,他们就会得到治愈了,他们以为只要干预儿童的这些缺点,它们就不发展了。他们把打、责骂、不给饭吃等所有办法都用尽了,然而,孩子还是越发变坏了,甚至出现了更多的毛病。他们也尝试着苦口婆心地给孩子打比方讲道理,甚至打感情牌:"你为什么总惹妈妈生气呢?"但还是没有什么效果。有人干脆放手,随便孩子怎么样都不加管教。家长之间常有这样的讨论:"我妹妹的孩子想做什么就做什么,看看他们变成了什么样子!""你的孩子怎么样?""哦,我让他们的父亲揍他们。""那他们变乖了?""哦,不,他们简直变得像他们的父亲一样了!"

285　　很多父母对孩子撒手不管。这通常是软弱儿童的情况。这些儿童通常是被动型的,什么出格的事也不会做。母亲会觉得孩子很乖很听话,当孩子依赖她的时候,她就觉得孩子很爱她。孩子喜欢和妈妈睡。但是她渐渐发现孩子变得智力迟钝,言语迟缓,走起路来也摇摇晃晃。常听这类孩子的母亲说:"我的孩子很健康,但是他也很敏感,什么都怕! 他不喜欢吃饭,只有我给他讲故事他才肯吃饭,他是一个精神型的儿童,他以后没准能成为一个圣徒或诗人。"最后,母亲才觉得孩子有病,于是去看医生开药。这些心理疾病只会使儿童医生受益。

　　如果我们知道活动对人的个性形成的必要性,也认识到儿童需要聆听人的话,观察人的行为,并获得自己的生活经验,那么,所有这些问题就都容易理解,也能找到解决的办法。我们知道,儿童之所以有这些问题,都是因为在之前的阶段受了错误的对待,他们受到了惊吓;他们的心灵上是空白的,因为还没有被构建。现在心理学对这种心灵空白、饥渴的问题非常关注,而且认为这是儿童存在很多缺点的主要原因。

286 另一个原因是儿童缺少构建冲动引起的自发活动。几乎没有儿童能找到全面发展所需要的全部条件,他们被孤立于人群之外,被哄着整天睡觉;成人为他们包办了一切;他们做任何事都无法避免成人的各种干扰。因此,儿童对所有的事情都提不起劲,只能摆弄自己的玩具。其实,他们想做很多事,只是在成人的干预下没有机会去做,也不知道如何去做。因此,当他们拿到花或者捉住昆虫的时候,不知道怎样对待它们,只会把它们毁掉。这种生活消极的儿童会变得越来越懒惰。

另外,恐惧也能被追溯到0—3岁这个早期阶段。当一个儿童从楼梯上滚下来的时候,成人会慌忙地冲上去帮他,并发出尖叫声(通常都会如此),因此,儿童就会感到害怕。我们成人的行动经常是儿童感到害怕的原因。

我们学校引人注目的事实之一就是能够纠正儿童们的这些缺点。这是因为一件事:儿童能够在自己的环境中通过动手做事而形成自己的环境经验,这些操练会丰富儿童的心灵;从而一般的缺点都会随之消失。在活动中,儿童会找到自己感兴趣的东西,从而一直把注意力集中在上面。当儿童到这个阶段的时候,就能够集中注意力做自己喜欢做的事了,很多缺点就随之消失,思维会变得有序,行动也变得主动了,从一个捣乱者变成一个助人者。这是一个不可思议的事实。这些缺点的消失让我们认识到它们是后天形成的,而不是与生俱来的。儿童之间并不因为说谎或者调皮捣蛋而有太大的差异。所有问题都来源于儿童缺乏心理生活的必要手段。

那么,我们能够给母亲提出的建议是什么呢?要为自己的孩子提供有趣的生活环境,让他容易找到自己喜欢做的事;不要给他提供没有必要的帮助。如果他们开始认真做事,千万不要轻易干扰他们。儿童

287

往往是因为精神饥渴而感到痛苦，所以，温柔、严厉和药物根本不能帮助他们。如果任何人因生理上的饥饿而受痛苦，我们不会说他愚蠢，或者因此就打击他，或者为他感到伤感，除了给他提供吃的，其他都是无益的。精神饥渴也是如此。从本质上来讲，人是理性的受造物，比起物质食粮，他更需要精神食粮。不像动物，人必须建立自己的行为模式，满足生命的需求。因此，如果儿童可以自己做主，并充分发挥自己天赋的能力而完善自我，他的发展就不会出现异常，各种缺点就会消失，不会再做噩梦，消化问题也能得到改善。他之所以变得正常了，是因为他的心理正常了。

所以，个性缺陷不是道德教育能够解决的问题，而是关系到人的个性的自由发展。它的消失不是凭借成人的说教和榜样能够做到的，不管是威胁还是许诺都没有必要，要做的只是给儿童提供一个能够让他发挥自身潜力的环境。

第二十章

儿童的社会贡献：正常化

　　在上一章，我们追溯强壮的儿童和软弱的儿童的行为根源时，所列举的所有缺点一般都不会被认为是恶；有的人甚至认为这些缺陷是儿童的优点。那些被动、迟钝的儿童被认为乖巧听话。那些非常好动的儿童显得健康、充满想象力，因而被认为最优秀。他们通常手脚闲不下来，总在忙着做事，父母会认为这样的孩子很聪明。

　　因此，我们或许可以说世界上有以下三类儿童：

　　1. 那些有缺陷需要被纠正的儿童。

　　2. 那些乖巧（被动）而堪称他人榜样的儿童。

　　3. 那些被认为最优秀的儿童。

　　后两类儿童更能得到人们的认可，父母为这样的孩子骄傲，甚至当 （特别是第三类儿童）他们烦人的时候，仍然会被父母引以为豪。

　　我坚持这一点，并且很注意这种分类，因为这些特点长久以来受到注意，除了这些特点，没有其他个性特征受到注意。然而，在我所创办的第一所学校和其他学校里，我看到一旦儿童专注于自己感兴趣的事，那么，所有这些特征就立刻消失了，不管是所谓的缺点、优点，还是最优秀的特点都消失了，呈现在我们面前的是一个没有任何我所描述的那些特征的儿童。这意味着人们至今仍然无法正确评价好、坏、优秀；我们以为是这样，其实不然。这让我想起一个很神秘的说法：

　　主啊，除了你没有什么是正确的；其他一切都是错误的。

　　我们学校的儿童揭示，所有儿童真正的目标是持续地工作，以前从来没有看到过这种现象。以前没有见过不在老师的指导下儿童自发选择工作。儿童跟随自己内在的某种指引，让自己沉浸在工作之中（他们各有不同），这让他们既平静又快乐，而且还出现了一种在一群儿童中以前从未出现过的现象：自发的纪律。这比书写爆发还让人惊奇。这种自由状态下所表现出来的高度自律似乎解决了以前从未解决的问题。其解决方案是：要让孩子守纪律，就要给他自由。这些儿童在自由中四处走动，找寻工作，每一个人都专注于不同的工作之中，然而，作为一个集体，则呈现出完美的纪律性。我们将最终回到儿童的真正本质这个问题，但同时我们将描述儿童内在发生的变化。

　　如果把儿童放在一个有秩序的环境里活动，他们就全都会有这种新的表现，因此，这是一种整个人类共有的精神类型，至今仍然隐藏在其他表面的特征之下。这种让儿童表现得整齐划一的变化不是逐步实

290

现的,而是突然发生的。当儿童专注于某一项活动的时候,它就会出现。因此,如果一个儿童很懒惰,我们不应该逼着他做事,我们只要在环境中为其提供与发展方式相关的条件就行。一旦他找到了工作,他的所有问题就立刻消失了。儿童会做得很好不是理性分析的结果,而是由他们内在的某种力量所决定的。(见图 10)

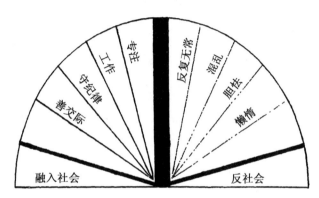

图10 儿童正常的和不正常的个性特征

当人类个体在头脑的指挥下用双手做事时,他是一个整体,同时也在构建一个整体。我意识到,当手和脑配合不一致时,人类个体就不会表现出整体性,那么这些表面的"恶""善""优秀"等特征就会出现。这个结论是我对儿童观察的结果,肯定不是我先入为主的认识。这也是一种新的观点,它的出现也许是最难理解的,或许是因为我们生活在一个优点和缺点并存的社会(两者分别被奖励或者被惩罚),我们身边的很多儿童都有前面我们提到过的那些个性特征,因为他们没有机会表

291

达任何其他的想法。成人没有必要对儿童指手画脚,重要的是尽量给儿童提供各种独自做事的机会,特别是那些至今为止,他们还没有机会接触的事情。

从上述表面特征到正常特性的过程,总是通过手和头脑的理性活动进行的。在图 10 中,我们看到儿童所有不同的个性特征,就像我们通常所知道的那样。在这幅图中,扇面向外辐射的线条表示各种特性,它们有无数种。中间垂直的粗线表示儿童专注于某事,代表儿童的正常状态。当儿童开始专注于某件事的时候,垂直线右侧的线会全部消失,只剩下左侧的线。可见,这些表面特征的消失并不是成人的功劳,而是儿童自己全身心专注工作的结果;之后,就有了正常的人格发展状态的出现。

我现在举一些出现在学校的事例,这是在有上述不寻常情况的第一所学校之后,发生在其他学校的事例。有来自世界各地的人士都来我们学校观摩学习,他们希望回到自己国家之后也开办我们这样的学校。这些学校绝大多数是为富人家的孩子开办的,这些孩子有更多的缺点,因为有那么多人为他们服务,因此,他们是在一个更不自由和更不正常的状态下成长起来的。我常收到那些回国之后的学员写来的信,第一批信表达的是他们的沮丧之情,他们讲述了这些学生极大的异常行为和所有普遍的缺点,比如:

1. 有一个儿童玩飞机火车这样的玩具,肆意吵闹,大声讲话,严重干扰到其他孩子(传统的优秀型)。

2. 另一个儿童很势利,对所有的机构都很高傲,并且很懒惰。

3. 还有一个儿童整天粘着自己的哥哥,哥哥做什么他就做什么;哥哥走出教室,他也紧跟着,等等。

4. 其他儿童也几乎都有这样那样的毛病,比如有的害怕碰水,还有一个 3 岁半的儿童完全不愿意开口说话。

有一大批儿童都像这样,他们让老师伤透脑筋。有一位老师说他们把东西扔在地上,然后在上面跳舞。有的老师很失望,甚至希望天使从天上下凡来管教这些孩子。

几个月之后,那些曾经很沮丧的老师在信中的语气开始改变了。这些相互间没有联系的老师(有些在新西兰,有些在罗马、法国、美国或者英国),都提到同样的事情:"某某孩子找到了自己喜欢做的事,他已经改变了。"我们把这种转变叫作"正常化"。那个紧追哥哥不放的孩子,有一天自己拿起粉红色的小塔楼,他的注意力完全集中在它上面了。当他哥哥走进另一个房间的时候,他没有跟进去,这让他哥哥有些吃惊,哥哥用几乎生气的口气问他说:"这是怎么回事? 当我在另一个房间画画的时候,你在建塔楼?"这个儿童已经发现了他自己的价值,不再需要他哥哥的精神支持了。关于另一个男孩,原先如果他妈妈不在身边,他就不来学校,或者即使来到学校,只要妈妈一走,他就马上哭闹着要离开,不愿多待一分钟,因此,妈妈只好陪着他。然而,有一天,这个孩子对洗一张桌子感兴趣了;他母亲心想这是她溜走的一个好机会,但她有些犹豫,觉得自己悄悄走掉,当孩子一旦发现她不在那里,就会大哭。因此,她对他说:"我要走了。"没想到孩子竟然说:"好吧,妈妈再见。"从此之后,他再不需要妈妈陪他上学了。这两个黏着妈妈和哥哥的儿童,在还没有自由地享受过独立时,不能单独做任何事。然而,他们一旦对某一样事情感兴趣了,他们的头脑就会指挥手去做事,于是,他们发现了自己的独立性,就开始独立行动了。

294　　　那个曾喜欢玩火车和飞机模型、很调皮捣蛋的儿童,后来变得对几何形状的拼图感兴趣了,他按照形状和结构把不同的几何图形嵌进拼盘,并且闭上眼睛调整它们。他狂热的幻想立刻消失了,他不再说"这是发动机","这是飞机",等等。而是说"这是梯形","这是八角形",等等。他现在被现实的东西吸引住了,而不是沉溺于幻想的东西。他过去乱摔东西,现在则很谨慎小心地做自己的事,平静而严肃地对待所有的事情。如果有人看到所发生的这一切,可能会说这个小家伙原来生活在一个幻想的世界,没有任何真实的价值引起他的注意,所以他在身边发现的任何东西都能占据他的注意力;他的手也不是为了任何真正的目的而做事。他的头脑原来充满了各种幻想,而且与无所事事的双手是分离的。现在他的头脑开始指挥他的双手做正事了,他突然间成为一个整合的个体,而他所做的事反过来也在不断丰富他的头脑。

　　　那个怕水的女孩,特别怕倾倒中的水(可能在玩水的时候被责骂过),现在则对重感体验板(baric sense tablets)很感兴趣。她很快乐地体验了不同板子的重量之后,又去做别的事情。之后,她突然意识到自己不再怕倾倒的水了;她如此高兴,看到有人在用水彩画画,就立刻用

295

228

干净的水装满他们所有的罐子，这对她来说就像一个特殊的任务一样。

有一个女孩从来不坐下，即使玩得很累了也不愿意坐下来歇歇。我们试图弄清楚其原因，她母亲说从来没有因为她坐着而责备过她。不过，她父亲想起一件事，当孩子在1岁半的时候，有一天，她穿着一件新衣服坐在了一个新油漆的凳子上，母亲突然喊说："小心！别坐在那儿！你会被弄得一塌糊涂。"原来这是她害怕坐下来的症结所在。现在的问题是怎样治愈她。我说："别太注意她，要让她找到自己感兴趣的事。"后来，她对某件事发生了兴趣，因为想继续不断地做下去，就"无意识地"拉来一把椅子坐了下来。从那个时刻开始，她就不再害怕坐下来了。医生给那个不愿开口说话的3岁半女孩做了检查，发现她的发声器官没有什么问题。她接受了电磁治疗，但也没有什么效果。她在学校里什么也不做，当然什么也不说，只是到处走走。最后她对做某件事发生了兴趣，做事的时候脸上放着光。她一做完，就跑向老师说："看看我做了什么！"这是她在学校里说的第一句话。

儿童的消化问题、噩梦和其他缺点也随之消失，他们在家里也变得平静了。有一个总是怕黑的儿童对学校的工作产生了兴趣。有一天晚上在家里，当她母亲需要从外面的黑屋子里拿东西的时候，她说："妈妈，我去拿。"她不再怕黑了。

因此，因为自发地专注于做某件自己感兴趣的事，过于听话和被动的孩子也发生了改变。

我们必须重申，这不是零星的偶发现象，它发生在我们世界各地的

296

学校里。我们意识到,这种平静、安详和没有惧怕的儿童是真实的和正常的儿童,这是儿童应该具有的真正的特征。直到后来,我才完全理解这实际上意味着什么,那就是必须让儿童有自我构建的机会,就像我们在这本书和我们的其他书中解释的那样。如果条件不允许这样做,正常状态就不复存在了,而一旦自我精神构建的条件存在,儿童就会正常发展。因此,在我们学校把这类有了发展的儿童称为"正常化"的儿童,而其他的则是偏离正轨的儿童。其中最大最有趣的因素之一是正常化的儿童超常的纪律性,他们每一个人都被某件事情所吸引而专注其上,乐在其中。新闻媒体报道说:"如果这是真的,那是不可思议的,但它令人难以置信。"每一个访问了这些学校的人都试图弄明白我到底耍了什么花招,他们认定这一定是个骗局。有人说是我用催眠术制造了这种结果,但是我对他们说:"这种事发生在纽约;但我在罗马。"还有人认为儿童事先在老师的引导下做了准备,或者是老师在用眼神表达自己同意或者不同意,但谁会为了证明某种以前从未发生过的事而经受这么大的麻烦呢?

在学校之外的一个公共场合,也证明了这些现象的真实性。那是在为巴拿马运河开通而在旧金山举行的世界博览会上发生的事。在世博会的教育展中,布置了一个小小的蒙台梭利课堂展,教室的墙壁是玻璃的,以便公众能够从外面看到里面上课的情形,而不会干扰到里面的儿童们。那时候,海伦·帕克斯特(Helen Parkhurst),也就是后来的"道尔顿计划"(Dalton Plan)的创始人,是一位任课老师。到了晚上,教室门就会锁上,钥匙则留在看管人那里。有一天看管人因故没有打开教室的门,孩子们和老师都等在外面。老师说:"看来我们今天不能进去上课了。"但是有一个孩子看到开着的窗户就说:"请把我们举起来,我们可以从这个窗户进去。"看到这个窗户的大小只容得下儿童,老师就说:"这对你们可以,但是我进不去啊。"儿童们回答说:"别介意,你本来也不用做什么;你可以和其他人一起坐在外边看我们做事。"我不是在倡导一种理论原则,而是在叙述一些被整个世界所见证的事实。298

还有一次,在意大利发生了地震,墨西拿市被地震摧毁了。地震之后,很多孩子失去了父母,他们因为受到可怕的惊吓而深感痛苦,这显然需要国家帮助。他们被集中在一个孤儿院,其中有 60 个儿童因为情绪最沮丧,并且年龄合适,得到了特别的安排,让他们通过这种新方法接受安抚。当然,照顾他们是最困难的,所以,为了帮助培养他们的独立性,他们被安排在一个特殊的环境里,那里漂亮明亮,而且有很多实际生活的操练。在几个月里,他们过得很幸福,甚至在花园里摆上桌子吃午饭的时候是蹦蹦跳跳的。外面的人想知道里面发生了什么。实际上他们所做的就是进行各种实际生活的操练而已,其中很多操练包含非常精确的生活细节。在帮助他们的人中有很多是贵族,他们教给孩子们很多社会礼貌方面的细节,过去在贵族社交圈之外没有人知道这些。儿童们对这些细节和严格要求很感兴趣,他们照着要求去做,由此开始了一种新的生活。外面的人说这些孩子成了很有教养的绅士和淑女,以及完美的仆人。是很多精确的细节吸引了这些孩子的注意力。

对一个粗略的行动,心灵是不会专注的,但对一个精确的细节,心灵一

定会保持专注。有一个美国女作家叫多萝西·坎菲尔德-菲舍(Dorethy Canfield-Fisher),她看望了这些儿童之后,写了一本名为《蒙台梭利母亲》的书,该书仍然在出版发行。这是有关一群情绪非常沮丧的儿童获得治愈的案例;因为惊吓,他们走入了生命的最低谷,最后通过专注地做某些事情,他们得到了治愈,又重新站起来了。

综上所述,我们一定可以得出这样的结论:儿童首要的心理需要是按照他自己的心理规律去生活。活动让他有了正常人的行为,因为这不仅使他和成人有了一样的行为,而且也是生命的需要。儿童必须发展,并个性化地发挥自身的作用,走向独立,让自己的头脑与手关联起来。如果不遵守自然律,就会出现无数的困难;如果遵守自然律,困难就会消失。因此,如果在一个准备好的环境里,让儿童按照自己的自由选择动手做事,延伸第一个生命阶段的活动并完善它们,那么就有可能在3—6岁之间克服所有的困难。事实很简单,但是它们是生命的事实,是过去这40年来在世界各地被验证的事实。基于这些事实,我们发现了儿童新的个性特征,开始运作一个新的学校组织;在这些学校里,儿童是主动的,老师基本上是被动的,即通过环境间接地行动。

这种个性的转变并不是发生在所有儿童身上。有些器官缺陷和疾病是在人出生之前就形成的,我们对此无能为力。还有一些先天的精神和道德缺陷,带有这些缺陷的人长大之后会成为弱智和罪犯。他们在人类群体中的占比是很小的,但是这种罪犯、弱智和精神错乱者的占

比，会因为在 6 岁之前能接受帮助而实际上没有得到帮助的儿童的数量的增加而增加。因此，我们开始对社会问题有了更多一些的理解。比如在美国，统计学给我们的数据是，每年新增 10 万个进入精神收容所的病人，而他们每个人都已经病了至少 10 年，所以可以想见美国有多少精神病患者还没有被发现！这不是天生的，这些人中的绝大多数都能够得到帮助，但是只能在 6 岁之前给予帮助。另外，监狱也是人满为患，甚至有的监狱是专门为青年人建的。这又是一大悲剧。

有另一些人我们也没有给予他们帮助，他们是圣人和天才，不需要我们的帮助。正常化是为大多数人的，而不是为处于这两个极端中的极少数人，他们是例外。那些不需要我们帮助的人具有像圣人和天才一样的伟大人格，那些我们无法帮助的人的缺点是先天的，他们是天生的罪犯和疯子。我们希望通过理解，使更多需要帮助的人得到帮助，那么疯子和罪犯就会大大减少。但是，要做到这一点，学校教育和社会生活必须有所改变，因为它们对这么多的麻烦负有责任。因此，我的第一个教育机构是很重要的，对进入我们机构的第一批儿童我们深怀感激，如果没有他们作为测试的对象和范例，我们不可能知道这一切。

儿童是伟大的公民，他们已经把改善社会的途径展示在我们面前，是儿童教我们认识到这个方法多简单，又多独特。只有通过工作，才可能达到社会的重组，但这里说的工作只能是那些本身能给人带来喜悦的，而不是那些有违生命的规律被强加的工作。

第二十一章

个性塑造是征服而非防御

　　在前面一章里,我们提到,如果儿童在 6 岁之前有一个适当的生长
环境,出生之后形成的缺点是会消失的。这些缺点通常不是一个接着
一个消失的,而是当儿童的兴趣集中在一个活动上的时候,这些缺点突
然之间就全部消失了。之后,开始会有一系列持续不断的现象发生。
所有正常化的儿童都以一种统一的方式在行动,即他们继续平静而安
详地把注意力集中在动手做某事上。这个时候很令人惊讶,因为之前
从来没有看到一个小孩会有这样的表现。他们也表现出一种在成年人
身上和儿童身上从来没有见到过的特点:以最大的努力持续不断地工
作,直到彻底地而且准确无误地完成任务。这种准确完成任务的努力
是很不寻常的,连成人都很难做到;而且儿童会把这个任务的完成做到
极致,因为一旦他们完美地完成了自己的任务,就会多次重复着去做,
这种多次重复经常让我们觉得很荒谬。比如,他们会把一只铜花瓶擦
拭 10 遍,或者会用一个气缸套重复练习 40 次,甚至 200 次。显然,儿

童这样做并不是为了一个外在的目的，而是为了一个受自然引导的、非外在的目的。这些让他们专注和重复进行的活动有一个共同特点，那就是手脑并用。我们必须正视这种现象，并要设法理解它。这些儿童正在构建人的个性，他们在清楚地阐释我们所欣赏的人的内在品质：快速做决定的能力、对工作的不懈坚持。他们的这些个性品质不是因为接受了我们的说教或者看到我们的榜样之后才发展的，而是来自他们自身的努力。这些是儿童在3—6岁获得的，并且其创造和发展是遵循着人性发展的自然律。就像儿童在0—3岁时某些能力的获得很复杂（如语言）那样，在这里个性的创造和发展也很复杂，必须通过自然规律获得。儿童从0—3岁获得的能力都是由有吸收力的心灵直接吸收的，因此，儿童只要生活在人群中就能吸收语言等。但是，从3岁到6岁，他必须以主动的方式构建自我，构建自己的个性。而这种构建是在手脑并用的工作和活动中进行的。到了6岁，儿童的精神品质和个性的构建就基本完成了。如果我们对此加以思考，事情就清楚了，我们不仅不能教儿童个性美德，而且在他构建自己个性的时候，一定不要干扰这个3—6岁的正常儿童。如果我们不必要地加以干扰，那么就是打断了这种构建。因此，对于这个年龄段的儿童的教育工作不是说教，只有一种帮助个性自行发展的方法，那就是为这种发展准备环境，尊重儿童的智慧活动，不要横加干涉。把榜样放在儿童的眼前是没有用的。对于一件事，他们可能做得比榜样都好；在任何情况下，对他们说教都是无用的，那就像在向风讲话。甚至普通父母也理解这一点，这就是为什么他们有时候会打孩子一巴掌,因为他们知道讲多了没用。

儿童给我们一个很大的启示,那就是我们的教育要有科学基础。只有等到儿童心智稍微成熟一点之后,才有可能通过直接说教的方式对他进行教育。儿童长到 6 岁之后,我们才能做他的道德传教士;6—12 岁时,儿童的意识会苏醒起来,就会注意到事情的对错和人的好坏。12—18 岁,当他开始有了爱国主义、社会责任和宗教情感等理念的时候,成人的说教对他就更有效了。那时候,我们可以成为他们的传教士,也可以成为成人的传教士。道德化的说教活动总是在成人中进行,我们有很多时间对一个人从事这种努力。然而,我们会发现,唯一的问题是 6 岁之后,儿童就不会自发地发展他们的个性品质了,而且本身不完美的成人传教士也有自己的困难,他们只能采取间接的方式教育孩子。令教育者苦恼的是,他们可以教年轻人科学、数学、文学,等等,但不能直接影响他们的个性发展。当他们没有个性或者个性缺乏的时候,就没有认真学习的动力。只有那些在环境中经历了风雨,在错误中学习了成长的儿童,才能够找回一些或者全部的个性特点。错误在于我们没有在儿童 6 岁之前给他们机会,让他们不受我们的干扰,通过正常的自然活动,培养自己的个性。现在,如果这些已经长大的年轻人缺少专注力,我们就无法让他们专注起来了。如果我们告诉他们要持续专心地做自己的工作,而他们又缺少这种能力,那他们怎么能做到? 这就好比要求一个没有腿的人"走直线",这是不可能的。这些能力只能靠操练获得,说教或者命令无能为力。就像我不能靠服从命令或者一腔热情去弹钢琴或者七弦琴一样，因为我没有这种能力，并且已经失去了学习做这种事的机会。对于儿童来说，很多在之前的创造期所错失的能力是无法自然复生的。那么，我们能做什么？社会普遍认为："对于年轻人要有耐心；我们只能怀着良好的意愿，给他们树立榜样。"我们想靠耐心和时间争取好的结果，但我们将一无所获；随着时间的推移，儿童除了年龄增长不可能改变什么，因为没有什么东西仅凭耐心和时间就能获得。如果你没有在儿童的创造期把握住机会，那就永远等不来你想要的结果。

另一个观点也变得清楚了，如果把人类看作一个整体，我们就会明白，人的心灵其实是混沌一片，亟待开发。大家都在说"人人不同"，但是这些不同的个体能够以不同的分类标准组成一个个群体。如果我们能够变成精神领域的老鹰，从上往下看，就会看到这些类型各异的群体。就像儿童一样，成人虽然有不同的缺点，但是有某种很深刻的东西是所有人都共有的，只是它仍然处于隐藏的状态而已。所有人都有一种让自己变得更好的倾向，这是一种趋于灵性的倾向，尽管有时候它是模糊的和无意识的。的确，这些对个性缺点采取的行为后来都具有促进人自我改善的作用。个体和社会追求的都是不断进步。从外在和内在两个方面来说，这都是一个事实，这意味着在人类的潜意识里有一盏小灯，它会引导人改善自我。换句话说，人的行为不会像其他动物那样是天生的、固定的，而是能够不断进步的。可以说，人有渴望进步的天性。

在图 11 中,我们看到中间的圆心,它是完美的中心,围绕圆心的是灰色的圆环,代表相对更强的正常人。围绕灰色圆环的是白色的空间,代表在不同程度上还没有发展好的普通大众。最外围的黑色的圆环,代表的是那些非正常人,即很少数社会边缘人士和反社会者(社会边缘人士是指那些低能者或者疯子,反社会者则是指罪犯)。罪犯和疯子无法适应社会,而所有其他人则能在某种程度上适应社会。因此,教育的问题只是与能够在某种程度上适应社会的人有关。

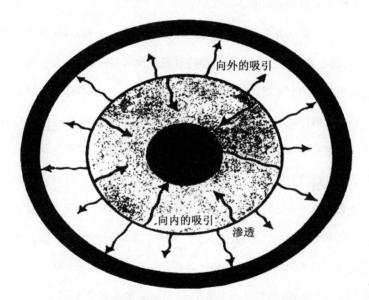

图 11 高等和低等社会类型的吸引状态示意图

适应环境是 6 岁以下的儿童的工作,所以,这里也是人个性发展的起点。能否发现轻松适应社会的方式是一个多么大的问题啊! 有些人已经或多或少地适应了环境，而且或多或少地回应了社会需要，图中的白色圆环代表这些人。那些由灰色圆环所代表的人更强，更接近完美，因为他们有更大的精力，或者找到了一个更好的环境。而其他人在发展中则缺少某些重要的力量或者遇到了很多阻碍。在社会生活中，那些在灰色圆环中的人被认为有更强的个性，而其他人则被认为个性比较弱。灰色圆环所代表的人本能地受到圆心所代表的完美的吸引。然而白色圆环所代表的人则受到极端的外围环境更多的吸引。因此，有些人受到外在环境吸引之后，就容易滑向反社会或者排斥社会的方向，就像登山，往上爬太难，所以就滑了下来。他们遇到很多诱惑，如果不持续不断地努力往上爬，随时都会滑下来，会变得很自卑。从道义方面来讲，我们必须支持这些人，让他们不要陷于诱惑。当然，这对他们来说，不是一种愉快的吸引，因为没有人会享受滑向犯罪或者疯狂的过程，它就像一个不可抗拒的重力的吸引，需要人持续不断地与它抗争。这种努力抗拒下滑倾向的努力被认为是一个美德。其实，美德能够阻止我们滑进道德泥潭。具有美德的人会告诫自己小心，不要跌倒，要刻苦努力。他们为自己的生命设定原则，以免堕落。他们将把自己与比他们好的人联系在一起，向全能的天主祈祷，求他帮助他们抵抗诱惑。他们会越来越让自己穿上美德的外衣。但这是一种很艰难的生活，因为刻苦努力本身就不是一种喜悦的生活，它是一种永攀高峰和坚持不懈的努力，这样就不会一头撞在石头上爬不起来。年轻人感受到这种重力的牵引，教育家则试图通过榜样和训诫来帮助他们，为他们服务，

308

309

尽管他们有时候觉得自己与年轻人一样感受到这种阻力。他们常说："我必须为年轻人树立榜样，否则，我的学生会怎么样?"为了作出表率，他们约束自己的行为。学生和教育者都属于白色的圆环所代表的人群。这是今天个性教育和道德教育的环境，它是唯一被接受的教育方式。因此，大部分人总是在白色的圆环里，人类通常认为不断进行自我防御的人才是真实的人。

灰色的圆环代表的是能够更强烈地受到完美所吸引的人。尽管没有重力的牵引，但这是一种靠近完美的真正的吸引。这可能经常是无法真正实现的达到完美的愿望，但是在任何情况下这类人都自然而然地走向它，而且几乎不用做什么努力。他们不是那些因为害怕警察才不偷盗的人或者尽力反对占有的人;他们是不会向人施暴，而会以美德制止暴行的人。他们不是被周围财富所吸引的人，也不是暴徒。他们只受到一种吸引，即受到完美中心的吸引，因为他们觉得追求完美已经是自己生命的特性了。他们不需要以同样的方式获得美德，因为他们310 对导向不完美的重力的牵引难以屈从，他们厌恶不完美。当他们走向完美中心的时候，不认为这是一种牺牲，而认为像是自己最深切的一个愿望;他们愿意走向完美。

让我们做一个生理性的比较，考虑一下素食主义和非素食主义的问题。很多吃肉的人在一个星期的某些时候会放弃吃肉，或者在整个四旬斋期[1]40 天内守斋，这意味着他们 40 天内不吃肉和其他某些食物。尽管这是一个漫长而枯燥的忏悔时期，但对愿意守斋的基督徒来说,这种行为很有道德意义。但过了这个时期之后,他们也许会贪吃各种肉食。在斋期里他们可能常会受到犯罪的诱惑,从而祈祷说:"主啊,助佑我!"这些遵守他人和宗教领袖所规定的规矩的人是很虔诚的。他们很纯朴。但是在灰色区域的那些人就像天使,像素食者,吃肉对他们没有什么诱惑,因为他们本来就不吃肉。所以,让那些素食者不要吃肉是没有意义的,他们不用付出任何努力就能守好这个斋戒。

让我们举另一个例子:强壮者和病弱者(比如,受慢性气管炎之苦的病人)。病弱者在冬天需要穿很多以免受冻,甚至要通过洗浴和按摩加快自己的血液循环。这些看似很正常的人,对自己的身体却很小心。也许有的病弱者消化功能不好,因此需要在特定时间吃一些特殊的食物。这些人都和正常人生活在一起,但他们对生活中的一些细节很小心,对自己的身体状况总是有一些担忧,比较依赖医生、护士和家人,总是在说:"帮帮我吧!"但是,看看那些身体强壮的人,他们想吃什么就吃什么,不会对身体状况很在意。在别人冻得连门都不敢出的时候,他们甚至可以跳进冰冷的河水里游泳;去极地探险更是他们的乐趣,他们并不会太担心自己的身体有什么状况出现。在美德的茫茫雪原上也是这样,堕入罪恶深渊的罪人和深陷诱惑的迷茫者需要灵性导师。然而,在灰色区域中的那些生活圣善的人则不需要,他们内心的平安与喜悦是其他人无法体验的。

那么,就让我们通过自己的努力进入完美的圆心,把我们的人格建立在现实的基础之上。什么是完美? 也许是在最高程度上拥有全部的美德。那又要获得哪些美德？这也必须是一些可行的和实际的东西，这在性格方面是指人类渴望进步（甚至在人的潜意识里也深藏着这种渴望）。人类社会必须在进化中不断进步。有人感觉自己受到天主的吸引，我们权且先放低标准，以完美的人为目标。人走向完美，就是在走向进步。某个人有了一个新发现，那么对整个人类社会的发展都有促进作用。在精神生活领域也是如此，一旦某个人到达比较高的精神境界，那么，这对整个社会都有积极的影响。从精神方面来说我们所知道的一切，以及从物质方面来说我们所看到的一切，都与某些人的成就有关。如果我们研究地理或者历史，就会看到持续不断的进步，因为不时会有人把一个观点放进代表完美的圆心中。这是一种吸引，但只是针对那些在灰色圆环中的人而言的一种吸引，他们对自己是确定的，不需要规则的规定或者自我苦修，他们也不一定要花费精力去抵抗诱惑，这样他们就能够用更多的精力获得那些必须努力才不至于陷入诱惑的人不可能得到的成就。因此，海军上将理查德·博德（Admiral Byrd）蒙受贪财的恶名筹钱，探索南极，让自己受尽远征极地之苦，但他毫不退缩，他觉得受到完美的吸引，从而要努力追求自己尚未达到的目标。

作为总结，我可能会说，从人的个性角度来说，处于白色圆环中的人太多了，而处于灰色圆环中的人则太少了。为了避免各种诱惑，有太多的人需要支持。如果世界继续把教育的中心放在这个水平上，那么就会把人限制在这个水平上。

我们可以想象一下，如果一个处于白色区域的传教士来到处于灰

242

色区域的儿童那里，告诉他不要吃肉，否则就是犯罪，儿童可能会说："我不可能会犯罪，我对吃肉并没有兴趣。"或者另一个传教士说："你出门前必须穿好衣服，否则会感冒。"儿童会说："我不需要穿很多衣服，因为我不怕冷。"这让我们意识到，在教育中，从白色区域的角度给儿童提供指导，容易把他们都下拉到这个水平，而不是把他们推向完美的中心。如果我们看看教学大纲，就会发现它们提供的信息都是不足的和乏味的。它们是在贬低今天的教育，会对人类的力量造成人为的削弱，并给人的内心带来混乱。它们通过有组织的形式限定知识范围、限定人的能力发挥、限定人的水平高度。当人有自己强壮的双腿的时候，它们递给人的是拐杖。所以，这是一种错误的教育，是基于人的低素质，而非高素质的教育。它们让人通过自己的努力，进入了更低等的群体之中。对于那些在6岁之前没有建立起自己个性的儿童来说，我们必须努力为他们进行重建，尝试帮助他们运用自己创造性的能力。对他们来说，灰色区域还不够完美，而是一种对完美的追求，这是征服，而不是防御。很有可能这种灰色区域会入侵白色区域。从心理学角度来说，如果在人的生命中仅有一个能够进行自我构建的时期，而且这个构 314 建受到错误的环境的影响，那么，我们自然就会拥有很多未充分发展的个体。然而，假如我们想要让人按照自然律发展其人格，并给他们提供一个有建设性活动的机会，而不仅仅是训诫，那么，这个世界将需要另一种新的教育。

只要消除各种人为的限制，人类就能成就很多伟业。我可以通读所有历史和哲学书籍而仍然是个傻瓜。但如果运用新的方法,激发人的热情,那么结果就会很不同。为了做到这一点,我们必须坚持在人身上找到某种反应。人的个性形成于创造性阶段,如果错过了这个阶段,之后就无法形成了,那么再多的说教和榜样都无济于事。

这就是新旧教育之间的不同之处。新教育是希望帮助人通过自己的努力,在适当的时候进行自我构建,这样就能使人类取得更大的成就。然而,我们的社会已经为人类的发展设置了很多障碍,我们必须摧毁它们,由此打开人类的视野。这种新教育是一场革命,但它是一场非暴力革命。一旦这场革命取得成功,那么以后的暴力革命就不可能发生了。

注释

[1] 天主教的斋戒期,在每年的复活节前举行,共 40 天。——译者注

第二十二章

占有欲的升华

在了解了一般的现象之后,现在让我们仔细观察所发生的事实,并给出我们的解释。这些自我呈现出来的事实,因为儿童的年龄和其表现强度而非常令人惊讶和引人注意,但更令人惊讶的是儿童所展现的个性与人类更高贵的特征之间的关系。

如果研究所发生的这一切现象,人们就会看到它们内在的整个构建过程。我们可以把这种构建过程与生长在某个阶段的毛毛虫的行动相比较。它们不会像我们一开始看到的那样在细细的树枝上爬行,而是停留在一点上,在那里很活跃。过了不久,人们会看到它们被一团云雾般的线团围绕,几乎看不见了,成了半透明的,但这是形成坚固的茧的开始。像毛毛虫一样,我们注意到的第一个现象是儿童专注于某件事情。在我们的第一所学校里,一个 3 岁半的儿童表现出来的专注程度很引人注意;在环境中有很多其他的刺激,但这都不可能破坏他的专注。这种类似的专注也可能出现在成人身上,但只有在阿基米德这样具有优秀品质的人身上才可能看到。阿基米德如此强烈地专注于研究几何问题，尽管敌人打进城来，他仍然沉浸在自己的思考中，他说：

不要打扰我！

他没有意识到城市已经陷落在敌人手中。诗人也是那种可以不理会窗外吵闹的嘉年华游行而继续自己工作的人。只有那些真正的天才人物才会在成年时也有这样的专注。但是，在 3 岁半的儿童身上存在的不是同样的一种专注。在儿童身上，这样的专注是由自然赋予的。当我们在世界各地的儿童身上看到同样情形的时候，我们就确信它一定是人内在构建的模式。就像在做任何事情之前，通常有必要先根据指南确定一个实施方案，方案一旦确定，就可以进行具体操作了，儿童的构建也是这样，把注意力固定在某个方向上是第一步。这并不需要注意力总是被固定在某一件特定的事情上，但是，它必须是稳定的，否则就不能开始进行构建。这就像个性在找寻中心，一旦找到了，就会拥有它。同样，如果我们想进行构建，就必须专注于任何一个与手上的工作相关的事物上。如果没有这种专注，儿童就会受到自己所关心的事物的控制，会被很多刺激牵着鼻子走。然而，一旦有了这种专注的稳定性，那么儿童就会拥有和控制环境了。

317

在成人世界，要是我们发现一个人频繁地改变自己的兴趣，我们就会说他的性格多变，而且我们知道这样的人很难做好任何需要他负责

246

的工作。但是,当我们见到一个有远大的目标并且能够专注于自己的工作的人,就会认为他将大有作为。我们倾向于思考这些事情,并且认为应该让我们年轻的学生把注意力集中在自己的工作上,但是我们不知道怎么做才能奏效。那么,这意味着普通教育方法并不能做到这一点。当很难让大孩子(大学生和高中生)专注的时候,谁又想到能让3岁半的孩子专注呢? 当整个班级的学生都在到处蹦跳乱跑的时候,任何老师都不可能让某个学生达到这样的专注,更别说让整个班级的学生都保持专注了。然而,墨西拿的孤儿班能够做到,这个案例我在前面的一章里提到过。他们60个孤儿在一个大教室或者大厅里学习时,有100个学生走进来靠墙站着,这些儿童竟然没有注意到他们进来或者抬头看他们一眼。

这种现象证明自然会给人的精神构建某种很伟大的东西,从这种 318
现象我们可以理解构建人的意志所需的要素是什么。儿童不是通过已经存在的意志力获得这种专注力,而是通过自然获得的;自然用这种方式构建了意志。之后,所有回转和偏离的现象都消失了,人的个性就成型了。在这个事实之后发生了什么? 我们看到没有外在目标的坚持不懈(重复操练),因此,一定有内在目标存在;这种坚持不懈是儿童的行为特点,我们成人并不拥有它。我们可能会在一个长时间的工作中有所坚持,但并不是在不断重复同样的工作时有这种坚持。儿童的这种重复是对个性的一种训练,等他长大成人时会用到这种个性,但它是在儿童时代构建的。有些成人看到儿童不断精确地重复所有的操练,就不能忍耐,这是经常发生的事。然而,儿童没有这种坚持不懈的意志力,他这样做是自然在推动,但通过这样的坚持,他就构建了意志力,有了这个意志力,等到他长大成人的时候,就能从事任何他必须完成的任务。如果我们看到自然如何经常个别地操练每一个运动,我们就明白如果在小时候没有机会进行这些操练以发展构建意志的要素,那么青年人就不可能获得任何坚持的习惯或者意志力。没有这些特点的人不应该受到责备,因为他们在过去没有机会构建它们。

319 　　让专注稳定下来,这是要做的第一件事,在此之后,就会有另一件事发生,即由儿童自己决定要从事的活动。我们班上的儿童会自由选择他们的工作,并操练自己决定的行动。这也是通过日复一日,年复一年这样重复的练习培养起来的习惯。我们经常发现有些成年人从来没有为自己要做什么做过决定,可以说这些人没有意志。很多人都像这样,当我们发现一个人能够清楚地表达自己想要什么的时候,我们会说他是一个有坚强意志,并且能够决定自己的行动的人。儿童通过自然律决定自己的行动,而成人则是通过理性反思决定自己的行动。显然,为了练习这种决定行动的能力,儿童有必要从那总教他做什么的成人那里独立出来,因为这个决定显然来自儿童内在的发展和内在的力量。如果有人暂时显得更强,剥夺了儿童选择的权利,那么儿童就既不能发展其做决定的能力,也不能发展其专注的能力。因此,如果我们希望儿童的决定力和专注力能够得到发展,那么首先必须让儿童独立于成人。我们无论在哪里关注儿童的生活,都会发现他最强大的本能就是摆脱成人的控制,这对所有的物种都是一样的。当人们看到这个结论的时候,会认为它是多么有逻辑性啊!但是儿童不是凭逻辑在做事,他靠的是自然;因此,自然提供了一个儿童必须遵循的特别设计。这说明人的个性发展和动物的行为是平行一致的,因为动物必须遵循一定的行为模式,它通过这样的行动来摆脱成年动物。引导生命成长和构建的是自然律,如果儿童要构建自己的个性—精神,就必须遵循这些规律。

我们可以在各个方面见证精神的构建。人的个性不是教育的结果,这是一个普遍的事实;它是自然的馈赠。它不是在强迫下获得的结果,它是创造,而非教育造成的事实。

让我们想想那些消失的缺点。儿童最常见的缺点之一就是急切的占有欲,这是由于不适当的自我发展造成的缺点。有这种缺点的儿童甚至会说:"我想要月亮。"如果不是一种本能的冲动,这种占有欲是什么呢?现在,正常儿童可能会让自己对任何一个对象感兴趣,这种积极的兴趣会让他达到一种不再专注于某个东西,而是专注于有关这个东西的知识的阶段。这种占有欲会固定他的注意力,并在其内部发生一种变化。想物质性拥有某样东西的儿童,一旦真的拥有了它,不久就会丢弃它或者干脆把它弄坏,这是一个令人惊奇的事实。他们占有的缺点和破坏东西的缺点相伴相随,这是因为事物无法引起他们持久的兴趣。他们只是一时半会儿对某种东西感兴趣,之后就会随手扔到一边。让我们用钟表来举例,钟表是用来为人计时的,这是它真正的价值。但年龄小的儿童看不懂时间,因此,他对钟表真正的兴趣不在这个方面,很快就把它弄坏了。年龄大一点的儿童知道钟表的功能,但他对其内部构造和工作原理更感兴趣,所以会把它拆开看看。那么这个复杂的机器让儿童感兴趣的是它的作用原理,而不是任何外在的目标。人们对钟表这种作用原理的感觉曾是如此强烈,以至于表现出极大的兴趣。在历史上有这么一个例子,法国国王路易十六曾对钟表的作用原理很痴迷,他把很多时间都花在钟表实验室里。曾统治大半个欧洲的查理五世也有这方面的兴趣。他把12只表放在一起,试图让它们时刻保持完全一致的准确时间,但是他无法做到这一点。于是他说:"如果我连这12只钟表都无法统一起来,我怎么能把整个欧洲统一起来呢?我最好还是退位吧。"他后来做了隐修士。这是第二种类型的拥有——对某种事物怎么运转感兴趣。我们在其他领域也注意到这种现象。儿童在花园里摘花只是为了拥有它,其结果是他最终会把花毁掉。物质性的拥有和破坏总是如影相随。今天的世界不也是如此吗?相反,如果儿童认识花的构造、叶子的形状和根茎的生长方向等,那么他就不会对花进行占有和破坏,他的兴趣会集中在对花和植物的理性认识方面,那就是一种理性的占有。儿童也常常会逮蝴蝶玩,如果他只是想拥有它,那么逮住它之后很快就会把它弄死了。但是,如果他对蝴蝶的美丽和生命的灵动性感兴趣,他就会仔细地观察,而不会占有和毁灭它。我们可以把这种带有极大吸引力的理性占有称作一种爱,它会使儿童小心谨慎地关心照顾身边的这些事物。

因此,我们可以说,因为这种知识的兴趣,人的占有欲被提升到一

250

个很高的水平,知识兴趣促使儿童终其一生不断探究,从而推动儿童成长进步。与占有的本能相反,在这个更高的层面上,我们看到三样东西:求知、爱和服务。一旦把占有转化为爱,就不仅是对某个东西的拥有,而且是对它的保护和服务了。那么,本能冲动就被升华了。同样,好奇会升华为科学研究,变成一种学习的推动力和吸引力。有趣的是,当儿童爱做某一件事的时候,他就会变得对所有事物都充满了热情。我们的第一个班级展示了儿童们怎样从占有转变为更高层面的爱与服务。他们用完的课本上没有画上"狗耳朵",没有涂鸦,也没有墨迹,都是整洁干净的,甚至还有装饰。

如果我们观察人类和人类的伟大之处,就像历史和进化所展现的那样,我们就会明白追求生命的升华是人的天性。人类试图进入每一个领域,保护并改善它,通过对生命规律的理性的把握来帮助生命的成长。农民一生都在照料农作物和牲畜,科学家热爱自己的显微镜和望远镜,以极大的热情投身于科学研究。人的占有欲以破坏为起点,以理性的爱和服务为终点。我们人类有时候会倒退,就像最近的战争[1],毁坏了很多城市,但这些只是人类历史的插曲。人类一般的规则是服务和爱。服务与爱是由人呈现出来的,它们存在于自然内。原本在花园里搞破坏的儿童,现在在观察植物的生长,数它的叶子,测量它的大小。它不再是我的植物,而是这个植物。这种升华和爱是由知识赋予的,也是通过心灵的洞察力赋予的。儿童的破坏行为和占有欲不能通过说教制止,他仍然想自己占有东西,不让其他人拥有。如果我们试图通过打骂来纠正他,或者带着感情进行说教和开导,他可能会暂停5分钟,但之后又会回到原点。只有让他开始做事,并在做事中学会专注,掌握知识,产生对知识的热爱,才能使他实现改变。我们从有灵性的人身上可以看到这种求知、爱和服务。这只有通过一个人自己的经验和发展,而不是通过说教才能实现。一旦理性的关注点落在细节上,爱就产生了;一旦渴望了解所有的细节,我们就不会故意伤害其他东西了。

求知、爱和服务也是所有宗教所宣扬的理念,但是儿童才是我们灵性生命的构建者;他给我们揭示,自然对我们的行为或个性有一个计划,一个根据年龄决定的缜密计划,这个计划在人身上发挥作用,需要自由和遵循生命自身规律的热情的行动才能实现。儿童重复进行的精神操练和身体操练都遵循理性的引导;这种操练不仅仅是为了掌握物理学或植物学知识,也不是为了学会怎么清理鞋子,而是为了构建儿童的意志和精神。成人能够运用自己在儿童时代所构建的意志,所以,儿童是我们所有人的精神建造师。我们发现,成人经常陷入自己的想法中(最近的战争就是如此),因为我们已经忘记儿童所建造的这个心灵,或者更常见的是,我们阻止他正常建造心灵的工作。

注释

[1] 指第二次世界大战。——译者注

第二十三章

社会发展

　　儿童必须做的第一个工作,就是找到集中注意力的方法和途径,这是人个性发展的基础,也是在为社会行为做准备。这直接证明了环境的重要性,因为如果没有环境,无人能够让儿童专注下来,或者把他的积极性调动起来。儿童的积极性必须由自己调动。我们学校的重要性是让儿童有机会找到吸引自己的工作。一个隐蔽的环境(我们的学校或者教室)对儿童保持专注很有帮助;因为我们知道,当人们想专注于某事的时候,往往会找一个安静而相对隐秘的空间,寺庙或者神殿就是为此而建造的。在一个隐蔽的环境里,通过开展有针对性的活动,就能促进人的个性的形成和创造力的发挥。普通学校一般只招收 5 岁以上的儿童入学,这个年龄的儿童已经完成了第一个,也是最重要的塑形培育阶段。或者,如果他们在这个阶段还没有机会接受过塑形,那么就已经超过了这样做的年龄。我们学校给儿童提供了一个保护性的环境,塑造他们个性的最重要的因素在这里得以形成,这对他们有特别重要的意义。这是为什么当我首次向世界宣布要营造经过准备的教育环境这一问题的时候,引起了人们如此浓厚的兴趣。艺术家、建筑师和心理学家和我一起探讨了学校的大小、房屋的高度和各种艺术元素。我们第一次有这样一个学校的理念,它不仅仅是一个遮风挡雨的地方,而且是旨在帮助小孩子集中注意力的地方。它不仅仅是一个保护身体安全健康的环境,更是促进儿童心理发展和性格陶成的环境。这些理念让人们很感兴趣。当然,决定这个环境好坏的不在于它的规模、外形或者颜色,而在于为儿童摆放了什么样的物品,因为只有让儿童随时能拿到让自己感兴趣的物品才是最重要的。在学校里所摆放的这些东西不是随便挑选的,它们是根据我们与儿童相处的经验确定的特殊物品。

我们首要的理念是用很多东西来丰富这个环境,让儿童自由挑选自己想要的。我们发现儿童只选择特定的某些东西,其他很多都没人用过,因此,我们就淘汰了这些东西。也就是说,现在我们决定要保留的东西,其实是儿童自己选择的,我们在每个国家都是这样做的。有一些东西是所有儿童都会选择的,那么,我们就把它们作为核心物品。有327 一些东西所有国家的孩子都很少用到(即便成人运用它们),那么这些就被淘汰了。不管在哪里我们的正常儿童在自由地选择自己的物品时,都会让我想起昆虫总是仅仅找寻它们需要的某些花。儿童有接受刺激的需要,他们会选择那些能够帮助自己进行自我构建的东西。在开始的时候,我们准备了很多玩具,但是儿童们不用它们。也有很多教学生区别不同颜色的东西,儿童们却只选择其中一种,即我们现在使用的彩色板。这在所有的国家都是如此。东西的大小和颜色的深浅,也是儿童选择的决定性因素。这促使我们在为儿童选择用品和选择方法上做了调整。安排物品也考虑到社会交往因素。如果有太多的东西,或者为一群 30—40 个儿童所准备的东西超过他们所需要的一整套,那么就会产生混乱。因此,尽管儿童很多,但我们准备的东西不能太多。

在有很多儿童的课堂上,每样东西只有一件。如果一个儿童想要一个已经被他人在用的东西,他就要耐心等待别人用好了自己再用,这是一个已经正常化的儿童应该具有的社会性品质。这种社会性品质的发展非常重要,比如,儿童知道别人正在使用东西他必须尊重,不能抢占,这不是因为有人告诉他应该这样做,而是他自己在社会经验中发现的事实。有很多人,但东西只有一件,唯一能做的就是等待。如果这种事情每天都在发生,那么几年之后,这种尊重和等待的经验就会进入每一个人的生命,使他越来越成熟。

这样一来,改变和适应就会发生,这如果不是构建社会生活,还能是什么呢?从根本上来说,社会是一个能包容各种活动和谐进行的整体。通过这些社会行为,儿童养成了另一个优秀的社会美德,那就是忍耐。忍耐是一种对冲动的自我克制,它是一种自我发展出来的美德。人们不能把这种美德教授给 3 岁儿童,它是通过儿童的生活经验形成的。因为在其他环境中的儿童都不能得到正常发展,所以我们学校的儿童的表现就显得很突出。在外在表现上,这个年龄的儿童的特点通常是冲动性的,但我们的儿童是会等待的。人们会问:"你如何能让这么小的儿童这么听话?"其实,这是一个是否为他准备好了一个环境和他在这个环境中是否有自由的问题。只要条件具备,儿童就能学会等待,养成忍耐的美德。否则,这种美德不会出现在3—6岁的儿童身上,也在很大程度上不会出现在25—30岁的成年人身上。

在儿童的这种社会行为的调整中,成人的介入几乎总是错误的。比如,两个儿童可能走在一条线上,一个走错了方向,看上去好像不可避免地会迎头相撞。这时候,成人会忍不住迫使其中的一个儿童转向。但是儿童们能够自己解决好这样的问题,可能不会总是用一种方法,但总会产生大家都满意的结果。在其他活动领域也有很多类似的问题,儿童在解决这些问题的时候会获得很多乐趣。如果成人试图进行调节,儿童就会感到紧张。但是如果由他们自己来应对,他们就会很平静地把它处理好。这对儿童们来说是一种很好的社会经验,如果他们自己能平静地处理好这些问题,就能获得社会经验的积累,这种社会经验是老师所不能给予的。通常情况下,如果老师介入儿童的活动,她就很有可能有一个很不同于儿童的理念,就会干扰到儿童社会的和谐。所以,如果有这样的问题产生,除非有特殊情况,我们一定要让儿童自己应对,它不是我们该管的事。而且这么一来,我们还能够看到儿童解决这些问题的方法,观察到每一个儿童的行为表现,这往往是成人根本不了解的行为表现。通过所有这些日常的生活经验,儿童的社会行为和意识就建立起来了。然而,老师通常都没有耐心,一发现问题,会马上介入其中,这几乎是一种本能的反应。遇到这种情况的时候,我会告诉老师："把自己绑在柱子上。"有几个老师还真的这么做了。其他老师则手持念珠，一旦有了干预儿童的冲动，就移动一颗珠子。他们总会发现，更睿智的不是去干涉儿童，而是要不断地阻止自己这种干涉儿童的冲动。

普通的教育者不理解我们的做法，他们认为蒙台梭利学校迎合的是课程和科目，而不是社会生活。他们质问我们："如果让儿童自己做自己的事，那么他们的社会生活在哪里？"但是，我要反过来问：社会生活除了解决问题、守规矩和制定适合所有人的发展计划，还能是别的什么内容？他们认为社会生活就是坐在一起听老师或其他人讲课。但这根本算不上是社会生活。在我们的日常生活中，社会经验仅仅限于工作中的"中场休息"或者偶尔的外出旅行，但我们的儿童却一直都在一个共同体中生活和学习。

当一个班级有很多学生的时候，他们的个性表现和经验可能各有不同。接触不同性格的人能够让儿童积累更多的经验，如果班上的人数过少，就无法达到这种效果。的确，人最完美的个性是通过这些社会经验培养起来的。

现在让我们看看儿童社会的构建问题。我们学校通过随机组合的方式进行分班，当然，在此基础上我们也会进行一定的挑选。每一个班级都有不同年龄（3—6岁）的儿童。这种现象通常不会出现在普通学校，除非有些孩子因为智力问题而留级。学校通常根据儿童的年龄进行分班，我们只在个别学校发现有这种垂直年龄的班级。然而，儿童们

257

331 自己让我们看到,教授相同年龄和能力的儿童文化知识是一件很困难的事,如果年龄和能力都有所不同,教学活动反倒容易开展。比如,一个母亲尽管有 6 个孩子,但她还是会把家庭管理得井井有条。如果这些孩子中有双胞胎、三胞胎或者四胞胎,那么困难就来了,因为他们让母亲疲于处理和满足所有孩子相同的需要。事实证明,有 6 个不同年龄的孩子的母亲比只有一个孩子的母亲更容易处理好家务。家里有一个孩子总会有一些困难。真正的困难不在于他受到溺爱,而是因为他没有社会环境,因此,他比其他孩子更痛苦。人们经常会发现,在一个家庭里第一个孩子是最难养的,但后来的孩子就容易养得多;他们以为这是因为父母有了更多的经验,但其实是因为儿童有了社会。

　　社会是有趣的,因为它是由不同的人组成的。养老院的生活是最枯燥乏味的,因为按照年龄将人群分类的做法是残酷而违背人性的,它打破了社会生活的路径,使人无法获得社会生活的给养。大多数普通学校先把男女分开,再按年龄分班。这是一种根本性的错误,而且会引
332 发诸多问题,因为它是一种人为的隔离,这种隔离让社会意义无法彰显。对于小小孩,我们通常有男女同校的教育,但这其实不如让不同年龄的儿童一起上学那么重要。我们学校的实践证明,不同年龄的儿童会相互帮助。年龄小的看到年龄大的儿童在做事,问他在做什么,年龄大的就会给他解释。5 岁儿童的解释会非常适合 3 岁儿童的理解力,这是他们之间一种非常和谐的理念互换,这不可能发生在一个成人和这么小的孩子之间。如果我们把它与成人社会相比较,就可以理解这

一点。大学教授给文盲讲课，后者是什么都听不懂的。所以请大学教授帮助文盲是不明智的，他们不知道如何做，因为他们的层次隔得太远了。比如，当第一个民众大学（Popular University）在罗马创办的时候，很多大学教授都想帮忙。他们中有人试图给普通民众讲授卫生学知识，主题是有关瘟疫的防治。他展示了细菌的图片，学员就问："什么是细菌？"他回答说："就是你在载玻片上看到的。"然后他们问："什么是载玻片？"他回答说："就是放在显微镜下滑动的玻璃片。"接下来的问题是"什么是显微镜？"，等等。因此，这个教授放弃了在民众大学的教职。要给普通民众讲卫生学，了解基本卫生知识的好心人比大学教授更适合，因为他们能够用民众易于理解的简单语言进行讲授。

333

在我们学校，老师无法让3岁的孩子理解的事，5岁的孩子则能够让他理解，因为在儿童们之间有一种自然的心理联系。3岁的儿童也容易对5岁的儿童所做的事发生兴趣，因为他们之间的潜能很接近。所有年龄大的孩子都会变成小一点的孩子的英雄和老师，会成为他们仰慕的对象。年龄小的孩子受到大孩子的启发之后，自己会做很多事。在普通学校里，同样大的儿童在一个班级里，那些能力强的儿童也会教其他儿童，这个不假，但是老师通常不让他们这么做。于是，那些聪明的孩子就只能在其他孩子不会回答问题的时候才替他们回答，这样，就会让孩子之间相互嫉妒。然而，不同年龄的儿童之间就不会出现嫉妒的现象。年幼的孩子是不会嫉妒大孩子的，他们也不会因为不知道问题的答案而受到大孩子的羞辱，因为他们知道自己还小，认为自己长大了就能做同样的事了。所以,这里没有嫉妒和羞辱,只有敬佩和关爱,这是真正的手足之情。然而,在传统的学校里,同龄儿童之间为取得更好的成绩会相互竞争,这往往意味着嫉妒、记恨、羞辱、压抑和反社会。聪明的儿童会变得虚荣,为了超越别人而聚集力量。然而,如果5岁的儿童和3岁的儿童在一起,他会觉得自己是后者的保护者,3岁的儿童也会不断加深对5岁儿童的仰慕,那么整个班级会因为爱意而凝聚起来,儿童们也会有机会了解彼此的个性,并学会相互感激。而在普通的学校,儿童只知道哪个家伙得了头奖,哪个倒霉蛋倒数第一。在这种情况下,他们之间不可能建立起手足情义;相反,会很容易形成反社会的个性,因为儿童的个性就是在这个时候开始形成的。

334

然而,人们可能会担心5岁的儿童如果总是教小一点的孩子,他自己是否能获得足够的知识。首先,他不会总是在教别人学习,他有自己的自由,没有人会逼迫他这样做。另外,在教别人的过程中,他会不断巩固自己的知识,因为为了教别人,他必须对自己的知识进行分析和再加工,从而更清楚地理解它们。可见,他在教别人的过程中是非常受益的。

另外,3—6岁的班级不需要与7—9岁的班级截然分开,如果不同班级之间的儿童可以相互来往,那么小班的儿童就很容易从大班的儿童那里获得很多启发。在我们学校,不同教室之间不是完全隔开的,儿童很容易从一个班级进入另一个班级。那不同班级之间是否会相互干扰呢? 其实,如果3岁儿童进入7—9岁儿童的班级,他也不会停留很长时间,因为他发现在那里不能获得任何对自己有用的东西。可见儿童自身是有局限的,但并不是环境本身限制他们交流。每一个班级都有自己的环境,但都不孤立。对于这个 3 岁的儿童来说,这也可能是一个理性探索之旅。他看到一个 9 岁的儿童在解方程式,就问他在做什么。如果他听不懂,就会觉得没意思,会走回自己的班级,在那里他可以找到自己感兴趣的东西。但是,如果一个 6 岁的儿童旅行至此,他可能会对解方程式感兴趣,并获得启发。有了这样的来往自由,我们可以发现每一个年龄阶段的儿童在智力上的限度。我们由此发现了八九岁的儿童(在那个时候)就理解 12 岁和 14 岁的儿童所解的方程式,这样一来,我们也就理解了,儿童在 8 岁的时候就对代数感兴趣,而且能够学习代数了。因此,儿童的进步不仅与年龄有关,而且与自由走动有关。

理性的高度是非常重要的。一般社会都包括所有年龄段的人,在整个人类历史中,我们都没有发现任何把人按年龄进行分类的社会。然而,在普通学校却是按照年龄分班的,尽管社会并没有这种要求。不同年龄的儿童之间的交往能够产生和谐与幸福,因为大孩子发现自己是真正的老师,尽管他们没有接受过任何师范学校的训练。这些儿童也的确是在从事教学,然而,通过考试来判断教学结果的那些有资质的老师显然从事的不是教学!

不同年龄的孩子在一起充满了欢乐,孩子们不会有自卑感。年龄小的孩子兴奋,是因为他的确理解大孩子在做什么;大孩子兴奋,是因

为他能把自己所知道的东西教给他人；因此，他们的精神力量都会得到

加强。

这些事实和其他事实都说明所有这些现象看似如此非凡，其实真的很平凡，它们仅仅是遵循自然律的结果。

所有这些能量都被普通学校丢弃了。如果从此之后不再浪费自然所赋予的这些能量，那么就是在为新一代人类聚集新的精神资源。要得到这些能量并不难，只要老师不要过多地干预儿童的行动就好（如果无法控制自己干预儿童，就试着把自己绑在柱子上）！

通过研究在自由气氛中儿童的行为模式和他们相互间的互动，我们发现了人类社会真正的秘密。这是一些美好而有趣的事实，我们必须用一种灵性的显微镜去观察它们，我们会发现，它们极为有趣，因为它们揭示了人本性中一些固有的事实。那么，这些学校就像心理学研究的实验室一样，尽管不是真正的实验，但为我们发现这些事实提供了很多重要的观察机会。

这些事实是非常重要的，比如，儿童会自己解决自己的问题。如果我们观察儿童而不干预他们，就会注意到一个重要的事实，那就是儿童们在一起相互帮助的方式与我们不同。我们看到儿童在搬很重的东西的时候，并没有其他儿童去帮助他们，或者在复杂的练习之后他们要把

所有仪器拿开的时候，也没有人帮助他们。他们互相尊重，只有在一个儿童真正需要帮助的时候，其他人才给他提供帮助。这对我们是一个很大的启示：儿童们显然有一种直觉，也在表达一种尊重，因为儿童的

本质需要是避免得到无用的帮助。有一次,一个儿童把所有的几何图片和插图都撒在地板上。这时候突然有音乐响起,一个游行队伍从外面经过,所有儿童都要跑去看游行,除了那个把东西撒了一地的小家伙。他没有去,因为他不想就这样丢下自己的那些东西,但他又太想看游行了,所以他眼里含着泪收拾着。其他人注意到这个紧急情况,都跑过来帮助他。成人在决定帮助他人的时候,不会有这么好的判断力,他们相互帮助常常是在彼此不需要帮助的时候进行的。比如,男士经常(作为一种礼貌)为女士调整桌边的椅子,帮助她坐下来,或者让她挽着走下台阶,其实她完全不需要这样的帮助。然而,当某个人真遇到什么不幸需要帮助的时候,却没有人愿意帮助他。因此,在这一方面,成人没有办法给儿童提供有效的教育,因为他自己都不知道正确的做法,儿童反而比他更明白。我想儿童的潜意识可能仍然保留了自己的愿望,愿意付出最大的努力去实现它,这是为什么他本能地选择不提供帮助,因为这种帮助对受助者的发展是一种阻碍。

338

另一个有趣的特点是儿童处理干扰的方法。也许刚进校门的儿童不习惯学校的规矩,他常干扰别人,对老师和其他儿童都造成困扰。老师通常会说:"别淘气,这样不好!"甚至会说:"你是个坏孩子。"但是,儿童们对这种情况的反应却很有趣。一个孩子走到这个新生面前,对他说:"你很淘气,但别担心,我们刚来时和你一样。"在这里,顽皮被视为一种不幸,所以他对他抱有同情,并试图安慰他,结果这个孩子就不再淘气了。如果我们对做坏事者报以同情,并给予安慰,那么这个社会将会有怎样的改变啊！这意味着我们对他的同情就像在对待身体上的疾病一样。人的错误行为经常就像一种精神疾病，是因为不利的环境或者某种不幸造成的，犯错的人应该得到同情和帮助，而不仅仅是惩罚。如果我们都这样做，那么就会极大地改善我们的社会。如果一个孩子打破花瓶，这个孩子是急需帮助的，因为他并不喜欢东西被破坏，这会让他产生自卑感，因为他想搬动这只花瓶却没有拿住。然而，这时候成人的本能反应常常是："看，它被摔碎了；我告诉过你不要碰这些东西，你为什么还要碰？"或者至少要他捡起花瓶的碎片，因为他们认为如果这个儿童必须承担这个事故的后果，由此将得到更多的教训。但是，如果是儿童来处理同样的事，他们会跑过来帮忙，在帮忙的过程中他们会小声告诉闯祸的儿童说："别介意！我们可以弄来另一只花瓶。"他们有人捡碎片，有人擦拭地板上的水。儿童有伸出援手帮助弱者的本能，他们会给予弱者鼓励和安慰。这也是一种社会发展的本能。的确，当人们都乐意帮助弱小者的时候，我们的社会就会有进步与发展。本着这个原则，医学科技才会不断发展。鼓励弱小者和自卑者永远不会错，它对这个社会具有推动作用。任何正常儿童都有这种帮助和同情弱者的天性，他们不但对彼此是如此，而且对动物也是如此。

　　每一个人都认为要教育儿童爱护动物，因为他们认为儿童倾向于虐待小动物。其实并非如此，他们有保护动物的天性。我们在科代卡纳尔的学校里养着一只小山羊，我每天喂它，把食物举高，以便让它习惯于用后腿站立。我饶有兴趣地看着小动物这样做，它似乎也很高兴以这样的姿势吃草。但是有一天,一个小男孩一脸焦虑地看着我,用双手举起小山羊,因为他认为这个小动物不应该仅仅依赖自己的两条后腿。我能理解,这是儿童对动物一种非常微妙的情感表达。

在我们学校里,儿童们对比自己优秀的人表现出来的往往是羡慕,他们根本不会嫉妒他人,别人的成就只会唤起他们的热情崇拜和由衷喜悦。这一点充分体现在书写爆发这件事上。谁首先写出字来,会引起大家一片欢呼,孩子们会用羡慕的眼神看着写字者,之后,他们就像受到启发一样喊道:"我也会写!"整个班级的气氛都会活跃起来。儿童们对于字母表的热情也是如此,曾发生过这样的事,整个班级的儿童把字母当旗帜举着游行,儿童们高兴极了,兴奋地大叫,楼下的人跑上来(我们在顶楼阳台上)看发生了什么事让孩子们这么兴奋。老师向他们解释说:"孩子们学会了字母表,因此感到特别高兴。"

儿童有非常明显的沟通,这种沟通建立在一种强烈的情感之上,因而能够使集体有更强的凝聚力。从上面列举的这些事例,我们意识到,当儿童正常化之后,会在很强烈的情感氛围中产生一种相互吸引。就 341像大孩子对小孩子有吸引力,小孩子对大孩子也有吸引力,同样,正常儿童会对非正常的(初次相见的)孩子有吸引力,反之亦然。

第二十四章

有凝聚力的社会

　　我想根据自己的经验,讲一件很有趣的事。有一次,我教孩子们怎样擤鼻涕,这件事本身并没有吸引力,但他们显然对我逼真的表演产生了极大的兴趣。我向他们说明擤鼻涕其实有很多种方式,有些人夸张地打开自己的手帕捂在鼻子上,发出很大的声响擤鼻涕;而受过良好教育的人几乎隐藏着一些必要的动作,甚至发出的声音也很难让人察觉。让我惊讶的是,儿童们按照我的方法严肃认真地做着擤鼻涕的练习,没有人发笑。当我做完示范之后,这些小观众竟然给我热烈的掌声,让我感到很意外。我从来没有见到过这样的反应;据我所知,在世界历史上还从来没有一群小孩为一个演讲而一起鼓掌的。

　　然而,不只是两三个儿童这样,而是所有的儿童在同一时间怀着极大的热情,用自己那至今为止只用来"工作"的小手在为我鼓掌。我像往常一样走出教室,沿着人行道走了一段之后,我转过身惊奇地看到所有的孩子都跟在我身后。他们像一群蜜蜂,只是走得那么悄无声息,我都没有觉察到。这是一个多么令人好奇的情景啊！如果过路的人看到一位女士走在街上，被45个小孩保持着一定的距离无声无息地跟着，他们会怎么想？我转过身平静地对他们说："现在转身回学校去，所有人，但是要用脚尖走路，并且小心不要碰到门柱。"我之所以发出这个指令，是因为我知道行动上的严格规定会让这么小的孩子感到非常有趣。于是，就像变魔术一样，他们所有人都转过身，踮着脚尖跑开了。当他们到了门口的时候，转了一个大幅度的弯，以免自己的脚碰在拐角上，他们都是从门的中间走过去的。他们就这样从我的视线里消失了。

我想："他们为什么这么热情高涨？"也许我碰触到了一个社会问题，而他们正好对这个问题很敏感。其实，所有的儿童通常都讨厌自己的脏鼻子。在意大利，粗鲁一点的人会把孩子叫"鼻涕虫"。小孩子的鼻子很容易脏，因此，妈妈们总在孩子衣服前面用别针别着手帕。很显然，儿童们觉得这是一种让人难堪的标记。现在，他们根据我的教学，获得了消除尴尬并提升自己人格尊严的知识。我给他们知识，而不是羞辱他们，也许这是我的这堂课取得成功的原因。我的行动在某种程 344 度上与民众领袖或者革命者的行动相似，是在试图提高和保护人性的尊严，因此得到儿童们的拥护。

这个经验真是令人吃惊，但是最重要的事实是，这些儿童们感觉到自己是作为一个集体在行动。在这种情况下，他们真正形成了一个儿童社会，他们被某种神秘的纽带联合在了一起，像一个身体在行动。这是通过每个人都有的共同情感形成的。尽管他们每个人都是一个"独

267

立的个体",尽管他们不依靠彼此,但他们都被同一个动力所推动。

这样一个社会似乎与有吸收力的心灵有密切联系,而不是与意识有联系。

我们观察到的这种构建方式似乎与那些我们在显微镜下观察到的构建器官的细胞工作非常相似。显然,社会发展也要经历一个胚胎阶段,其成型初期可以在儿童的成长过程中被观察到。

看儿童们如何慢慢地似乎有了塑造一个团体的意识,是一件很有趣的事。他们似乎意识到自己属于一个团体,并且愿意为这个团体做出自己的贡献。他们不仅开始对这个团体感兴趣,而且我几乎可以说他们已经在用心研究它了。当儿童到了这个年龄阶段,就不再机械地行动,而是怀有成功的目的,并特别顾及集体的荣誉。儿童迈向完整的社会意识的第一步可以与原始社会相比较,我称它为"部落精神"(clan spirit)。在原始社会,每个个体把热爱、保护和欣赏集体价值作为其行动目标。

这种现象第一次出现时我们感到很惊奇,因为它的出现没有受到我们成人的任何影响。这种现象的出现也标志着儿童在持续不断发展这一事实,就像儿童到了一定年龄就会长出牙来一样。儿童的集体意识是在自然需求和内在力量的控制之下,受一种社会意识的刺激而产生的。我们把这种社会称为"有凝聚力的社会"(Cohesive Society)。

我的这个概念是通过儿童们的一些令人惊奇的自发表现而获得的。让我举一个例子:有一些从美国来的重要客人第二天要来参观学校,然而,我无法留在那里接待他们。所以,在离开学校之前,我告诉孩子们："明天有些人要来参观学校，如果他们说：'这个学校的孩子是世界上最好的'，我该多高兴啊！"我几乎是在无意中说了这句话，也没有想它会产生任何影响。

当我回到学校的时候，我发现老师非常兴奋，她含着泪向我说："你 应该看看这些孩子！他们每一个人都在全力以赴地做事，非常礼貌地和参观者打招呼。我看到他们每一个人都尽了自己最大的努力，我真的很感动。究竟是谁引导了他们？一定是天使亲自引导的！"儿童们显然是为了这个集体的光荣，以一种令人印象更深刻的方式在表现自己，而不只是为服从某个重要指令。他们已经能够感到有某种超越他们个人需要的东西。

这种类似的现象经常发生。一位阿根廷大使想看看一个名叫"小孩之家"(Casa dei Bambini)的很著名的学校，因为他听说这个学校的学生只有四五岁，他们自己做事，自发地读书学习，没有老师管教，但很有纪律性。对此，这个大使深表怀疑。事先，他故意没有通知学校自己要来参观，他希望来一个突然袭击。没想到他来的时候正是假期，学校关门了。这个学校建在平原的要道上，儿童都住在家里。一个小孩正好在庭院里，他得知大使是个访客，并对自己来得不巧感到很遗憾，就告诉他说："学校关门了，没关系，门卫有钥匙，我们都在家里。"门开了，所有的儿童都来到教室开始各做各的事。他们觉得有维护自己集体荣誉 的责任。没有人从中得到任何个人的好处，也没有人想要自我表现一下，他们通力合作只是为了集体。到了第二天老师才得知此事。

没有任何老师给他们灌输这种社会情感,它完全不同于竞争观念或者个人利益,而更像一份自然恩赐的礼物。然而,它一定是儿童们通过自己的努力而取得的成就。就像科格希尔(Goghill)所说:

> 自然决定人的行为,但是人的行为只有通过环境经验才能得到发展。

显然,人的个性与社会的构建都是由自然规律决定的,然而,这种自然的设计只有通过儿童遵循自然律的行为才能实现,儿童处于把自然所设计的方案变成现实的地位。儿童的这种行动也诠释了社会发展的持续性。有凝聚力的社会的集体意识也紧密回应了美国心理学家和教育学家沃什伯恩(Washburne)的"社会融合"(social integration)理论。在他看来,这是社会改革的关键,也是整个教育的基础。当个体意识到自己属于一个群体时,社会融合就会变成现实,个体也将会以集体利益为重,甘愿牺牲个人利益。沃什伯恩试图用牛津和剑桥的划船比赛来解释这一观点,他说:

> 在赛艇上,每个人都竭尽全力地划,但他们很清楚自己的行为只会给集体带来荣誉,而自己个人则不会得到什么利益。如果从业务遍及国家的企业到工厂等,每一个社会企业都这样,如果每个人都有这样的集体意识,那么整个人类社会就会焕然一新。

他还补充说:

学校有必要培养学生的这种社会凝聚力,因为这是社会所缺少的。如果再不重视,人类社会必将走向失败和毁灭。

社会融合的榜样是儿童的社会,那是一个具有凝聚力的社会,它是由神奇的自然力量造就的。

我们必须关注和珍惜儿童社会,其实它是被自然创造的,因为人的个性和情感都不是教育能给人的,它们是生命的果实。

然而,具有凝聚力的社会和控制人命运的有组织的社会是不同的。它只是儿童发展的最后一个阶段,是一种社会胚胎的神秘创造。

有组织的社会

儿童一旦过了 6 岁,就马上进入另一个阶段,从社会胚胎向社会新 349 生儿转变,由此另一种自发的社会生活形态就出现了,它表现为一个有组织的、对自己有完全认知的社团。儿童自己会主动建立原则和法律,并且渴望在自己的团体中获得别人的引领。显然,对这些规矩的遵守和对引领者的服从是连接这个社会必要的纽带。正如我们所知,儿童在此前的胚胎阶段已经形成了这种服从的意识。麦独孤(MacDougall)描述了这种由六七岁的儿童开始组成的社会。儿童们服从于其他年龄大的孩子，就像被所谓的"爱交际的本能"（gregarious instinct）所推动。现在，经常被忽略和被遗弃的儿童会组成一帮——特别是反抗成人的原则和权威的群体。这种自然需求总是会转变为某种叛逆心理。然而，我们在童子军（Boy Scouts）运动中已经将这种需求升华了。这一运动回应了真实的社会发展需求，它是根据儿童和青年的本性而建立的。

这种"爱交际的本能"不同于作为婴儿社会基础的凝聚力，这样的社会会继续发展，直到达成成人社会。它们都是有意识地被组织起来的社会，都需要人为制定的规则和引领他们的领袖。

因此，人的社会生活是固有的事实，同样属于人的本性。它作为一个有机体在发展，在其自然演进中具有不同的特征。我们可以把社会生活与纺织相比较。在手织品的制造中，编织和纺纱对于印度小作坊来说是很重要的。毋庸置疑，为了做好纺织，从一开始首先要考虑棉花的种植问题。因此，当我们希望考虑人类社会构建问题的时候，也必须从儿童开始，特别要在生育他的家庭环境中观察他。对于纺织来说，首先要做的就是洗净从棉花树上收获的棉花，把长在棉花后面的黑壳去掉，这也是甘地乡村学校首先要做的工作。同样，当我们从各家各户把儿童们聚集在一起的时候，首先要做的也是"净化"他们的工作，纠正他们的偏差，帮助他们集中精力，让他们正常化。然后就是纺织。甘地指出，纺织作为印度获得自由和重生的方式，对印度有一种伟大的象征意义。纺织就相当于对儿童人格的塑造，这是通过工作和社会经验完成的。一切的基础是人格的发展。如果线纺得又好又结实,用它织出来的布就同样又好又结实。所以,布的质量取决于线纺得好坏。在这种象征意义上,甘地所主张的"我只关心那些纺织的人"是非常正确的。的确,这是主要要考虑的问题,因为用线织出来的布如果不能耐磨御寒,那就没有什么价值。

接下来,当线被放置在织布机上,即放进一个限定的框架内的时候,就到了另一个阶段。把线朝着同一个方向伸张开,并固定在织布机的两头。所有的线都是平行的,有一样的长度,但彼此是分开的。它们形成一块布的纬线,但还不是布。然而,如果没有这个纬线,布不可能被织出来。如果有的纬线断了或者排放得不整齐,就要补救回来,否则牵引经线的线轴就不能从它们中间穿过去,会影响布的质量。这个纺织品类似于有凝聚力的社会。在人类社会的胚胎期,依靠的是儿童的活动,他们靠自然的推动,在一个有限的类似于织布机的环境中行动。最后,他们自己联合起来,都朝向同一个目标发展。

再接下来,真正的纺织就开始了,线轴会来回穿过这些纬线,让经线紧紧地挤压在纬线上,使每条线都紧紧地固定在一起,这样就把所有的线都联合起来了。这个过程类似于真正有组织的人类社会,大家都服从一个民众公认的领袖的引领,通过遵守一定的法律制度而紧密地团结在一起。最后,一块真正的布就织成了,就可以把它完整地从织布机上取下来了。这块布的存在是独立于织布机的,一旦从织布机上取下来,它就能使用了。以这样的方法,可以源源不断地织出无限长的布匹。成人不能形成一个社会,因为每一个人在环境中都转向某个目标,专注于自己的利益,就像在幼儿社会里,在具有凝聚力的社会里发生的那样;但是人类社会的最终形式的形成还必须依靠组织。

然而,这两件事是相互关联的。社会不能只依赖组织机构,也依赖凝聚力。其实,后者更关键,它是前者的基础。好的法律和好的领袖不能把普通大众凝聚在一起,让他们共同行动,除非每个个体自己愿意朝着一个共同的目标而努力,并组成团体。反过来,大众的强大程度和活跃程度也取决于组成它的个体的个性发展程度。因此,社会组织不仅取决于人类的处境与发生的事件,而且首先取决于对个人的塑造和其内在的取向。

比如,古希腊人把对人的个性的塑造作为他们社会构建的基础。后来,马其顿的领袖亚历山大大帝(Alexander the Great)带领军队以少胜多,征服了整个波斯。我们再看看穆斯林:在他们身上也表现出一种惊人的凝聚力,这种凝聚力和他们的法律和领袖没有太大的关系,而是因为他们有共同的理念。他们定期去麦加朝圣,这些朝圣者相互不认识,他们没有个人的利益或者野心,但所有人都朝向同一个目标。没有人推动他们,没有人命令他们,然而,他们能够为实现共同的目标而做出巨大的牺牲。这些朝圣活动只有通过凝聚力才能完成。

在中世纪欧洲的历史上,我们看到那些领袖们做到了当代饱受战争摧残的欧洲想做而没能做到的事:那就是建立真正的欧洲联合国(United Nations of Europe)。这是怎么做到的呢?这种成功的秘密是,

353

274

所有欧洲国家的民众和皇帝们都被同一个宗教信仰所征服,而这是一种无比强大的凝聚力。之后,我们看到国王和皇帝都根据自己的律法统治其国民,但也都屈服和依靠基督宗教的力量。然而,仅凭凝聚力还无法建立起一个能够凭借智慧和劳动创造文明的社会,举例来说,犹太人是很有凝聚力的,而且有着上千年的历史,但是没有能够组织起来,形成一种国家的力量。在建国之前,他们仅仅是将被织成布的纬线而已。

值得注意的是,在近代历史中,我们看到了新的例子。墨索里尼和希特勒首先意识到,为了在侵略战争中取得成功,需要从婴儿时期就让个体准备起来。"狼崽"(Figli della Lupa,法西斯儿童组织的名称)和"意大利先锋队"(Balilla Italiani,年龄大一些的儿童组成的组织)与"希特勒青年团"(Hitler Jugend,纳粹青年组织的名称)一样,都是这两个纳粹头目为了从对战争的态度角度武装自己的国家,在很多年之前就建立起来的组织。他们给儿童灌输的是一种具有凝聚力的理念。这两个纳粹头目知道要有一个"有凝聚力的社会",作为该计划的基础,他们从婴儿身上就开始为此做准备了。

然而,具有凝聚力的社会是一个自然的事实,必须依靠自然创造性的推动力,自发性地构建。不管谁想取代天主,都会成为人类的恶魔,就像压迫儿童,扼杀他们的创造性能量的狂妄的成人一样。成人的凝聚力也依附于普遍的导向,它超越于组织机构机制的理念。应该有相互交织的两种社会,一种是扎根于潜意识和创造性的无意识心灵中的社会,另一种是依赖于有意识地行动的人的社会。也可以说,一个是开始于儿童时期的社会,另一个是由成人组织的社会,因为就像我们在本书的开始所读到的那样,是儿童的有吸收力的心灵塑造了不同民族的特征。它塑造的是哪些特征呢？这些特征就像是完成了只在人身上才有的另一种遗传形式;一种不依赖隐藏于生殖细胞的基因,但是来自另一个有创造性的中心,即儿童的遗传形式。但儿童像一个精神胚胎那样生活的时候,他表现出来的特征不是理性的发现,也不是人的劳作的成果,而是在具有凝聚力的社会中所激发的特征。儿童把它们集中表现出来。通过这些特征,他构建了自己的人格,于是,他成为一个拥有特定语言、宗教和风俗习惯的人。那些固定的、关键的和"基础的"东西在一个不断变化的社会里,用一个时髦的术语表达,就是具有凝聚力的部分。

当我们让儿童自我发展的时候,当我们让他从不可见的创造根源发展为成人的时候,我们就能够了解这些决定我们个人和社会力量的秘密。

与此相反——我们必须看看周围才能了解这一点——现在人们只是通过有意识的和有组织的社会活动来评价自己,指导和规范自己的行动。他们希望强化和保障组织结构,就像自己是这些组织唯一的创造者一样。他们不考虑社会组织结构必不可少的基础,而只考虑人类的方向和找寻引领者的渴望。

多少人在期待一个新的弥赛亚的来临,因为他是战胜一切和团结一切的天才！第一次世界大战之后，有一个为培养社会精英而建立学校的计划，因为人们看到领导者没有受到足够的训练而不适合引领世界局势。于是，真的有人尝试通过精神测试找出具有超凡素质的、在学校里最聪明的青年，以便训练他们做领袖。但是如果没有好的领袖、好的教师领袖，谁又能训练他们呢？

这不是缺少领袖的问题，而是广大民众自己完全没有准备好进入实际文明中的社会生活的问题。因此，问题是训练民众，重新构建他们每一个人的个性，发掘隐藏在每一个人身上天然的宝藏，开发他们的价值。没有领袖能完成这些工作，无论他的天才有多伟大。

就像一个伟大的文学天才也很难在千百万个文盲中造就一个伟大的文学家一样，即使他能力无限，也无计可施，因为首先有必要让他们每一个人学习怎么读书写字（这只有儿童能做到），我们现在讨论的更大的问题也与此类似。

357

这是我们这个关键时刻最实际和最紧迫的任务。摆在我们面前的事实是民众没有能够做到他们本可以做到的事。我们在图 11 中看到两种有吸引的力量，一个来自中心，而另一个来自边缘。重大的教育任务必须直接包括努力让儿童正常化，并帮助儿童以自己的力量走向完美的中心。相反，我们现在所做的一切都是人为地为那些弱者和不正常的人准备的，尤其倾向于照顾那些有心理问题的人以及需要不断照顾和进行小的道德操练的人，这么做是为了让他们不会倒向边缘，在那里，一旦倒下，他们就变成了社会之外的人。实际上，我们现在的做法有违人类正常的发展规律。今天,没有文化的人并不会对社会造成威胁,那些无视人类创造性,任意干涉儿童潜能发展的人才是真正有害的。天主自己悄然在每一个儿童的内在存放了宝藏,这是能够提升人类文明高度的理性和道德价值的根源。我们在去世的人跟前哭泣,在毁灭中渴望拯救人类,然而,死亡和毁灭不应该是我们关注的重点,我们应该关注的是人类的价值和目标。真正让人类痛苦的并不是对死亡的恐惧,而是我们失去的乐园,也就是人个性的缺失和对潜能的浪费。

其实,最大的危险就是我们的无知,我们在牡蛎壳中找珍珠,在岩石中找金子,在很深的地壳里找煤,但是却对精神胚芽和创造的星云熟视无睹,甚至一再忽略儿童的创造力。其实,这种力量一直隐藏在儿童自身之内,一旦加以利用就能更新人类的整个世界。

如果普通学校都能够按照我们的教学方式对儿童进行教育,都允许儿童自发地安排自己的学习,并且很容易从一个教室走进另一个教室,那么,情况必定能够有很大改善。现在普通学校的老师总认为儿童不会主动学习,需要他们督促或者鼓励、惩罚或者奖赏。他们也鼓励儿童在学习中展开竞争,以此促进他们努力学习。成人也总是喜欢挑剔儿童的缺点,然后加以斥责。然而,他们忽视了,改正错误是一种很令人羞愧和沮丧的事,如果把它作为教育的基本方式,那么人类社会的生活水平就会越来越低。普通学校似乎并不鼓励儿童在课业方面相互帮助,比较强调独立完成作业,如果帮助一个差等生,甚至会被认为是一种过失,接受帮助的儿童也被认为是一种学习不努力的表现。我们还总会听到"别显摆!""别提示!""别帮他!""没问你就别回答!"这样的命令,它们都是否定的。这种价值观念和道德判断的灌输是非常错误的。即使一般的老师也试图改善他的课堂教学,但他运用的方法却与儿童的天性相反,他最多只会这么说:"如果某人比你好,你不要嫉妒。"或者说:"如果有人让你烦恼,不要寻求报复。"普通教育如果没有否定,就不能被理解,每个人都会犯错,儿童更容易犯错,我们必须帮助他们少犯错。但是儿童能做到的事往往是老师所想象不到的,比如,他们会崇敬那些比自己好的人,而不仅仅是"不嫉妒"。这种崇敬之情无法通过命令实现,教师在这方面是有局限的,因为特定的情感只能从本性中产生。所以,如果儿童自发产生了这些情感,那么老师要做的最重要的事就是维持和鼓励这样的情感。在"不要寻求报复"的教育中也是如此。儿童总是能够和自己的对手成为朋友,关心并同情那些犯了错的人,积极帮助那些不如自己的人。对于这一切,老师都不能通过命令实现。他们应该鼓励并努力发掘儿童的美好的天性,而不是盲目地禁止或者评断,因为在儿童的心灵里有一些不能命令的情感,它们是自然而然产生的,应该受到尊重。不幸的是,在普通学校里,儿童们的一些正常情感通常都被扼杀了,而不能自由地表达出来。学校的所有工作都是在图 11 的白色区域内,这个区域受到社会边缘力量的吸引,会导致儿童越来越远离完美的状态,甚至逐渐成为社会异类。因为普通学校教育方式的错误在于,老师首先认为儿童是无能的,因此,必须先培养他的能力,然后再让他开始做事。他们总是把"不要做这个,不要做那个"挂

360

在嘴上，换句话说，就是要极力做到让他"不要滑到边缘去"。为了防止滑落而努力，这是学校和老师所做的主要工作。然而，每一个正常儿童都有追求完美的倾向，对他不断地强调要避免恶是多余的，甚至适得其反。另外，成人往往会用课程表和固定的休息干扰或者打断儿童的正常工作，比如看到孩子在专心做事，总会好心地提醒说："不要长时间做同一件事，否则你会累着。"然而，儿童显然渴望付出最大的努力，而且只有通过这种努力才能充分发挥出自己的潜能。儿童们发现所有的工作都是美好的，他们渴望安慰忧苦者和帮助弱者，这都是他们天性。可惜普通学校很难帮助儿童发挥这种天性，让他们感到努力工作和帮助他人的快乐。普通学校和正常化学校的儿童之间的对比让我联想到《旧约》和《新约》的对比。《旧约》的十诫在很大程度上是消极的："不要杀人""不要行邪淫""不要妄断""不要偷盗"等，都是否定的"不"。这对于那些没有受过教育的人，对于那些糊涂的人是必要的。但是，《新约》展示的耶稣基督类似于儿童。他讲的是积极的事，比人通常应该做的事要求更高，比如他说："爱你的仇人。"遵行这种教导的人，似乎比很多人都优秀。如果一个人遵守这样的教导，那么就能够获得别人的赞许。耶稣说："我为罪人而来到世界上。"这与儿童的本性是相符的，儿童也是为了拯救人类而来到这个世界上，他们将善扩充，展现在世人面前。然而，只把这些原则教给人是不够的，重复说"爱你的仇人"也是没有用的。即使这样说了，也只是在教堂范围内，在战场上仍然是你死我活的拼杀。说"不要杀人"的人只是留意邪恶，以便保护自己。爱自己的仇人，对他们来说似乎是不切实际的，因此，它只是停留在一种空洞的理念上。

为什么会这样？因为善的根源不再存在于人的心里，它可能曾经在那里，但是已经死了，消失了。如果在整个教育过程中鼓励仇恨、竞争、比赛等，那么，我们怎么能希望成长在这种环境中的人在20岁或30岁的时候是圣善的？因为有人在宣扬善吗？我说，这是不可能的。人在精神方面没有接受这些宣讲的器官，即使我们反复强调那些美德，它们也不会在人们心中生根发芽，而是会像天上的云彩一样随风而去。

重要的是人的创造本能，而不是宣讲，因为创造本能揭示了一个现实，那就是幼儿在自然的推动下行动，而不是遵循老师告诉他们的那样做。善应该从相互帮助和精神凝聚力形成的团结中产生。儿童为我们揭示了具有凝聚力的社会，这种凝聚力是所有组织机构的基础。这是为什么我坚持认为不能教授3—6岁孩子任何东西的原因。我们发现发展是怎样通过每一天每一刻的练习实现的。自然所赋予的人的能力是通过不断的练习而发展的。自然为人提供了一个指南，那就是在任何领域内任何事物的发展都必须有持续不断的经验和努力。如果人没有机会经历这一发展过程，只靠宣讲是没有用的。儿童的发展要以行动作为基础，而不是以对事物的理解为基础。我们必须特别重视3—6岁儿童的发展，因为这是形成人的个性和社会观念的胚胎期（就像从出生到3岁这个阶段是心理成型期，而产前的阶段是胚胎期，是身体成型期一样）。所以，在儿童3—6岁这个阶段，我们必须摒弃说教的方式，而是应该遵从儿童内在的自然律，让他在自由而有秩序的环境中成长和发展。

362

第二十五章

错误与控制错误

当我们说儿童在我们学校是自由的时候,并不否认组织性是必要的,我们学校比其他学校有更精细化的组织,以保证儿童可以自由地从事自己的工作。儿童在准备好的环境里从事实验,以完善自我,那么,一定数量的仪器是需要的,活动空间也是必要的。一旦儿童有了专注力,他会继续通过从事很多活动来保持专注。当儿童们变得越来越积极主动的时候,老师就变得越来越无事可做,几乎成了旁观者。

前面我们提到过,儿童一旦有了充分的自由,就会组成一个特殊的社会,这个社会比我们成人的社会要微妙得多,它激发我们的愿望,使我们确信应该给儿童自由,不要妨碍他们。它是一种生命现象,就像胚胎生命的现象一样奇妙,不应该受到干涉。如果这些条件具备,那么在教学中不管运用什么教学工具,都会有良好的教学效果。

在这个环境中,老师和儿童之间有一种明确的关系。老师的任务被详细地确定了,这会在另一章提及,但是其中任务之一是她一定不要干涉、赞扬、惩罚儿童，或者纠正他的错误。对于大多数教育家来说，这似乎是一个错误的原则，当他们反对我的方法的时候，我发现他们总会持有这样的观点："如果不纠正错误，我们怎么能够改善儿童的工作？"在普通教育中，基本的任务是在道德和知识领域纠正错误，这样一来，老师也觉得自己在尽职；教育被视为在用两只脚走路：给予表扬和处以惩罚。但是，如果一个儿童得到表扬和受到惩罚，那就意味着他没有支配自我的能量，是老师凌驾于儿童之上，并引导他成长。在我们学校，不存在表扬和惩罚，因为不需要。表扬和惩罚都来自外界，所以，当这样做的时候，儿童的自发性就消失了；对于自发的方式，表扬和惩罚是没有意义的。对于很多人来说，这一点是如此难以理解，甚至在有些所谓的蒙台梭利学校也存在奖惩现象；我经常被邀请在这样的"蒙台梭利"学校颁奖！但是，如果儿童们有自由，他们绝对不会在乎什么奖赏。

我在前面提过，在我的第一个实验中，我请的老师是房东的女儿，她一开始也有奖赏和惩罚这样的想法。毕竟这方面在家庭和学校都是如此普遍，几乎已经融入了人的血液里。我不赞同她这样做，但那时候我还没有想出一个能够替代它的方法，我就容忍了，因为这个可怜的老师必须有什么事情去做。于是，她用金色或银色的纸做了很大的带着丝带的"军功"十字勋章作为奖品，别在获奖者的胸前。我对她这个主意没有多想，就由她去做了。但是有一天，我发现一个孩子独自坐在房子中间的沙发上，胸前戴着一个大十字勋章。我就问老师："你给他颁发了这个奖品吗？"老师说："不，他被罚了；所以我才让他独自坐在那里。"那个十字勋章其实是奖给了另一个孩子，但是那个孩子觉得它妨碍了自己完成工作，所以就把十字勋章给了中间坐着的那个无所事事，不会被妨碍的孩子。对他来说，有没有这个奖励都无所谓。而坐在沙发上的那个孩子，对十字勋章和惩罚也都无所谓！我们也发现甜品和类似的奖励都是不合适的。

废除奖励可能不会引起很大麻烦，因为它毕竟意味着节约，而且得到奖赏的人也很少，一般是在年末总结的时候才可能得到。但是惩罚就不一样，它在一年当中的任何一天都可能发生，"纠错"就更频繁了。在作业本上进行纠错意味着什么？它意味着标上 A、B 或者 C，或者 10，或者 0。画个"0"怎么就是纠错呢？老师会说："你总是犯同样的错误；我讲的时候你根本没听；你考试会不及格的。"所有这些在作业本中的纠错和老师的批评都会导致儿童学习兴趣的降低。另外，说"你坏"或者"你是傻瓜"一类的话是对人的羞辱；它是一种侮辱和冒犯，但不是纠错，因为为了改正自己，就必须变得更好：如果一个孩子已经处在一个低水平上，我们还进一步羞辱他，那他怎么能变得更好？过去，当孩子很笨的时候，老师通常给他戴上驴子的耳朵，对于不写字的就打他的手。即使用了世界上所有的纸张画上无数个驴耳朵，或者把手打成肉酱，到头来他们还是什么错都没有纠正。只有经验和练习可以纠正错误，能力的获得需要长时间的练习。如果一个孩子不守纪律，他会通过在有凝聚力的社会里工作和与人交往，变得开始守纪律，而不应该提醒他，说他不是个守纪律的人。如果你告诉一个孩子不能做某事，他会很容易回应说:"你在说给我听吗? 我知道我不能这样。"这不是在纠错,而是在呈现一个事实。纠正错误和完善自我只有儿童在自由中经过足够长时间的练习之后,才能最终实现。

儿童可以犯错,他们不一定总能看到自己错了,但老师也会犯错,也可能不知道自己错了。不幸的是,通常老师在开始的时候就像自己367是完人和榜样一样,因此,如果她犯了错误,一定不会把它告诉孩子。她的尊严基于她总是对的。在普通学校,她必须是不会犯错的,因此,整个教育建立在一个不真实的基础之上。

让我们考虑一下错误本身。有必要承认我们都会犯错;它是一个生活现实,因此承认这一点本身就是一大进步。如果我们要追求真理和尊重现实,就必须承认我们都会犯错,并不是完人。所以,最好是友好地对待错误,这样它就不再会让我们惧怕了,而会成为我们的朋友,帮助我们成长。很多错误是人在日常生活中自发纠正的。比如,1岁大的儿童在学走路的时候,开始的时候总是趔趔趄趄,跌跌绊绊,但最终学会走路了。他是通过成长和经验在纠正错误。我们经常有一种错觉,以为自己走在通往完美的道路上,我们总是在犯错但从来不改正,我们对错误视而不见,完全生活在不现实的幻觉里。假装完美的老师没有意识到自己也是会犯错的,他不会是一个好老师。不管我们在哪里,总会发现君子之错(Gentlemen Error)! 如果我们要走上通向完美368的道路,就必须小心面对错误,因为完美来自对错误的纠正。我们不能掩盖错误,它是真实的,必须承认它的存在。

精确的科学(数学、物理、化学等)都要求关注错误,因为这些科学旨在不断精进。对于错误的科学研究开始于被认为是没有错误的实证科学,因为实证科学能够精确地测量,并且重视错误。因此,在生活中也要做两件事:一是追求正确;二是重视错误。不管科学提供什么,它都是作为一个近似值提供给我们的,而非绝对正确,并且错误的可能性必须与结论同时呈现。比如,一次抗生素注射的效果有 95% 是确定的,但是知道还有 5% 的未知因素是很重要的。在进行测量时会声明其误差率是一英尺的千分之多少。在科学中,如果不标明误差的可能性,其数据不会得到认真的考虑,错误的可能性和结果本身是同样重要的。所以,如果错误对于精确的科学都这么重要,那么对于我们的工作不是更重要吗? 因此,错误就变成有趣的和重要的事了,了解错误对纠正错误或控制错误是很必要的。

于是,我们就获得这样一个科学原则,它也是真理的原则,即"控制错误"。在学校里,不管老师、儿童还是其他人做了什么,都会有错误,不存在外在的纠错,只有个人对错误独立的控制,它让我们知道自己是对还是错。这种观念必须进入学校生活。我必须知道我做得正确还是不正确,因此,错误对我变得有趣了,但在此之前它是表面的和肤浅的。在一般学校,儿童对于自己无意中犯的错是无意识的和不关心的,因为老师会让他意识到错误,不必自己发现。这离自由境界是多远啊! 如果我没有能力控制我的错误,我就必须去找某人帮忙,但他可能并不比我更懂。相反,当一个人知道自己正在犯错,而且能够对它加以控制,这个人会变得多重要啊！最能体现精神自由的特征之一就是意识到我们可能会犯错，而且能控制错误，即在没有帮助的情况下能够认识和控制错误。造成迟疑不决的个性的原因是我们不能在没有某人帮助的情况下控制任何事情。当一个人必须依靠别人告诉他哪里错了的时候，就会有一种自卑、沮丧和缺少信心的感觉。因此，对于错误的控制变成告诉我们是否走在正确道路上的指南。我们人有走向完善的天性，我们渴望知道自己是否在正确的道路上。

假如我想去什么地方，我可以开车去，但是我不知道怎么走，这是生活中经常发生的事。为了保证我走对了路，我带着地图；我也会看一些告诉我们所处位置的标志。我可能看到标志上面说"离艾哈迈达巴德 2 英里"，但是，如果不久我突然看到一个标志上说"离孟买 50 英里"，我就知道一定有什么事我弄错了。地图和标志帮助了我，如果没有它们，我就不得不询问别人，而人们的回答很可能是矛盾的，因此也需要控制错误。如果没有指南或者控制，去目的地是不可能的。370

因此，在实证科学和实际生活中需要的原则，也必须从一开始就包含在教育中，那就是控制错误的可能性。教学和教材必须有助于错误的控制。在前进的道路上，当我们犯错的时候需要有自由和明确的方法告诉我们犯了错误。在学校和实际生活中，一旦意识到这一原则，不管老师或者他人是否完美都没有什么关系。年长的人犯的错误变得有趣了，儿童对他们也会表示同情。它变成一件有趣的事，但它完全是超然的，它变成一种在本质上固有的事实，我们都会犯错这一事实会让孩子感到多么有安慰啊！母亲和孩子的关系也会因此受到好的影响。我们都会犯错的事实会让我们变得更友好，兄弟般的情谊往往是在犯错中培养的，而非在完美中建立的。如果一个人是完美的，他就不能改变，两个"完美"的人在一起通常会吵架，因为没有相互改变和相互理解的可能性。如果一个人在成长的过程中从来没有犯过错，那就没有进步，也没有接受帮助的可能，因为一个人不可能帮助一个完美的人。因此，如果我们觉得自己是完美的，那么我们就不是生活在真理内。一个被眼前完美的假象误导的人，从来不会获得完美。

371

让我们做一个几何方面的对比：我们可以把正方形叠加在一起，就像我们学校的儿童用内切的正方形所做的操练那样。当我们持续不断地内切正方形，最后一个和目前的这个之间的不同会越来越缩小。然而，我们发现，不管它小到什么程度，我们都绝不会达到完全根除误差的程度。让我们再看一个儿童所做的练习。我们有一些一样高的圆柱体，但是直径则大小不同，它们有相应的套接口。首先要认识到它们之间的不同，这是完美完成任务的第一步。用三根指头就能把它们拿起来，这是第二步。儿童开始放置它们，但是当他完成了放置之后，发现弄错了，一个比较粗的圆柱体剩下了，同时只有一个比较细的接口留给它，其他已经放置好的有些出现松动，发出吱吱声。这个孩子知道他弄错了，一定有一个放在了不该放的地方。如果没有这种犯错误的可能性，那么这个活动将不会有趣。这也迫使他一遍又一遍地重复这个练习。可见，教学材料需要满足两个条件：一是改善儿童的感官；二是提

372

供控制错误的可能性。

上面提到的教学材料提供了对错误的控制,这里的错误是与物质有关的和可见的,因此,一个 2 岁小孩子也能够利用它,并且借着它在走向完善的道路上获得控制错误的知识。每天进行这样的练习,儿童就会获得控制错误的能力而变得自信起来。自信并不意味着完美,而是意味着知道自己的可能性,知道自己能够做某事。他可能会说:"我不是完美的,我不是全能的,但是我知道这件事并且知道我的力量,我知道我可能犯错但也能控制它们,因此,我明确自己的道路。"这里所表现出来的审慎、确信和经验会让人走向完善,听别人叫你这样那样做,不会走向完善。换句话说,达到这种确信不像一个人想象得那么简单,走上完善之路也不是一件简单的事。告诉任何人他奇怪、愚蠢、勇敢、好或坏,都是违背人性的。一个人必须自己肯定自我,而且有必要为此提供发展方式并控制错误。

让我们过一段时间看看对儿童这种训练的成果。这里有一些数学练习,比如乘法。乘法表是为控制错误而存在的,如果没有它就不容易确定计算是否正确。因此,我们不让老师纠错,而是让儿童习惯于自己控制错误。这种对错误的控制比练习本身更吸引人。对于阅读也是如此,儿童有一种练习写字的卡片,上面画有事物的图样,让他们写出相应的名称,在卡片底部写有答案。我们就用这种写有名称的卡片来控制他的工作,这种活动的吸引力在于让他发现自己的答案是对的还是错的。

如果在学校生活实践中有这种不断控制错误的机会,那么儿童将会不断进步。在走向完善和错误控制方面,兴趣对于儿童是如此重要,他一定能取得进步。儿童本能地倾向于准确无误地做事,因此,这种控制对他来说是非常有趣的。在我们的一个学校里,有个孩子得到一个文字命令,这个命令是:"出去,关上门,再回来。"这个孩子读了它,开始照着做。然后,她找老师说:"你为什么写这样的话? 这是不可能做到的事。如果门是关上的,我怎么回来?"因此,老师说:"是的,我错了。"于是重新写了一个命令,这个孩子笑着说:"好了,现在我能做到了。"

　　兄弟般的友谊往往来自在共同控制错误的过程中产生的兴趣。错误让人产生分歧,但是控制错误是产生友谊的途径。克服错误是一种普遍的兴趣,不管它发生在什么地方。这样一来,错误本身变得有趣了,它变成一种连接,成为一种凝聚人心的方式,特别是在儿童和成人之间。如果儿童发现成人身上的一个小错误,那不会减少他对成人的尊重,成人也不会因为犯了错而失去尊严。错误与人格没有直接的关系,它只是一件单独的并且是可控的事情。

　　通过这个简单的方式,那些看似微不足道的事情也会变得很伟大。

第二十六章

服从的三个层面

在一般的个性教育中，要考虑的两个主要问题是意志和服从，在很多人看来，意志和服从通常是相互对立的，因为他们认为教育的主要目的之一就是限制儿童的意志，让成人的意志取而代之，也就是要求儿童服从成人的意志。

我不想谈自己的观点，只想根据自己的经验，澄清这些理念。首先，我们必须承认，在这些话题中有一个很大的困惑。有些生物学的研究告诉我们，意志是人的普遍能力（本能）的一部分，这种本能不是物理性的，而是人演进过程中的一种生命力。所有生命都不可抗拒地受到其推动而在演进。这种演进受到自然律的支配，所以并非随意的或偶然的。这些生命的规律向我们证明，人的意志是那种力量的表达，而且也塑造了人的行为。在儿童时代，一旦人有了一定的自主行动，这种力量就部分地被意识到了，之后这种力量会得到发展，但这只能通过经验获得。所以，我一开始就要说明意志是必须发展的，这是自然而然发生的,是遵循自然律的。

关于这个主题,还有这样一种令人困惑的想法,那就是很多人认为儿童的自发行为生来就没有章法,有时候还具有暴力性。之所以有这么普遍的看法,是因为人们一看到儿童的这类行为,就认为他是在表达自己的意愿。其实并非如此,这些行动不属于儿童的普遍力量或者本能范围。让我们考虑一下成人的行为,假如我们错把成人的痉挛当作主动的表达,或者认为他气得发狂也由其意志所支配,那显然是荒谬的。我们不会这么认为,我们认为一个有意志的人首先做的是有目的和困难的事。如果我们把成人或者儿童的混乱行为当作自发的行动,那当然就会觉得我们必须控制这种意志,或者像老一辈人常说的"打消它"(break it)。如果我们发现有必要打消这种"意志",那么,当然,我们必须通过让儿童对我们"服从"的方式,让我们的意志取代他的意志。

真正的事实是,混乱或者暴力未必来自人(儿童)的意志,它们往往是人有了偏差和痛苦的反映。意志在其自然状态下是迫使我们做那些
377 对自己生命有益之事的力量。自然给予儿童的任务是成长,因此,儿童的意志是促使其成长和发展的力量。

一个决心做个体想做的事的意志会让人走向意识发展的途径。我们的儿童自发地选择他们的工作,重复地做他们选择的练习,发展他们的行动意识。原先只是推动儿童行动的本能冲动,现在成为一种意志的努力。开始的时候,他是在本能地行动,现在则是有意识地、自发地行动:这是一种精神的觉醒。

儿童自己已经理解这种不同，并且用一种将成为我们珍贵的经验记忆的方式把它表达了出来。一位社交界的女士有一次参观学校，她带着传统思维模式问一个儿童："这是一个你喜欢做什么就做什么的地方，是不是?"孩子回答说："不，女士，我们不做我们喜欢做的，我们喜欢我们做的。"儿童觉得做自己喜欢的事和喜欢自己做的事是不同的。

有一件事应该很清楚:有意识的意志是通过练习和工作的方式发展的力量。我们的目标是明确地培育这种意志，而不是打消它。这种意志可能会被突然地打消掉，因为意志的发展是一个缓慢的过程，它是在与环境的关系中通过持续不断的活动自我发展起来的，它太容易遭到毁灭了。这就像一座建筑物可以通过炸弹或地震瞬间被毁灭，但要建造一栋大楼是多难啊! 它要求精确的计算、精巧的设计，甚至也需要建造者有艺术方面的才能，只有这样才能建造一座结构协调美观的大楼。

如果一座无生命的建筑物都需要这一切因素，那么建造人的心灵更需要多少因素啊! 因此，人的心灵的建造师既不是母亲也不是老师，他们不是建筑师，他们不是全能的，不能像《圣经》中天主那样:"说:'有光!'就有了光。"[1]塑造心灵的工作要靠儿童自己完成，父母和老师只能为这种创造工作提供帮助，这应该成为他们的作用和目的。但是他们的力量同样也可能毁灭儿童，压制会毁灭掉儿童创造的意志。这个观点值得说清楚，因为它被这么多的偏见所掩盖。

在普通教育中盛行一种偏见，就是认为每一件事都能通过纯粹的教育（通过直接向儿童讲授知识），或者通过树立一个可让儿童仿效的榜样（它是一种可见的教育）做到。但事实与此相反，人格只能通过个体的练习和参加各种活动才能发展。儿童通常被看作接受者而非主动的个体，这在每一个领域都是如此。甚至儿童想象的发展也被认为是这样，比如，给儿童讲神话故事，讲迷人的王子和可爱的仙女，以此来开发儿童的想象力。然而，这样做，儿童只能接受某些印象，而不会真正发展自己的想象力这种人类智慧最高贵的力量。关于儿童的意志，这一错误的观念更严重，因为普通教育不只是取消了意志发展的机会，其实还对它的发展形成阻碍，并且直接抑制儿童表达自己的意愿。在儿童方面，任何反抗的尝试都被当作一种反叛。教育者其实是在试图摧毁儿童的意志。而树立榜样的教育方式则是老师将自己作为儿童的学习榜样。这样，儿童的想象力和意志力都没有任何发挥的余地，他们的活动被局限在只被动地听老师讲什么，看老师做什么。

我们必须让自己丢掉这些幻想，勇敢地面对现实。

在传统教育中，老师用一种听起来很有逻辑的方式进行推断："为了进行教育，我必须表现良好，成为完美的人（这意味着我必须假装自己是给孩子散发礼物的圣诞老人）。我知道应该做什么和不应该做什么。因此，儿童效法我和服从我就足够了。"他们认为儿童的服从是教学的神秘基础。

一个著名的教育学家有这么一句格言："儿童的所有德行都归结为一个词：服从。"我忘记了这个教育学家是谁，但这个观点肯定是有的。

这样的教育观念会让老师的工作变得很简单，而且容易使他们变得很傲慢。他们会说："我的学生什么都不懂，或者他就是一个调皮捣蛋鬼，我现在要改变他，把他改造成和我一样。"就像《圣经》上所说的："天主于是照自己的肖像造了人。"[2]

当然，这样的成人在不知不觉中把自己当成了神。但他首先忘记了《圣经》故事的另一部分，它讲的正是因为有的天使太骄傲，想与天主一比高下，才变成了魔鬼。

可怜的儿童！他正在自己的内在从事造物主的工作，与老师和父母的工作相比较，儿童的这种工作有价值得多，但他还是受逼迫要变得像他们一样。从前，老师曾用棍棒体罚的方式将自己的意愿强加给儿童，文明社会已经摒弃了这种陋习，然而，仍然有人抗议说："如果我们丢弃了棍棒，我们也会因此丢掉教育。"有人还引用《圣经·箴言》中撒落满王的话："对孩童不可忽略惩戒；用棍打他，他不致死去。你用棍杖打他，是救他的灵魂免下阴府。"[3]似乎以此证明，不用棍子的父母就不是好父母。在这种恐吓与恐惧的情况下，纪律就形成了。而且得出的结论是：不听话的是坏孩子，听话的才是好孩子。

随着现代民主与自由理念的发展，当我们再仔细思考传统的教育模式的时候，我们倾向于把那样的老师视为暴君。然而，这并不准确，那种老师不是暴君，暴君比他们要聪明得多，因为暴君有一定的意志力，有的还具有独创性和一定的想象力。而运用传统教育模式管教儿童的老师拥有的只有假象和偏见，而且持守的是一些没有道理的原则。

暴君和老派的老师之间的不同在于：暴君以暴力手段达到自己的目标，而老师即使运用暴力手段也达不到自己的目标。认为儿童可以放弃自己的意愿而接受和执行他人的决定，这是一种根本的错误。如果我们运用这种逻辑从事智力教育，我们就必然要毁灭儿童的智力，以便他能接受我们心目中的文化。

被动服从和在培养了自由意志后主动选择服从大人的意愿是根本不同的，后者是一种出于尊敬的服从行为。如果能让儿童主动服从老师的引导，那么对老师来说也有一种被尊重的满足感。

意志和服从本来就是联系在一起的，服从在很大程度上是以意志作为基础的，它标志着意志发展的更高阶段，可以说是个人意志的升华。

382　　而且必须把服从放在生命现象中解释，把它视为人的自然个性特征之一。

其实，在我们的儿童身上，我们把服从视为一种生命的演进，见证了它的发展。它的出现是自发的，令人惊奇。它代表了一个漫长的完善过程的终点。

如果人类心灵中没有这种品质，如果人在演进的过程中无法学会服从的能力，那么社会就不能存在。当然，无原则的盲从也会其害无穷，我们只需要稍微瞥一眼这个纷繁复杂的世界，就会很容易发现这种服从会造成什么后果，它是整个人类社会深陷毁灭深渊的原因。失去控制的服从会让整个国家陷入灾难。世界上从来不缺少服从，盲从的人太多了！作为人类发展的自然结果，服从的确是非常普遍的；然而，受意识控制的服从却少得可怜。

在为帮助儿童自然发展而准备的环境中，我们通过观察清楚地发现，服从的发展是儿童最明显的特征之一，这个观察让我们对此主题深受启发。

在经验过程中我们已经清楚地看到，儿童的服从和其他个性品质一样，是以同一种方式发展的。它开始时遵循本能的推动，然后达到有意识的水平，顺着几个层面继续发展。

让我们首先说明服从实际意味着什么。它总是意味着：老师命令儿童做什么事，儿童明确无误地服从这个命令。

在儿童身上，服从的自然发展可以分为三个层面：

第一个层面，儿童只是偶尔服从，而非总是服从。这个事实可以归因于其反复无常的行为，我们应该对此加以分析。

服从不仅与通常所谓的"意愿"相关，而且依赖于能力的形成。只有具备一定的能力，而且有了成熟的意识，才能做到服从某项命令。因此，对于服从，应该判断它与个体发展的关系，以及相应的必不可少的条件。不可能命令别人"用你的鼻子行走"，因为这在生理上是不可能的。也不可能命令一个不会写字的人"写一封信"。因此，在要求服从之前首先要清楚是否有完成任务的可能性。这就是为什么不能要求0—3岁的儿童服从任何命令，因为他对自身的构建尚未完成。他正全身心地在潜意识中构建人格，还没有完成构建，不足以有意识地为自己的目的服务。这是发展的一个阶段。其实,成人也不会指望一个 2 岁的儿童服从自己。在这个阶段,成人有时候可能仅仅或多或少粗暴地禁止他的行动。

然而,服从不仅在于抑制自己的意愿,它也包括迎合另一个人的意愿。我们提到,0—3 岁的儿童的生命成长对于我们来说是一个秘密,它是受自然律控制的。尽管大一点的儿童的生命成长规律有所不同,但在他身上我们也发现了相似的事实。他的某些能力已经有了发展,因此,他能够服从了,即他可以根据另一个人的意愿而行动。这些能力不是在一夜之间就发展起来的,它们是几个阶段的内在形塑产生的结果。只要是在这个形塑的阶段,儿童就能时不时地根据自己刚刚获得的能力,服从一些与这些能力相一致的命令,但是只有当所获得的成为一种永久的能力时,意志才能支配它。当儿童通过劳作获得基本的动手技能,以及在他受到本能的推动而做事的时候,我们也能看到这一

点。一个 1 岁左右的儿童能够走出第一步,但是之后他会跌跤,也许他将在很长时间内不能再走出一步。只有当行走的机制完全完成了,儿童才能在任何他想走动的时候行走。这是一个非常重要的观点。在这一阶段,儿童的服从首先取决于他能力的发展。因此,他可能服从过老师,但是之后就不服从了。这种不再服从的行为可能被成年人归咎于"不愿意服从"。如果是这样,老师就会一味地批评儿童不听话,这可能阻碍了儿童的内在正在进行的发展。瑞士著名的教育学家裴斯泰洛奇对世界各地的学校教育有巨大影响。在儿童教育方面,裴斯泰洛奇提

出了一个"父爱教育"理论。他总是富有同情和宽恕之心。然而，有一件事不包括在他的宽恕范围之内，那就是反复无常的行为，即时而听话，时而又不听话。在他看来，儿童只要一次服从了他的命令，就说明他已经具备服从命令的能力了。因此，一旦儿童发生反复无常的情况，他就不予迁就了。这是他仅有的表现出严厉而非宽容的情况。如果连裴斯泰洛奇都无法容忍儿童的这种反复无常，其他老师就可想而知了。

另一方面，没有什么比在发展因素的构建过程中遭到阻碍更具有386伤害性了。当一个儿童还没有真正掌握自己的行动，当这些行动还没有服从他自己的意志的时候，他甚至都不怎么能够回应他人的意愿。这是为什么他可能服从一次，但又不能再次服从了。这甚至不仅仅只发生在儿童时期。一个开始练习乐器的人，有多少次先是演奏得很好，但下一次又不能很好地演奏了？如果第二天让他演奏同样的曲谱，他又不能像前一天演奏得那么好了。做事的意愿没有问题，但问题是儿童的能力没有完全发展完善。

因此，所谓第一层面的服从是儿童能够服从，但是他做不到总能够服从的阶段。这是一个服从和不服从共存的阶段。

当儿童总能服从的时候，即发展没有阻碍的时候，就进入到第二个层面了。这个时候，儿童已经具备了稳定的能力，他调动这些能力不仅能满足自己的意愿，而且能满足他人的意愿。这是一份很大的恩赐。儿童能够吸收另一个人的意志，按照那个人的意愿行动，这通常是教育想要达到的最高水平。普通老师不会渴望儿童总是服从他的这个阶段387

会过去。然而,像往常一样,当年幼的儿童有机会遵循自然律的时候,他的表现总会超出我们的期望。儿童不会停留在那里,他会走向服从的第三个层面。在这个层面上,服从被导向优秀的人格,导向服务和帮助儿童的老师。在这个层面上,儿童意识到老师比自己更会做事,所以他好像在对自己说:"这个比我更棒的人,能够通过她的能力影响我,她能让我和她一样强,她在我的内在行动!"这种想法好像给予儿童一种巨大而深刻的喜悦。能够从这个优秀的生命那里接受指引,会让他更加热情高涨和充满喜悦。这是一个突然的发现。之后,儿童就变得焦急和没有耐心,迫不及待想要听到命令去服从。我们可以把这种神奇而自然的现象和什么做比较呢? 也许可以和圣人的精神做比较,圣人说:"我欢欣喜悦地服从。"我们也可以从另一个角度,把它和狗的本能相比较,狗爱自己的主人,它通过服从执行主人的意志。当主人给自己的狗展示一只球的时候,它热切地看着,当主人把球扔出去的时候,它会跳起来去扑球,然后得意洋洋地把球捡回来,再等待主人的下一个命令。这只狗渴望命令,它很兴奋,欢快地摇动着尾巴。儿童第三个层面的服从与此相似,但是儿童以不同的方式表达自己对服从的渴望。在任何情况下,他都是立刻服从,似乎没有耐心。

388

一个有 10 年教学经验的老师的发现,让我们对服从问题有了一个很有趣的诠释。她有一个带得很好的班级,但是她总忍不住要劝告班上的儿童们。有一天,她对他们说:"把所有东西都收起来,在今晚回家之前。"她只说了"把所有东西都收起来",还没等说出下半句,就看到儿童们立刻开始小心地收拾东西,而且已经迅速把所有东西都放好了。之后,他们才惊奇地听到"在今晚回家之前"。他们的服从是这么的迅速。因此,这位老师觉得在给他们提出任何要求时措辞必须非常小心。她觉得当时应该这样对儿童说:"在你们今晚回家之前,把所有的东西都放回原位。"她说类似的事情发生在任何她没有小心发出指令时,只要想到儿童对她指令即刻的反应,她就觉得很有责任感。这对她来说是一种奇怪的经验,因为命令自然而然地代表着权威,但她并没有因为权威感到自己的重要,而是强烈地感受到对权威性地位所负有的重大责任。她说要让儿童们安静下来是那么容易,她只需要在黑板上写下 389 "安静"(Silence)一词,甚至她刚一写下"S",教室里就已经安静下来了。

静默课程

我自己的经验也证明了这种服从的态度,它是一种集体服从的现象。我的经验就是"静默课程",下面让我对此做一些介绍。它证明了整个集体中的儿童都与我有神奇的和没有预料到的联系。他们与我紧密地关联。

有一天,我一走进教室,就看到儿童们正在认真地做事。这些儿童的意志已经发展了。我当时抱着一个 4 个月大的婴儿,走进了这个有 45 人的班级。根据古老的意大利习俗,我要把婴儿的双脚放在一起,并用布紧紧地缠起来,这是为了让他的腿脚固定不动。在把这个婴儿展示给儿童们看的时候,我说:"我给你们带来一位客人,看他多安静,我不相信你们会保持这么安静。"我是想开个玩笑,我想他们会笑,但是他们所有人都变得很严肃,双腿双脚并拢,一动不动。我想他们大概没有理解我的玩笑,就说:"你们只感到他在轻轻地呼吸;你们的呼吸不能像他那样轻,因为你们的胸腔比他的大。"现在,我想他们会笑,但还是没有,他们仍然双脚并拢,而且开始控制自己的呼吸,以便不发出声响。

他们都一脸严肃地看着我。于是我说:"我会很安静地走出去,但是这个婴儿将会比我还安静;他不会动,也不会发出任何声响。"我把婴儿交还给他的母亲,再回到教室,他们仍然一动不动地坐在那里,看他们的脸色,似乎在说:"看你自己发出了小噪音,但是我们安静得像那个婴儿。"就这样,所有的儿童都有同样的意志,所有人都渴望做同样的事,其结果是 45 个人的班级完全没有任何声响。人们可能会想"纪律多好啊!"而且想知道这是怎么做到的。怎么做到的?本来是要让孩子们发笑的,结果是惊人的安静,就像我说的:"多安静啊!"儿童们似乎理解并感受到静默,于是保持不动,并控制自己的呼吸。我开始听到我从前没有听到过的声音:钟表的滴答声、外面渗漏的水龙头的滴水声、飞虫的嗡嗡声。成人通常不知道这种静默,甚至在教堂里,他们也是时而站起来时而跪下、四处走动、把钱币投入奉献箱,等等。因此,他们静默的理念是很肤浅的。这种静默给儿童们带来巨大的喜悦。静默课程现在是我们学校的一个特色,它是从这个经验发展起来的。

这种静默练习可以测量儿童的意志力,通过练习,儿童的意志力会变得越来越强,静默的时间也会越来越长。在此基础上,我们还增加了轻唤名字练习。每当一个儿童听到自己的名字,就静静地过来,其他儿童则保持不动。因为每一个孩子都是小心翼翼地、慢慢地走过来,不会发出任何声响,那最后被叫到的孩子该要等多久啊!通过这种练习,儿童们的意志力已经有了很大的提高。当我们说必须禁止儿童做这做那的时候,必须记得儿童在令行禁止方面比我们强,毕竟是意志和禁令产生了服从。儿童能够限制自己的冲动是这种练习的重要效果之一,同样,行动控制也是。因此,这成为我们的方法的一部分:一方面是选择自由行动的意志,另一方面是禁止。这样,儿童就发展成为具有很强意志力的人;在那种环境中,他们能够做自己想做的事——行动或者避免行动,这样,他们所组成的团体看起来就显得很棒。

为了让整个团体保持绝对的静默,每个人都必须同意遵守静默才行;如果有一个人不同意,静默就会被打破;因此,必须共同行动才会出现一个结果的观念就产生了。这样有意识的社会关系就产生了。

通过带婴儿进教室,我无意中激发了这第一次静默,但是我不能总是依靠这种方法,那么我怎么才能再次引起儿童们的兴趣呢?我发现最好的方式是通过这样一个简单的问题:"你们想制造静默吗?"儿童们 立刻热情地回应,于是我惊奇地发现,原来我可以要求静默,儿童会服从我。成人提出的要求他们都服从。服从在儿童中发展了,因为所有因素都具备了。我只是说说,他们就服从;因此,在发展意志的过程中,不被人察觉的和料想不到的服从就会出现。

服从是意志发展的最后一个阶段，因此，意志的发展让服从成为可能。我们的孩子达到了这样一个阶段，不管老师要求什么，他们都会立刻服从。于是，老师觉得自己应该小心，不应该滥用儿童们的这种服从。他意识到一个领袖应该具备的真正的个性特点，即应该对他发出的命令负有重大责任。因此，一个领袖不是有很大权威感的人，而是有很大责任感的人。

注释

[1]《圣经·创世纪》第 1 章 3 节。——译者注
[2]《圣经·创世纪》第 1 章 27 节。——译者注
[3]《圣经·箴言》第 23 章 13—14 节。——译者注

第二十七章

蒙台梭利学校的教师

从以上我们所讨论的所有内容，就可以理解一个蒙台梭利学校的老师与普通学校的老师有很大的不同。但是必须注意，在这个问题上不要只看事情的表面，因为有某些蒙台梭利的老师只会从字面上理解我说的内容，他们说："儿童必须积极主动，而老师一定不要干涉。"因此，他们对儿童们弃之不管，自己什么也不做。

其实，在以怎样的方式促进儿童发展方面，老师要非常积极主动。因此，在教育过程中，老师扮演的角色是很复杂的。并不是说蒙台梭利学校的老师不主动而普通学校的老师主动，只是说我们的老师在开展教学活动时必须事先有所准备，从而引导学生。老师外在的"不主动"的表现是成功的一个标志，代表已经成功完成的任务。我们可能会说，这是一个理想的目标，只有那些有福的老师才能够达到这样的境界：老师们能够放心地说"不管我在还是不在，这个班级的教学工作都在正常开展"。通过活动，班上的每一个儿童都能独立地做事，现在整个班级都能独立运行,这就是老师取得成功的标志。但要达到这个目标,老师本人也必须成长。

有一件事情我们必须清楚,那就是蒙台梭利学校的老师和普通老师在不同的水平上。一个普通老师不能自动转化为蒙台梭利学校的老师,因为她必须对自己进行新的塑造。对于蒙台梭利学校的老师的培养,首先要做的是让老师进行自我准备。她必须提高自己的想象力,因为在普通学校,老师根据儿童直接的行为表现就知道儿童们喜欢什么,由此她就知道必须关心和帮助他们。但是蒙台梭利学校的老师看到的是一个从物质层面而言并不存在的儿童。她站在一个更高的层面上,而不是从物质层面上来看问题。这是两者主要的不同。我们的老师必须有一种信念,那就是儿童愿意通过工作来展示自我。她对儿童有一个整体性的想象和理解,偏离正轨的不同类型的儿童并不会对她造成影响,她坚信在她面前的任何一个儿童一旦发现了吸引自己的事情,就会表现出真实的自己。她在找寻什么?她的期望是什么?那就是等待,直等到一两个儿童能够把自己的注意力集中在一件事情上为止。

我们的老师在自己的精神成长过程中,要经历以下三个阶段。

第一个阶段。老师要成为环境的监护人和守护者。她必须聚焦于环境而不是被带着种种缺陷的儿童所困,过分担忧他们的各种问题。她要把注意力集中在环境上是因为那里有治愈儿童缺陷的良药,环境有激发儿童意志的吸引力。这就像每位家庭主妇都有一个属于她自己的家,她会好好打理家务,让这个家尽可能吸引自己和丈夫,她会首先关注房间,使它整洁舒适,并充满温情。关键是要保持家里非常整洁:每一样东西都各归其位,并且干净、光洁、悦目。这是大多数妻子最关心的事,而不是过多地关心自己的丈夫,这样才能有一个正常的、建设性的家庭关系。同样,在学校里,老师首先要关心的也应该是环境的整洁,各种教学用品要摆放整齐,总要把它们清理得干干净净,让人一见就感觉很舒服。如果有损坏的要及时更换或者修理,而且要保证不遗失任何东西。这样就会保证每一件东西对儿童来说看起来都是新的、完整的,而且任何时候都可以使用。同时,老师本人也要对儿童具有吸引力。她应该年轻漂亮、干净整洁、庄重大方、充满亲切感,并且身上散发着热爱生活的幸福感。当然,这是最理想的老师形象,每一个人都可以以自己喜欢的方式去解读它。但是有一点我们千万要记得,那就是当我们出现在儿童面前的时候,必须真心诚意地尊重他们,意识到他们是伟大的人。老师的形象是吸引儿童产生好感的第一步,所以,老师应该学习言行举止,要让自己尽可能表现出彬彬有礼和优雅大方。这个年龄的儿童都有一个伟大的母亲的理想形象。我们不知道他母亲是哪一种形象,但是,当儿童看到一个美丽的女士的时候,我们经常会听他说:"她多漂亮啊,就像我妈妈!"其实,他母亲可能根本不那么漂亮,但是对孩子来说,母亲是最漂亮的,每一个他喜爱的人对他来说都是"和我妈妈一样漂亮"。因此,这种对人形象的关心也是儿童所处环境的一个重要部分,而老师的形象无疑是他最关心的对象之一。

这种对环境的关心是老师首先要做的工作,尽管环境对儿童起到的是一种间接性的作用，但是它对儿童身体、心理和精神的发展都具有决定性的作用，只有好的环境才能让儿童发展得更好。

第二个阶段。讨论了环境之后，我们再看老师应该怎样教育儿童。对于这些仍然毛毛糙糙、懵懵懂懂的儿童，我们如何能让他专注于某一件事上？有时候我会用"诱惑"这个不太恰当的词来描述老师应该做的工作，我认为老师必须有诱惑性，必须想办法诱惑这个阶段的孩子做自己感兴趣的事。我们可以想象一下，如果一个儿童进入一个灰暗肮脏的环境，那里有一个脏兮兮的老师，要给他某种东西，希望能吸引他的兴趣，这会是怎样一种情形啊！老师自己必须首先是吸引人的，不管是在形象还是在行为举止方面。在这方面我们的老师和普通学校的老师可能是一样的，但这只是在儿童集中注意力之前的情形。

在儿童集中注意力之前，老师可以或多或少地做她自己喜欢做的事，因为她没有任何重要的事情需要担心。如果有必要，她还可以干预儿童的活动。我读过一位圣人的故事，他试图吸引那些染上恶习而流浪街头的男孩，他是怎么做的呢？他想方设法逗他们高兴。我想，这也是老师在这个阶段要做的事。她可以运用诗词、韵律、歌唱、故事、话剧、小品等方式，总之，除了棍棒，什么都好。漂亮的老师会吸引儿童，让他们做事。虽然这一点不重要，但一个活泼的老师确实更容易吸引儿童，那么，为什么不利用这一点呢？她可以兴奋地告诉儿童说："今天我们给教室换换家具吧！"于是和他们一起干，老师自己小心地搬东西，指引儿童们怎么去搬。或者说："让我们看看怎样擦亮这只美丽的铜碗好吗?"或者说:"让我们去花园采摘一些花好吗?"如果老师是吸引人的,那么她的行动也会吸引人。

在第二个阶段,如果有的儿童一直干扰他人,那么,老师要做的就是阻止他的行为。同时,我们常说,儿童在专注工作的时候,在任何情形下,一定不要阻止他,也不要干预他的活动,或是打断他完整的表达。因为这种干涉会对他的完全投入造成影响,打断他的思路,显然是一种错误的做法。哪怕这种干预可能只是一声叫喊,或者对他表示关切;你对他不断增加的关注,就像给他很多电击一样,他必须对此有所反应。如果一个儿童在干扰他人,你应该说:"约翰尼,你还好吗? 过来,我想让你做点事!"也许他不想做,于是你说:"你不想做这事吗? 好吧,那就让我们到花园里去。"于是,你亲自陪他去花园,或者让助手带他去,这样他的顽皮就在你的控制之下了,其他人也就不受他的干扰了。

第三个阶段。当儿童对某事感兴趣的时候,就到了第三个阶段,他们通常感兴趣的是做某个实际生活的练习,因为如果他们没有专注于某事,我们也无法让他们对其他事感兴趣。当儿童对某个东西感兴趣的时候,老师一定不要打扰他,因为这种活动遵循的是自然律,有一定的过程;如果它被打扰了,就会像肥皂泡沫一样消失,所有美丽的光环也就随之消失了。老师现在必须非常小心,什么形式的干扰都不要有。在这里老师经常还会犯一些错误。一个一贯淘气的儿童终于专心做一件事了,这时候老师经过他身边,看到这个情形,就随口说了一句:"好!"——这下糟了,这个儿童已经被打扰,可能在接下来的两三周里都不能再专注于任何事了。如果一个儿童在做事时碰到困难,这时候老师介入,告诉他该怎样解决问题,那么这个儿童就会让老师去做,而自己走开。儿童的兴趣不仅仅在任务上,而是在克服困难上。"如果老师要替我克服困难,那这事就让她做好了,我没兴趣了。"再比如,如果儿童在举重物,老师前去帮忙,儿童经常会放下重物,径直走开。对一个儿童进行赞美、帮助和关心,都足以对他造成干涉,从而毁了他的活动。的确,甚至儿童看见有人在注视他,他也会对正在做的事失去兴趣。毕竟,如果我们专注于某事,有人走过来,凑近盯着看,我们也会分心。在这个阶段,保证老师能取得成功的一个重要原则是:一旦儿童专注于某事,就别再理他,就当他不存在。我们可以瞟一眼,注意到他在做什么,但不要关注他,不要让他意识到有人在注意他。现在儿童将要开始选择自己的行动。在一个班里,如果大家都想选择同一个材料,就

400 可能会出现资源缺少的问题。这时候我们一定不要干涉,除非他们让我们解决这个问题。通常情况下,儿童会自行解决。我们的职责只是给他们更换不能再用的旧东西。

老师避免干扰学生的能力来自操练,就像所有其他能力一样。要做一个好老师,可以把自己当作儿童的一个好仆人。仆人为主人准备所有的东西,但他不会告诉主人应该做什么。他把主人的洗漱用品整整齐齐地摆好,但不会告诉他什么时候应该洗脸刷牙。他用心地为主人做好饭,但不会命令主人吃。他为主人把一切都准备好了之后就没有事了。因此,作为老师,我们必须为我们的主人服务,也就是为正在

成长的儿童服务,儿童的灵魂是我们服务的主人。当儿童表达一个愿望的时候,我们就要准备好去满足他。如果他在享受孤独,作为仆人的我们就不能侵入其中。但是,当主人召唤的时候,仆人就要立即去做他想让他做的。主人喜欢某个东西的时候,如果他希望被人赞同,我们也要表示欣赏,即使我们自己并不觉得它好。和那些专注于某件事情的儿童在一起也要如此。我们不要随便干扰他,但是,如果他向我们展示他已经完成了什么,以及想得到我们的赞赏,我们就要大加赞赏。

对于儿童,我们的计划和技巧是:服务,好好地服务,为他的心灵服务。这是一种新的事物,特别是在教育领域的新事物。其实,我们都喜欢为儿童服务,但是普通老师知道怎样服务,或者知道应该做什么吗?她一看见儿童弄脏了自己,就为他洗干净。他衣衫不整,就帮他穿好。对于普通老师来说,服务儿童就是为他包办一切,包括洗澡、穿衣和喂饭。但是,我们不是这类老师,我们不是照顾儿童身体的仆人。我们知道如果一个儿童要发展,他就必须自己做这些事情。我们的教育原则是不能在这个意义上为儿童提供服务。儿童必须通过自给自足获得身体上的自立,通过个人自由选择获得意志的独立,通过不受干扰的独立工作获得思想的独立。我们意识到发展是达到独立的捷径,我们必须帮助儿童自己行动,自己下决心,自己思考。这是心灵仆人的艺术,是在儿童领域里能够被完美表达的艺术。只有这样,我们才能看到儿童的那些我们前面探讨过的令人惊奇的品质的发展。

儿童作为社会的一员,其品质非常值得珍视;能够在儿童身上看到这些品质也是老师最大的喜悦。对于老师来说,这是一份殊荣,因为这些品质通常是隐藏的,但通过她满怀信心的激励与引导,它们才呈现出来。儿童应该是这样的:专注做事、不知疲倦、沉着冷静、乐于助人、尊重他人,这些都是一个真实的儿童所具有的特征。

因此,我们的老师逐渐开始说:"我了解我的学生;我已经看到这些事实,看到了他应该有的样子,他们这么优秀,甚至超出了我的期望。"这才是获得了真正的关于儿童的知识。但是,普通老师可能会说:"我也了解我的学生;这是约翰尼,他父亲是一个木匠,他母亲是一个很能干的家庭主妇。我走访过这个小姑娘的家;我和她的家人吃过饭。"或者是:"我为他们付出了很多时间,经常想到他们;我了解他们。"但是,我们的老师了解的不是这些表面的事实,而是儿童的秘密。他们已经进入儿童的内心世界,获得了远远胜过普通知识的知识,因为我们的老师对儿童的爱和关心远远胜过那些普通老师。她更了解儿童的秘密,所以爱他更深。当儿童把自己的心灵展示给她的时候,她理解了什么是真正的爱。她深情地说:"儿童们很让我感动,他们如此深刻地触动了我,以至于改变了我。我如此感动,以至于无法用言语表达。我爱的是什么? 我爱的是这些人类心灵的展露,是这些启示,这种让我改变的精神。这可能是最高形式的爱,因为我可能不再记得儿童的名字,但是人类心灵的展露已经深深地打动了我,我对此珍爱无比。"

普通老师也说她爱自己的学生:"当他们从我身边走过时,我抚摸他们的头发或者亲吻他们。当他们生病的时候我问候他们。"但是,这

402

403

只是个人的爱。可见，有两个不同层次的爱。一个是物质层面的，传统教育就建基在这个理念之上。儿童被认为是物质性的存在，如果想到与儿童相关的精神事物，你只会想到教他们祈祷和礼仪。但是，爱的另一个层次是精神层面的，我们的爱是精神的，不是物质的。儿童已经让我们认识到这个层面，因此，当老师说她了解她的学生的时候，她指的是儿童揭示出来的某些优秀的东西。当她说"我服务我的学生"的时候，她的意思是说："我服务的是人的精神，它必须解放自己。我了解他们，也就是说，我了解人的精神。"

是儿童让人知道了爱的不同层次，而不是老师。儿童让老师了解了很多她之前所不知道的，是儿童让老师获得了成长。所以，老师对儿童充满了感激和爱。在此之前，她的幸福也许是尽可能少做事，多拿工资。她还有其他要满足的愿望吗？也许她认为自己是儿童的榜样，她满足于对儿童的权威和自己是儿童所仿效和服从的榜样的感觉。她可能满足于权力和虚荣的感觉，也许她想在事业上更上一层楼，成为校长或者督导员。但是，即使这些愿望都能得到满足，她也感觉不到真正的幸福。从儿童精神展现中获得的精神愉悦，是这些老师从未体验过的。只有放弃次要的快乐，才能得到它们。有多少高中校长和教师为了找到这种幸福而辞去了自己的工作，放弃了更高的薪水，来教小孩子？我认识两个来自巴黎的医学博士，他们辞去了自己的教职，来做这种教小孩子的工作，他们发现他们其实是放弃了较低层次的生活，而进入一个更高层次的精神生活。

一个蒙台梭利学校的老师最大的成功是什么？那就是她可以自豪地说："现在儿童们可以像我根本不存在一样专心做自己的事了。"她变得什么都不是，而儿童成为一切。普通老师可能会说："我教给他们很多知识；我提高了他们的理解力；我……；我……"，等等。但是，儿童做了什么？什么也没有做。他们没有发展，他们强迫自己，压抑自己，也阻碍了自己的发展。对于学校来说，这是在犯罪！特别对于儿童6岁之前这个发展阶段更是如此。然而，我们学校所有的老师都会说："我已经帮助这个生命完成了他的创造工程。"这是一种真正的满足和幸福。蒙台梭利学校的老师知道她已经在人类发展最关键的时刻（6岁以下）提供了帮助。她可能不知道儿童的任何物质方面的事实，尽管实际上她必定了解一些，因为儿童可以自由地与她谈话。她不需要考虑之后这些儿童会怎么样，不管他是进入中学还是考上大学，或者是很早就辍学，都不必考虑，她只要知道在这个关键的阶段他获得了必要的发展就很满足了。她说："我已经服务了这些儿童的心灵，因此，他们获得发展，我已经在他们所有的经验中陪伴了他们。"她不关心普通督导员会说什么，这不重要，这是一些从过去时代遗留下来的荒谬的东西。必须等待督导报告的老师是不幸的，是脱离精神生活现实的人，即使她每天祈祷5次。精神生活是从一个早晨到另一个早晨的持续不断的生活，它是生活在精神层面上，而不仅仅是祈祷。

普通老师说："这些老师多低三下四啊，他们甚至对自己的权威都不感兴趣。"有的还说："既然这些老师把所有寻常的追求都放弃了，你

405

314

又怎么指望他们取得教育成果呢?"然而,他们并没有放弃一切;他们只是简单地进入了有不同价值的生活;在那里有以前不了解的真正的生命价值,所有的原则的涵义都与过去不同,比如公正原则就是如此。在那些传统学校里,公正是很重要的。过去人们常说:"老师有权力、尊严和公正。"这个公正是什么呢? 你会得到这样的答案:"我不介意儿童来自富裕家庭还是穷苦家庭,如果惩罚是必要的,所有人都受罚。"任何儿童犯了错,都会得零分,即使他耳聋,我们仍然一视同仁。人类社会就是建基于这种"公正"之上的。甚至在民主国家,公正也经常只意味着为所有人——富人、有权势者,甚至贫困潦倒者——建立一个统一的法律。公正通常与审判、监狱和刑罚有关联。法院被称为公正的殿堂,说"我是一个诚实的人"意味着我与正义没有关系(也就是说,我与警察局和法院没有关系)。在学校里,老师也很小心地不去爱抚一个孩子,因为如果她这样做,就必须对每一个孩子都这样做——她必须是公正的。公正就是把所有人的权利都拉低到同一个最低的水准上,从灵性方面来说,这就像我们和跑得最慢的人保持一个速度,以便没有人掉队一样。

在教育工作的较高水平上而言,正义是精神性的,它寻求每一个儿童个人能力的最大化。正义是给予每一个人所有的帮助,让他能够充分达到他可能的精神高度,那些为各种年龄段的人提供服务的人,必须帮助他们获得这些能量。这或许是未来社会的组织形态。目前所谓的正义是很荒谬的,人们只能在没有机会和有机会却无法利用机会之间

406

407

自由选择。要获得这些精神宝藏不会失去任何东西,与这些精神财富相比较,物质财富是没有价值的。如果我能充分表现我的精神,我是富足还是贫穷就没有关系,经济问题将会自然得到解决。当人类能够完满地获得其精神自我的时候,其创造将会更加富有成果;经济事务也将失去其独有的价值。人不是用自己的脚或者身体在创造,而是用其精神和智慧在创造。一旦人的精神和智慧发展了,所有难题将会迎刃而解。

儿童会在不需要他人帮助的情况下组成一个有秩序的社会,我们成人却需要警察、警棍、士兵和机枪来维持社会稳定;儿童会和平地解决他们自己的问题。他们已经给我们证明自由和纪律是一个钱币的两面,因为科学的自由会产生纪律性。钱币通常有正反两面,一面很漂亮地刻着人像,另一面则平坦地刻着文字。平坦的一面是自由,而另一面是纪律。真实的情况是,一个不守纪律的班级,是在为老师提供一个改正自己错误的机会。因为看到这种情况,她会意识到:"我又在什么地方做得不对,让这个班级失控了。"因此,她就会加以纠正。而普通老师则会认为这是一件丢人的事。这是新的教育的一种技术。通过服务儿童,我们服务生命。通过服务大自然,我们走向另一个超自然的层面,因为自然律要求不断走向更高的水平。是儿童自己构建了这么一个不断进步的美好结构。自然律是有序的,因此,当秩序自然出现时,我们就知道已经触及普遍秩序。儿童的使命之一就是把成人带到一个更高的境界里。我不能在这里展开这个话题了,我只想说它很重要,而且是事实。儿童吸引我们到一个精神的层面来解决物质层面的问题。下面这句话常让我牢记自己的教育理想。与其说它是一句祈祷,不如说是一份备忘录。对于蒙台梭利学校的老师们来说,它是一句祈祷,也是一则教学大纲,是我们唯一的教学大纲:

主啊,请你助佑我们透彻了解儿童的秘密,好让我们按照你正义的法则和神圣的旨意,懂他、爱他、服务他。

第二十八章

爱的泉源——儿童

　　在我们的课程里，我们总是看到一群聚在一起的工作者，这是典型的蒙台梭利现象。他们中间有婴儿、年轻人、老人、专业人士、非专业人士，有文化者和文盲，但是没有领导人。我们的课程很明显是多元的，不像大多数其他文化课。上我们这些课程的学生必须有一定的文化水平，但这是仅有的限制，我们可以接受大学生和教授、律师和医生，也可以接受他们的病人。在欧洲，我们的课上曾有来自各个国家的人。在美国，甚至曾有一位无政府主义者也来参加我们的课程！这些背景各异的人在一起上课从来没有发生过什么冲突。这是怎么回事呢？这是因为我们都被一种共同的理想连接在一起。比利时这样一个小国家，可能只有印度的一角那么大，但它有法语和弗兰德语两种语言，结果在

政治上也相应地产生分歧，几乎不可能把不同派别和不同语言的这些人集中在一个会议上。但是在蒙台梭利课程中，我们能够做到这一点。这是非常不平凡的，报纸上对此是这样评价的："很多年来我们试图把

这些政党联合起来,但是都无功而返。现在,我们在这个课程中做到了,我们向儿童学习。"这是儿童的力量:所有人都与儿童相似,不管他们的宗教或者政治情感是什么,他们都爱小孩,因此,儿童的影响促成了这种联合。成人有着疯狂而强烈的信念,因此形成了各种派别。当他们开始讨论这些信念和他们的宗教及政治理念的时候,就开始针锋相对地争吵了。

然而,在对待儿童方面,人们却有着共同的情感。这是为什么从社会角度来说,儿童是如此重要。很明显,这是一个新的观点,从这个观点出发,我们就有希望建设一个和谐的世界。对于这个观点,所有人都很敏感。当我们谈论儿童的时候,所有人都受到感动,都感受到爱,人类被这最深的情感吸引了,由此激发出友善的情绪。当一个人接触儿童的时候,他是在接触爱。但人们不知道怎样去定义这种爱,所有人都感受到它,但是不能描述它。我们可能会说:"我感受到这种爱;它是存在的,但是我不知道它的根源和广度。"就像我们通过自己的感官意识到事物的存在,我们也通过感官感受爱;我们对它印象深刻。我们感觉到它在那里,虽然大多数成人好像已经忘记了它。当一个成人想到另一个成人的时候,通常会产生防御的力量,但是当我们想到一个儿童的时候,内心的那种又强又硬的东西就变得柔软起来,进而完全消失,我们变得亲切温和,因为现在我们与之打交道的是最本真的生命。这种现象不仅发生在人类中间,对于其他生物也是如此,当有幼小的生命出现的时候,情况就会如此。可见,成人的生命有两个方面:防御和爱,但

411

爱是更为基础的一方面,这是人对儿童产生的感觉,如果没有儿童,成人也不可能存在。

让我们尝试更进一步理解这种爱。让我们想想哲学家和诗人对它是怎样描述的,因为他们能够对这种我们称为爱的伟大能量给予更准确的塑造和表达。的确,没有什么比诗人的语言更美或更让人振奋的,他们以诗歌的形式表达爱,使人对它产生形象化的了解。所有人都能或多或少地感受到这种爱,因为这是所有存在最基本的能量。甚至最凶恶的人在读到诗人和宗教人士的这些诗句时都会说:"多美啊!"这意味着这种爱存在于他们身上并产生震撼,不管他们具有怎样的生活方式。否则,他们会对这些描述嗤之以鼻,认为是一派胡言、无聊至极。尽管从他们身上看不出有爱的迹象,然而他们一定受到它的影响。这也意味着他们渴望爱,尽管他们可能对此不自知。

412　　令人惊奇的是,甚至在毁灭无所不在的最残酷的战争年代,当人们觉得谈论爱是最大讽刺的时候,人们还是在谈论它。他们为团结进行筹划,这就是爱。这意味着爱是一种基本的力量。因此,现在,当所有的事物似乎都在催迫着人说:"远离这个叫爱的东西;让我们接受毁灭才是现实,因为不是城市、森林、妇女、儿童、动物,一切都被毁灭了吗?"但人们仍然在谈论重建与爱;甚至就在毁灭正在发生时,人们仍然在谈论爱。如果看看报纸,听听收音机和一般言论,我们听到教宗、杜鲁门、丘吉尔、教会领袖、反对教会的人、富人和穷人,以及所有"主义"和神学的跟随者,都在讲"爱"。如果是这样(再没有比现在这个时刻更能证明爱的力量的强大和令人难忘了），那么，为什么人类没有对爱这一伟大事实进行更深入的研究呢？为什么当仇恨燃烧的时候它只是被说说而已？为什么不对它进行持续的研究和分析，以便能够利用它的能量？为什么不研究过去为什么没有利用这种力量，从而能够在未来将它与其他我们所知的力量结合起来加以利用？人已经把这么多精神能量投入到对其他自然事实的研究上面，在那些领域中他们进行长时间的试验，已经发现了很多东西。为什么就没有付出很少的一点精力来研究 413
这个能够把整个人类联合在一起的力量呢？我觉得所有对爱的解释的贡献都应该被给予最大的肯定和支持。诗人和哲学家谈论它，经常让人以为它是理想；但是它是真实的，它总是在那里，它是永恒的。

　　我们也必须意识到，如果我们目前能够感受到爱的现实，它不是我们学校教授的结果。即使我们学习了对爱的各种美好的描述，词汇也是很有限的，而且对于它们的记忆将在众多事物中销声匿迹。当人们以巨大的能量呼吁爱的时候，不是因为我们年轻的时候听到过它，或者在诗歌或宗教经典中读到过它，它表达的不是某种用心学得的东西，而是作为我们生命重大遗产的一部分。真正能够将爱表达得淋漓尽致的不是诗人或者哲学家，而是人类的生命。其实，我们不仅可以从宗教和诗歌的角度思考爱，还可以从生命本身来思考它。这样，爱就不仅仅是人的想象和强烈的需求，而且是一种永恒的能量和不可摧毁的现实。

　　关于这个现实以及那些诗人和哲学家谈到的事情，我想说几句。这个我们称为爱的能量是最伟大的宇宙能量，甚至当我们运用这样的 414

术语谈论它的时候,都是在贬低它,因为它不仅仅是能量——它更是创造本身,有一个短语能更好地表达出它的伟大,那就是:"天主是爱。"

现在我们谈到了更具体的事物。我希望自己能够引述所有诗人和哲学家的话,但是我不知道他们,也不懂他们的语言。然而,我知道他们所有人都会用很美的韵文描述爱。那就让我引用圣保禄宗徒的话吧,当谈到爱的时候,他充满了激情。这是基督宗教世界所有诗歌中最著名的一段话:

> 我若能说人间的语言,和能说天使的语言;但我若没有爱,我就成了个发声的锣或发响的钹。我若有先知之恩,又明白一切奥秘和各种知识;我若有全备的信心,甚至能移山;但我若没有爱,我什么也不算。我若把我所有的财产全施舍了,我若舍身投火被焚,但我若没有爱,为我毫无益处。[1]

我们可能想对保禄说:"你一定知道爱是什么,因为你这么强烈地感受到它,它一定是某种令人震撼的东西,关于它,请详细告诉我吧。"但是,他对这种强烈的感情的描述却如此简单。他所举的例子可能会在我们现代文明中找到,现代文明可以像他说的那样移动大山,甚至可以做出比这更大的奇迹,因为我们可以让从一个洲的某一个角落所说的话在另一个洲的某一个角落马上被听到。但是如果没有爱,这些都不算什么。我们也组织了庞大的机构来为穷人提供衣物和食品,但是

415

如果我们没有爱,它就像只会发声而内在空虚的鼓。那么,什么是爱?圣保禄宗徒把它的崇高伟大给我们做了一个描述,但是他提供的并不是一个哲学性理论。关于爱,他写道:

> 爱是含忍的,爱是慈祥的,爱不嫉妒,不夸张,不自大,不做无礼的事,不求己益,不动怒,不图谋恶事,不以不义为乐,却与真理同乐;凡事包容,凡事相信,凡事盼望,凡事忍耐。[2]

这是一长串事实和特征,但是所有这些特征都不可思议地让我们联想到儿童的品质。它似乎描述的就是有吸收力的心灵的力量。有吸收力的心灵,接受一切,不判断,从不排斥,不反抗。它吸收一切,并把它内化到人的身上。儿童降生人世,是为了让他自己适应与其他人共处的生活,变得和他们一样。儿童能忍受一切:如果出生在冰冷刺骨的极地,他就会塑造自己,以便生活其中;他长大成人之后,也只有在那样的环境中才能找到真正的幸福。如果他降生的地方是一个天气炎热的地区,他则会把自己构建得能够幸福地生活在那样的气候中。如果他出生在沙漠、平原,或者山林之中,他都会喜欢那里的,也只有在那里他才会获得最大的幸福。

有吸收力的心灵相信一切,并对一切都抱有希望。它接受赤贫就像接受富足,接受全部的信念就像接受偏见;它把一切都内化到自己的内在。

416

这就是儿童!

如果他不是这样,人类不会在任何地方都能享受安稳的生活,也不会在世界各地都获得持续不断的文明与进步,而是必须不断从头开始。

有吸收力的心灵塑造了由人所创造的神奇的社会基础,儿童以弱小而微妙的形象呈现在我们面前,他通过爱的美德解决了人类命运的难题。

因此,如果我们对儿童的研究更好一些,就会发现在儿童的各个方面都有爱。它不是由诗人或者哲学家分析出来的,而是由儿童通过现实表现出来的。如果我们参照圣保禄所给予的描述,再来看儿童,我们就会说:"在这里可以找到他所说的一切,儿童是巨大的宝藏本身。"

于是,宝藏不仅仅在那些研究诗歌和宗教的人附近,而且在每一个人的内在生命中。这个奇迹人人都有,这个巨大的力量无处不在。人制造了冲突和仇杀的荒漠,天主则在不断以阳光雨露培育绿洲。因此,417 我们就容易理解,所有成人的创造和伟大成就,如果没有爱,则一无所有。但是,如果这个存在于儿童身上的爱存在于我们中间,如果我们能实现它的价值和潜力并加以发展,那么,我们所能获得的成就会非常巨大。成人和儿童必须携手同行,成人必须谦卑,并向儿童学习。奇怪的是,在所有人类已经实现的奇迹中,只有一样是人类没有考虑的,那就是天主从起初就给我们送来的儿童。

为了不使这个话题显得太沉重,我讲一个小故事。一个年轻人想结婚,于是重新清点了他所选择的女士的优点。一个年长的导师为他做分析,年轻人说她的未婚妻很漂亮,这个导师就在纸上写一个零;年轻人想想,再补充说,她很富有,导师又写了一个零。年轻人又说,她有学问,但导师还是写了零。年轻人说:"所有这些都不算什么,那么,她身体健壮,她骑马、游泳、打网球。"导师还是写了零。这个年轻人继续描述他所爱的姑娘所拥有的各种品质,但导师继续写零。于是年轻人说:"她还有好品性",导师说:"这有点意思",于是,他在所有零前面写下数字"1"。所有其他的优点都从这个品质获得了它们的价值。在所有零前面加上"1",其总的价值就会千万倍地增长。因此,如果只有各种文明,那么人类所有的成就都是零,而且会逐渐走向毁灭。但是,如果有了爱,那么这些文明就都有了巨大的价值。

对儿童的教育是一种爱的力量,不像圣保禄的训诫,它不是头脑对爱的理解,它不是成人教给他的,因为成人自己都不知道怎么描述爱,他无法教儿童。爱是一种自然力量,存在于儿童的内心。这意味着在人的构建中,自然已经为人准备了这样一种力量。因此,它比任何其他东西都重要,必须被放在最优先的位置。这把我们带到另一个领域,在那里爱不被视为人的一种幻想,而是自然创造(Natura Creatrix)中的一种力量。让我们分析这种爱能够确定的形式和面貌。

在我们的意识里有一种我们称为爱的东西,它是普遍性能量的一部分,我们的意识能够感觉得到。但是人们可能说普遍性能量与人类没有什么关系。那就让我们对它进行分析:它是一种吸引力,而吸引力如果不是普遍性能量,又能是什么呢? 让我们看看宇宙万物。是什么

418

让星星在那里闪耀，并让它们沿着既定的轨道运行？是吸引力。为什么身体会落到地面上？是通过吸引力。是什么在物质的原子中运作，使它们构成一个整体？是吸引力。如果这种吸引力不存在，宇宙将会混乱不堪，什么也不会存在。如果没有引力，也就没有日月星辰。如果地球没有引力，当我们跳跃的时候，就会停留在空中，每一件东西也都会如此。化学中的引力把一些元素聚在一起，如果没有引力就不能实现元素的组合与各种化学反应。吸引力就是爱。因此，我们可以和圣保禄一起说："即使我能制造星辰和世上万物，但是如果我没有爱或者吸引力，那么什么都不会存在。"爱不仅仅是同情，而且是存在的核心。

如果考虑有意识的爱，就能做进一步的分析。所有动物在一定时刻都有生殖的天性，这是一种爱的形式。这种爱的形式是一种自然命令，因为如果雌雄动物之间没有性的吸引力，什么物种也不会延续。因此，宇宙能量的一个微小的部分被借给它们一会儿，好让这个物种继续存活下去。这种吸引力它们感受一会儿之后就消失了。这说明自然在出借爱的时候是多么精准和节约啊！刚刚好满足，没有多余，给予最小剂量。当年轻一代出生时，父母对他们感受到一种特别的爱，所有的幼体都在母亲身边受照顾。但是，一旦幼体长大了，这种爱就突然在某个时间转变为另一种情感了。它不是一种我们所想象的情感，而是一种非常小心和经济地被给予的能量，是渗透进意识的黑暗中的一道细细的光线，一旦工作结束，它就消失了。因此，爱可以承担这方面的功能。那么，它带给我们的是什么信息呢？这种所谓的情感不仅仅是一种情感,它的确在人身上比在动物身上持续的时间要长,但事实上它不是一种情感(除了鼓励或者劝阻作用之外)。按照宇宙法则来说,它是一种出借给每一个生物的能量,一旦直接目的达到了,就马上被收回了。

因此,这种力量也是被精确计算后给予人的,但是即使如此,它也比其他任何力量都要强大,因为它让人形成社会组织。它必须最大程度地受到珍视、发展和拓展。人可以升华这种借给他的力量,让它变得越来越大,达到抽象的程度。把它带进抽象的领域并加以珍视,这是人的工作。让我们获得它,并把它带进想象的领域,让它变得更普遍。让我们珍视它,因为这是把宇宙凝聚在一起的力量。这个我们有意识地拥有的部分是自然赋予我们的,如果这个力量随着每一次儿童的诞生而更新,那它就必须受到珍视。通过这种力量,人可以抓住所有用他的手和智慧能够完成的事情。

爱是宇宙意识的一份礼物,是为一个特殊的目的而给予人的,就像每一样东西都是宇宙意识借给人的一样。如果这个目的没有实现,那么就没有什么东西能够自我维持,一切都会陷于崩溃。我们能够理解圣保禄的话,一切都是没有意义的,除非有爱。比起电给黑暗带来光明,比起电波让我们的声音传播到遥远的地方,比起人所发现和利用的任何力量,爱更伟大;它超越一切,是最重要的。所有人依靠电、电波的力量所做的都依赖于使用它们的人的意识。爱的能量是自然赋予我们的,因此,我们每一个人都拥有它,当一个儿童诞生的时候,它就会像风扇一样开始运转了。即使环境后来破坏了它,我们仍旧渴望它。因此,

421

比起研究环境中的其他任何力量，我们必须对爱有更多的研究，因为它不像其他力量一样是出借给环境的，而是出借给我们的。对爱的研究和运用将带领我们到达爱的泉源，那就是儿童。这是人必须遵循的新途径。

注释

[1]《圣经·格林多前书》第13章1—3节。——译者注
[2]《圣经·格林多前书》第13章4—7节。——译者注

译者后语

我心里一直有个小庆幸,庆幸自己尽管生于贫寒的家庭,但童年生活无拘无束,幸福快乐,既有自由玩乐,又有自我奋发。常常让我忧心的是,现在的孩子尽管物质条件优越,但因为受到太多的关注、照顾和强求,失去了很多本该享受的轻松和自由。"不让孩子输在起跑线上"是当今很多家长的坚定信念,他们恨不得把这条起跑线划到妈妈的肚子里去。这种不知源于何种理论的坚持,不但累了家长,苦了孩子,而且害了教育。译完蒙台梭利的《有吸收力的心灵》一书之后,我对此有了更深刻的认识。

尽管这本书出版于70年前(1949年),但蒙台梭利在书中所阐述的教育理念和实践方法直到今天都毫不落伍,甚至可以说是超前的。也许这就是经典的魅力。在本书中,蒙台梭利以医生的专业与心理学家和教育学家的敏锐给我们揭示了儿童的内在发展的强大力量,她以不可辩驳的事实,让我们深刻地认识到儿童独有的心智特点——有吸收力的心灵。她坚信这是造物主的计划和大自然的馈赠。她让我们相信,在生命成长过程中,儿童才是真正的主人,我们成人除了像仆人一样为儿童准备适当的环境之外,构建身体、发展心智、汲取知识和形塑个性,等等,完全都是儿童自己要独立完成的工作。没有仆人强求主人做这做那。否则,除了对儿童发展形成阻碍和身心造成伤害之外,不会有其他收获。这对于很多要掌控儿童一切的家长来说,无异于当头棒喝。我相信没有家长和老师在尽心教育孩子的时候不是出于爱,但我也相信很多人都不会否认,儿童正是因"爱"而备受伤害。所以,我们需要懂得什么是真正的爱和怎样去爱。蒙台梭利说,这种对爱的研究能够让我们走近爱的泉源——儿童。

怀着对儿童的爱和对教育事业的担当,我欣然接受了这部幼儿教育名著的翻译工作。但一开始翻译,就意识到自己是多么自不量力。我可以感受到,蒙台梭利对儿童充满了爱与感激,对他们的处境更充满焦虑与担忧。她对儿童教育的满腔热情就像火山喷发一样,总是那么汹涌澎湃、势不可挡,这表现在并非她的母语的英文表达中,时而是排山倒海的长篇大论,时而是斩钉截铁的戛然而止;时而是苦口婆心的重复,时而是直抒胸臆的感叹;时而是深奥难明的呢喃,时而是简单清楚的直白。为了准确地捕捉作者的心意和完整呈现原著的面貌,同时又能让译文不失明晰流畅,我费了一番苦心。虽然我自己认为尽了全力,但相信还有很多错漏之处,在此真诚希望读者批评指正,我将不胜感激。

承蒙上海人民出版社任俊萍和王笑潇两位老师的信任,把这么重要的翻译工作交给我,并在翻译、校对和编辑过程中给予我很多专业指导和帮助,在此深表感激!

方补课

2018 年 8 月 1 日

于徐家汇主教府

图书在版编目(CIP)数据

有吸收力的心灵/(意)玛丽亚·蒙台梭利
(Maria Montessori)著;方补课译. —上海:上海人
民出版社,2018
(世界教育名著译丛)
书名原文:The Absorbent Mind
ISBN 978-7-208-15573-2

Ⅰ. ①有… Ⅱ. ①玛… ②方… Ⅲ. ①儿童教育-早
期教育 Ⅳ. ①G61

中国版本图书馆 CIP 数据核字(2018)第 271000 号

责任编辑 任俊萍 王笑潇
封面设计 张志全工作室

有吸收力的心灵

[意]玛丽亚·蒙台梭利 著 方补课 译

出	版	上海人民出版社
		(200001 上海福建中路 193 号)
发	行	上海人民出版社发行中心
印	刷	常熟市新骅印刷有限公司
开	本	890×1240 1/32
印	张	10.75
插	页	5
字	数	210,000
版	次	2019 年 1 月第 1 版
印	次	2019 年 1 月第 1 次印刷

ISBN 978-7-208-15573-2/G·1942
定 价 58.00 元

The Absorbent Mind
by Maria Montessori
1949
The Theosophical Publishing House,
Adyar, Madras, India